该研究成果得到以下项目支持
国家自然科学基金项目（415711
河南大学哲学社会科学重大项目培育计划（20

项目制
贫困治理
理论与实践

THEORY AND PRACTICE
OF THE POVERTY GOVERNANCE
OF THE PROJECT SYSTEM

刘俊英 著

中国经济出版社
CHINA ECONOMIC PUBLISHING HOUSE
·北京·

图书在版编目（CIP）数据

项目制贫困治理：理论与实践 / 刘俊英著.
—北京：中国经济出版社，2019.10
ISBN 978-7-5136-5808-9

Ⅰ.①项… Ⅱ.①刘… Ⅲ.①扶贫—研究—中国 Ⅳ.①F126

中国版本图书馆 CIP 数据核字（2019）第 173543 号

责任编辑　闫明明
责任印制　巢新强

出版发行　中国经济出版社
印 刷 者　北京九州迅驰传媒文化有限公司
经 销 者　各地新华书店
开　　本　710mm×1000mm　1/16
印　　张　17
字　　数　241 千字
版　　次　2019 年 10 月第 1 版
印　　次　2019 年 10 月第 1 次
定　　价　68.00 元
广告经营许可证　京西工商广字第 8179 号

中国经济出版社 **网址** www.economyph.com **社址** 北京市东城区安定门外大街 58 号 **邮编** 100011
本版图书如存在印装质量问题，请与本社销售中心联系调换（联系电话：010-57512564）

前　言

消除贫困是人类自古以来的理想，是人类的共同使命，也是当今世界面临的最大全球性挑战。中国消除贫困的行动取得了举世瞩目的成就，为全球减贫事业作出了重大贡献。党的十八大以来，以习近平同志为核心的党中央把扶贫开发工作纳入“五位一体”总体布局和“四个全面”战略布局，明确了“到2020年现行标准下农村贫困人口全部脱贫，贫困县全部摘帽，解决区域性整体贫困”的目标，作为实现第一个百年奋斗目标的重要工作，摆到治国理政的重要位置，并召开中央扶贫开发工作会议，对打赢脱贫攻坚战进行了全面部署，确定并贯彻落实精准扶贫、精准脱贫基本方略，开创了我国扶贫开发工作的新局面，中国迎来了与贫困作战的新一轮浪潮。

中国精准扶贫战略实施以来，贫困人口大幅减少，贫困发生率持续下降。按现行国家农村贫困标准（2010年价格水平每人每年2300元）测算，全国农村贫困人口由2012年的9899万人减少至2016年的4335万人，累计减少5564万人，平均每年减少1391万人；全国农村贫困发生率从2012年的10.2%下降到2016年的4.5%，下降5.7个百分点。这是我国大力实施精准扶贫政策以来取得的重大成果。对于扶贫模式的选择，中央政府坚持“五个一批”的分类施策原则，按照不同区域贫困原因的不同，所实施的扶贫方式也不同，产业扶贫是实现贫困户脱贫的重要途径，也是带动贫困户摆脱困境的强有力方式。

分税制改革以来，项目制作为国家专项资金的再分配机制，中央政府的财政拨款通过“项目”或“专项”的形式，依靠专项转移支付资金，自上而下对农村进行“反哺”。项目制扶贫是通过中央政府对专项化资金的

“发包”，地方政府整合各种资源的“打包”以及基层政府或村级组织对项目进行“抓包”来分级运作实施。政府专项扶贫资金投入与对贫困村特色产业扶持和发展，带动了整个贫困农村的贫困农户，帮助其逐步摆脱贫困困境，实现脱贫致富。

中国自2013年11月首次提出精准扶贫以来，脱贫减贫工程已进入了决胜的关键时期，虽取得了良好的成绩，但贫困问题仍然是中国全面建设小康社会的首要问题，面临不少重大挑战。扶贫工作是一项繁杂而系统的大工程，由于致贫的原因复杂多样，如何正确识别贫困的成因以及摸清贫困的现状，对相应扶贫政策的制定和扶贫措施的有效施行起到关键作用。随着扶贫成效的逐渐显现，相应的扶贫理论不断创新，扶贫政策也在不断完善。贫困不仅是一种现象，也是一种社会问题。如何以精准扶贫理论为指导，通过项目制缓解农村地区贫困，整合现有的扶贫资源和方式，吸收农村人口积极就业，带动贫困人口收入持续增长，增强贫困地区发展活力已成为一个急需解决的命题。本研究综合运用管理学、经济学、社会学以及政治学等多学科理论和方法，围绕项目制贫困治理问题，对中国项目制扶贫的运作逻辑、参与主体、政策执行碎片化、目标异化、治理困境及其实现路径等系列问题进行深层次的理论分析和实证考量，以期能够为中国项目制扶贫政策的高效实施提供较具操作性的指导性意见和建议。

目 录

第1章 政府反贫困政策演变与转型

第 2 章　项目制与项目制扶贫理论基础

第 3 章　项目制扶贫主体及其行为逻辑

第4章 项目制扶贫中的精英俘获

第9章　项目制扶贫多元协作机制构建

第 10 章 精准扶贫背景下项目制的地方性实践

第 11 章 河南省产业扶贫理论与案例

第1章

政府反贫困政策演变与转型

1.1 中国政府反贫困政策演变

综观中国政府的反贫困政策历程，大体可以分为三个阶段：计划经济干预下的小规模救济式扶贫，经济高速增长下的制度脱贫和经济新常态下的贫困治理与精准扶贫。这三个阶段的政策是党和政府根据不同时期的历史特征做出的具体应对。

1.1.1 第一阶段：计划经济干预下的小规模救济式扶贫（1949—1977年）

在这一阶段，国内的贫困主要表现为农民的贫困。中国是典型的二元经济结构国家，相对发达的城镇和比较落后的农村并存。朱小玲和陈俊认为这一阶段政府的主要扶贫政策表现在土地政策上，这些政策使农民获得生产资料的所有权，为农民的脱贫奠定了坚实基础。因为在这一阶段国内物质普遍不富裕，政府没有更多的资源来进行大范围的扶贫工作，所以这一阶段政府主要采取小规模的救济式扶贫。

1.1.2 第二阶段：经济高速增长下的制度脱贫（1978—2011年）

改革开放以来，随着国内经济发展水平不断提高，贫困难题得到了一些缓解。截至2012年，除个别年份外（1981年为5.2%，1989年为4.1%，1990年为3.8%），国内GDP增长率均保持在7%以上。在经济高速增长的带动下，一大批贫困人口脱贫乃至富裕。这一阶段的扶贫政策可进一步细分为四个小阶段：

1.1.2.1 1978—1985年：体制改革政策促脱贫

1978年党的十一届三中全会把国家重心从政治建设拉回到经济建设上

来，为今后的经济快速腾飞扫除了制度性障碍。在农民关注的土地政策上，国家选择以家庭联产承包责任制来替代以前的人民公社集体经营制度，提高了农民的生产积极性，增加了农民收入。

1.1.2.2　1986—1993年：特困区域优惠政策促脱贫

从1986年起，中国的扶贫工作发生了两点变化，一是成立了国务院贫困地区经济开发小组（1993年更名为国务院扶贫开发小组），二是针对贫困地区和贫困人口制定了区域特惠政策。在1986年以前，政府多采取全面的、低层次的贫困治理方式。1986年到1993年这一阶段，国务院在贫困地区经济开发小组之下设立了专门的扶贫机构，并在全国范围内对特困区域进行优惠的政策帮扶。

1.1.2.3　1994—2000年：扶贫攻坚计划促脱贫

政府在这一阶段扶贫政策的目标是解决贫困人口温饱问题。1994年，中共中央制订并实施的《国家八七扶贫攻坚计划》是中国历史上第一个完善的扶贫纲领性文件。截至2000年，中国已基本解决了农村贫困人口的温饱问题，特别是一些集中连片的重点贫困地区从整体上解决了温饱。

1.1.2.4　2001—2011年：局部推进与全面结合政策促脱贫

进入新世纪后，面对国内贫困问题虽然得到一定程度缓解，但贫困问题更加复杂的局面，《中国农村扶贫开发纲要（2001—2010年）》指出，从2001年到2010年，要集中力量，加快贫困地区脱贫致富的进程，进一步巩固之前的贫困治理成果，为全面小康打下坚实基础。这一阶段政策的重心为：中西部地区重点扶贫，全国范围内的特贫地区整村扶贫，实质上已经形成了局部和全面相结合的扶贫规划。

1.1.3　第三阶段：经济新常态下的贫困治理与精准扶贫（2012年至今）

“经济新常态”一词由习近平总书记于2013年12月10日在中央经济工作会议上的讲话中首次提出，此后他又在多次讲话中阐释了新常态的内涵：首先是经济增长速度，即从高速增长转变为中高速增长；其次是结构，即经济结构不断优化升级；最后是动力，即经济增长驱动从要素驱动、投资驱动转变为创新驱动。进入新常态后，中国政府的具体扶贫政策相继作出了较大调整。首先是中国的扶贫标准从 2010 年的年人均纯收入 1274 元大幅度增至2011 年的2536 元。其次，在中共中央、国务院联合发布的《中国农村扶贫开发纲要（2011—2020 年）》中，政府明确表示在这一阶段要从异地搬迁扶贫、整村推进扶贫、以工代赈、产业扶贫、就业促进、扶贫试点和革命老区扶贫等六个方面进行专项扶贫。2013 年 12 月 18 日，中共中央办公厅、国务院办公厅联合发布《关于创新机制扎实推进农村扶贫开发工作的意见》，明确指出“建立精准扶贫工作机制”，开启了中国精准扶贫工作的法制化建设进程。

1.2　政府反贫困政策转型特征

经济新常态是发展中国家经济状态向着更高层次发展的必经之路，在这一阶段社会各项政策都会发生深刻变化，中国政府反贫困政策也相应发生转型。

1.2.1　扶贫政策由政府全面参与转变为政府主导多元参与

在以往的扶贫政策中，一味地强调政府在国家扶贫工作中的地位和重要性，忽视了贫困人员的主体地位和社会力量参与扶贫的重要性。作为整个经济社会发展过程中的重要参与主体，人口与家庭的结构、功能等因素往往影响着其他社会政策在反贫困方面效果的实现程度。直到 2011 年发布的《中国农村扶贫开发纲要（2011—2020 年）》，才在社会动员和发挥贫困人员主动性方面给出具体政策和详细介绍，并在之后的各种政策中又对此进行补充。

1.2.2　扶贫政策由大水漫灌方式转向精准扶贫

传统的反贫困治理模式在实际运行中出现贫困人口数据失真、扶贫活动信息不对称、扶贫信息黑箱、贫困者被动救助等问题。在经济新常态下，政府扶贫政策最显著的变化是提出了精准扶贫。首先，精准扶贫强调精准性，政策帮扶到户到人；其次，精准扶贫强调差异性，因地制宜、因人制宜；再次，精准扶贫强调系统性，强调将扶贫工作作为一个整体的系统；最后，精准扶贫强调发展性和托底性，精准扶贫是一个发展的政策，而这个政策的终极标准就是托底目标不断地更新和达成。总体上扶贫机制从主要依赖经济增长的“涓滴效应”到更加注重“靶向性”，越发强调对目标人群直接加以扶贫干预的动态调整。

1.2.3 扶贫政策更强调国家各部门、各地区之间的协作

在经济新常态之前，中国的扶贫政策多由国家层面制定，然后下发到目标地区，政策的实施多依靠上下级政府之间的联络和沟通。在进入新常态以后，政府同级的各部委经常联合下发扶贫文件政策，例如国务院在2015年2月5日下发的《国务院关于加快推进残疾人小康进程的意见》就是各部委联合执行的政策。经济新常态以前，国家的扶贫政策也多在某一地区或某一范围内实行，而2011年下发的《中国农村扶贫开发纲要(2011—2020年)》在社会扶贫的部分明确提出要推进东西部扶贫协作。

1.2.4 扶贫政策由全面浅层次转变为全面和局部深层次相结合

进入新世纪后的头十年，国家积极推进局部地区的反贫困工作，但是这一时期反贫困的重点还是巩固和提高“八七攻坚计划”的成果，仍强调普惠性。进入经济新常态以后，国家整体的扶贫形势明显好转，扶贫政策呈现出更加细致、深入的特征。

1.3 中国政府贫困治理政策新取向

中国经济进入新常态阶段，社会的诸多方面也随之转变，服务于社会的政策就不能一成不变，结合经济新常态背景下政府反贫困政策变化及转型特点分析，我们认为下一步中国政府的反贫困政策应着重做好如下方面的调整：

1.3.1 坚持政府主导，但更注重社会参与

政府主导国家扶贫已经成为中国当前扶贫工作的共识，但是随着时间

的推移，单方面的政府主导已经暴露出越来越多的问题。中国目前缺乏社会力量参与扶贫治理的体制机制，由此造成社会力量虽多，但难以对扶贫形成更大助力的困境。鉴于此，中国可以效仿国际上较普遍的做法，如推动社区化建设，政府在贫困地区购买巩固服务和引进 NGO 等。

1.3.2　继续完善贫困治理法制建设，加强反贫困的立法研究

积极推进法制化进程是中国当前和以后社会发展的要求，在反贫困领域也应该如此。贫困治理需要更完备的法律体系来保障，在这方面国外的一些做法值得我国政府借鉴。例如，美国早在 1935 年就颁布了《社会保障法》用以确保低收入人群权益。日本相继颁布了《北海道开发法》《山村振兴法》等。中国可以借鉴发达国家在反贫困立法工作方面相关的经验，将反贫困工作纳入系统的法制化轨道上来，如此才能保障反贫困工作取得真正实效，实现反贫困工作的健康可持续性。

1.3.3　保障贫困人群物质需求，更加关注其精神文化建设

精神贫困是贫困人群在精神文化方面呈现的显著特征，它严重限制了贫困群体脱离贫困进程的思维。朱方明等认为，我国山区的贫困问题不仅仅是一个收入水平低的问题，还是山区农民和社区居民的物质生活和精神文化生活状况的整体反映，是山区居民的生产方式和生活方式相对封闭落后的综合反映。当前政府在应对精神贫困问题上，除了以往的精神教育，还没有出台具体政策。“扶贫先扶志”，可以通过互助合作小组，一起分享脱贫经验，互相激励，通过精神文化建设，让这部分人彻底摆脱精神枷锁，为其脱离物质贫困打下基础。

第2章

项目制与项目制扶贫理论基础

2.1 概念厘定

2.1.1 贫困与精准扶贫

2.1.1.1 贫困

贫困问题一直是困扰世界各国发展的首要问题，在不同的社会发展时期，不同国家的专家学者们对贫困的理解和解释有不同的标准。最早提出贫困定义的是英国学者特朗里，他认为："一个家庭基本陷入了贫困之中的标志就是这个家庭的总收入不足以维持家庭人口最基本的生存活动的要求"。亚当·斯密用劳动的价值以及财富的多少来定义贫困，他认为劳动的多少以及购买能力的高低决定了是否贫困以及贫富的区别。而阿玛蒂亚·森的"潜在能力贫困论"认为除了收入的不足与低下所导致的贫困之外，个人劳动能力的高低与丧失与否（因病丧失劳动能力等）以及就业机会的缺乏与被剥夺（社保不足与就业歧视等），都会导致贫困而无法创造财富来脱贫。在世界银行的发展报告中，将资源的缺乏、公认的饮食生活条件、参加社会活动的机会、健康的缺失、教育的缺失、营养的不足、遇到风险时的无助与脆弱等能力方面的因素纳入了贫困的定义之中，从单一的收入水平的高低与物质的缺乏来定义贫困到多种因素综合影响导致贫困，不断加深和丰富了世界对贫困的认知与界定。

与外国学者早期对贫困的研究相比，我国学者对贫困的研究起步较晚。童星、林闽纲（1993）关于贫困定义的研究指出，涉及个人基本的生活水平（主要指个人的温饱水平以及简单的再生产能力难以维持）无法得到解决的绝对贫困与公认的生活水平低于公开标准的相对贫困，共同充实了贫困的定义。康晓光（1995）结合世界银行的发展报告，将个人的生理需求与社会公认的生活水准总结为对贫困定义的描述。

消除贫困、改善民生、实现共同富裕，是社会主义的本质要求。由此，本研究倾向于认为，贫困是一种不好的社会现象，贫困分为广义贫困和狭义贫困。狭义的贫困不仅表现在个体的物质生活方面，还体现在精神生活方面，可以用经济指标来衡量。狭义的贫困者处在社会的最底端，生活水平低下，缺乏相应的经济能力，无法满足自身最基本的生理需求亦丧失自身的社会地位，没有相应的社会权力，只能受人欺压和剥削，遭受由自身贫困所带来的社会歧视以及社会不尊重。而广义的贫困除了涉及物质生活和精神生活之外，更聚焦生活质量和生活水平的高低，当物质生活方面无法获得绝大多数人都拥有的衣食住行方面的满足以及精神生活方面无法与其他社会成员基本对等时，当缺乏生活必需的物资和精神方面的物品和服务时，当缺乏社会活动的参与机会与参与能力时，当面对风险来临的无助、脆弱、无力应对和处理时，这都是贫困的表现，无法用指标来衡量。

诺贝尔经济学获奖者阿马蒂亚·森对发展中国家贫困问题进行研究，他觉得造成发展中国家贫困问题的主要原因是贫困人群创造收入的能力差，能够创造财富的机会少。从贫困人群本身分析，是因为个人脱贫的能力较差；从制度层面分析，是因为生产自由的权利和贸易自由的权利缺失。根据研究，阿马蒂亚·森提出了贫困成因理论，他认为造成贫困的主要原因是缺乏工作能力，另外的一些原因有疾病、劳动力不足和社保匮乏等。1953 年，美国教授纳克斯在进行相关研究后提出了“贫困恶性循环”理论。该理论指出，发展中国家因为人均收入水平低，能够进行投资的资金不多，产品需求不足，约束了资本的形成，进而造成低收入—低储蓄—低资本投入—低生产率—低产出—低收入的恶性循环，导致发展中国家很难摆脱贫困的状态。西奥多·舒尔茨将人力资本理论运用到农业经济发展中进行相关研究，比较发达与落后、贫困与富裕的状况，他认为脱贫最根本的措施是人力资本的积累，同时人力资本的发展也是社会经济不断发展的动力所在。他认为造成发展中国家落后的原因主要是发展中国家的人口素质、技术、教育等方面不及发达国家。因此，他认为改善贫困人口的综合素质是改善贫困地区经济水平的有效方法。

1957 年，学者缪尔达尔通过研究提出的“累积因果理论”，也被称为“循环累积因果理论”，该理论强调在动态化的社会发展中，社会经济各因素之间存在相互影响、相互作用的因果关系。经济发展较好的区域，随着有利因素的积累能够带动贫困区域的发展，带动整个社会经济朝前发展。然而经济相对落后的区域则没有有利因素的积累，想要促进各个区域的经济均衡发展就需要政府加强干预，这也是发展中国家常采用的方法，通过权力、教育与土地关系的变革来刺激发展，改善现状。世界银行在《贫困与对策》（1992 年减缓贫困手册）中对于影响贫困国家资产的各项政策展开分析，并对积累环节进行重点研究与分析。在环境政策中，世界银行认为，通过政府的相关政策使得贫困与环境之间的联系更为紧密。并且这一联系具有双向性，贫困会影响环境，但是客观的环境也会约束经济进一步发展，对区域贫困程度产生影响。手册中有两点我们需要注意：第一，低收入与个人抱负间存在的联系；第二，贫困和生存风险间存在的联系。

中国的贫困治理可借鉴其他国家不同的扶贫模式所取得的成功经验。一是美国经验。以扶贫法案的立法形式，确定扶贫开发的项目和具体内容，涵盖医疗卫生、就业、住房保障等方面的直接救济和非营利性机构对贫困人口的人道主义援助。同时保障贫困人口受教育和接受技能培训的权利。可以总结为，贫困人口在表达诉求方面有畅通的渠道、稳定的资金来源和完善的贫困救助体系，保证扶贫项目真正发挥减贫惠农的作用。二是巴西经验。完善社会保障体系、税改政策和国家信贷体制，制定各项扶贫措施，解决农村的贫困问题，保障贫困人口达到最低生活水平。通过教育，调动贫困农村和人口主动脱贫致富的能力，从根本上解决贫困问题。三是印度经验。从国外引进优良农作物品种，通过科学种养增加经济作物的产量，解决温饱和增收问题。

2.1.1.2 精准扶贫

自新中国成立以来，中国的扶贫政策一直随着国情的变化而变化，现阶段精准扶贫政策已经成为政府用来解决贫困问题的重要抓手。精准扶贫政策作为新时期党和国家制定的重要政策，是在当前贫困治理进入深水区以及全面建成小康社会的战略背景下提出的。其中，精准扶贫的核心思想最早由习近平总书记于2013 年 11 月在湖南湘西考察中提出，之后又在多次考察中对精准扶贫的内涵进行了丰富和完善。精准扶贫的要义是精准到户到人，体现了以人为本、赋权提能、参与合作的反贫困思想。根据中共中央办公厅、国务院办公厅颁布的《关于创新机制扎实推进农村扶贫开发工作的意见》（中办发〔2013〕25 号）文件精神，精准扶贫是包括精准识别、精准帮扶、精准管理和精准考核在内的综合性扶贫政策，旨在引导各类扶贫资源，通过对资源的准确下放，实现扶贫到户到人，逐步构建扶贫开发工作长效机制，为决胜全面脱贫奠定了扎实的理论基础。贫困户识别精准是精准扶贫的首要目标，通过对贫困农户的详细摸底调查，综合考量各种相关因素，准确分析贫困户的致贫原因，并通过村委会民主评议的方式公开，对贫困户进行建档立卡，确保“扶真贫”。项目的安排是否符合当地贫困户的需要，是否符合贫困村的发展，是否遵循自然规律和市场规律，以需求和问题为导向，针对不同致贫原因对症下药是精准帮扶的重要考量。在扶贫过程中对扶贫项目资金、扶贫工作队以及扶贫措施的有效管理以及最终有效脱贫的考核机制的建设都是精准扶贫的重要组成部分。

2.1.2 项目制

项目制作为国家专项资金的再分配机制，近年来成为社会科学研究关注的焦点。折晓叶、陈婴婴（2011）从社会学角度分析指出，所谓的“项目”是不同于宏大的社会建设发展规划项目或专业的技术建设项目，而是特指中央对地方或者地方对基层的财政转移支付的一种运作和管理方式，项目逐渐成为上级政府财政转移支付的主要方式，用于几乎所有的建设和公共服务资金方面。周飞舟（2012）在研究分税制改革的背景下，指出中央政府利用专项的转移支付资金对农村进行“反哺”，这些依靠专项化资金通过层层审批与检查的转移支付资金，越来越依靠“专项”或“项目”的方式进行，并严格体现拨付部门的意志。他们提出了一个各层级政府分级治理、分级运作的行为模型，对项目制的运作过程做了形象的描述和系统的概括：其一，上级政府（如中央政府）是项目的“发包方”，也是项目的“委托方”，以项目的资金为“诱饵”，使下级政府“跑部向钱”，以此来调动地方政府的参与积极性，使其努力争取项目配套资金。其二，地方政府（如省、市等中间政府）作为中间的“承包方”通过整合各种资源的“打包”行为，来借项目制资源之力达到属地内发展目标。其三，基层政府或经济实体（如村庄）作为“代理方”对项目进行“抓包”，即通过积极参与“跑项目”以争取资金等资源，为本地发展所用。

渠敬东（2012）指出，项目制不单指某种项目的运行过程，也非单指项目管理的各类制度，而更是一种能够将国家从中央到地方的各层级关系以及社会各领域统合起来的治理模式，是一种新的国家治理体制。项目制不仅是一种体制，也是一种能够使体制积极运转起来的机制；同时，它更是一种思维模式，决定着国家、社会集团乃至具体的个人如何构建决策和行动的战略和策略。渠敬东认为，中央部门通过项目的招标竞标以享有专项项目资金的管理权和控制权，实质是对地方政府进行非科层化的竞争性授权。地方政府作为项目的中间阶层，由于项目的申报中引入了竞争机制，使其在对项目的“打包”过程中很有可能加入自身的发展意图，考虑自身的利益。基层政府（村庄）作为项目的落地实施方积极地“跑项目”，通过“抓包”挤进项目落实的“示范村”或“薄弱村”，以获得更多的项目资金和相关政策的支持。

周雪光（2015）从“控制权”的理论视角指出，项目制是政府运作的一种特定形式，即在财政体制的常规分配渠道和规模之外，按照中央政府意图，自上而下以专项化资金方式进行资源配置的制度安排。项目制作为一种特定的资源分配形式在各个领域早已存在，但近年来这一形式在国家资源配置中权重日渐，有着突出地位和巨大影响力。杜春林、张新文

（2015）研究了科层制与项目制对于农村公共物品的供给方式的演变。在分税制改革之后，由传统的科层制自上而下的权威层级结构转变为下级政府能够自下而上地发挥其积极性与主动性的表现。项目制既作为一种组织形式又是一种治理体制，它能够从组织目标、组织运行、人员配备以及资源配置四个方面对科层制组织体系下农村公共服务供给方式的症结进行有效地回应。豆书龙、王山、李博（2018）从项目制的概念中归纳出政府是项目的实施主体，项目的资金来源于公共财政，项目的目标是实现公共利益及重塑各级政府关系。

分税制改革以来，中央政府减免了农业税，并将财政资金通过“项目”或“专项”的形式经过层层审批下拨到基层，用作建设资金。综上所述，本研究认为，作为国家再分配机制的项目制，其资金的运作过程是由上级政府作为资源主体对专项资金进行“打包”；地方政府作为执行主体对项目进行“抓包”，通过整合各种资源对项目进行申请；基层政府或村庄作为参与主体对项目进行“抓包”，积极争取项目资源，为本地发展所用，以达到对农村进行“反哺”的目的。项目制更主要的是一种治理模式，它能够动员政府各界力量，从中央到地方再到基层，为项目制的良好有序运作贡献力量。

2.1.3 项目制扶贫

1994 年，分税制改革的推行，从根本上改变了中国的财政结构。中央通过将财权上收，在财政分配中掌握了更大的话语权，而地方政府由于自身“汲取”财政能力的失去，面临着诸多压力，央地之间形成了财权和事权不匹配的“倒挂”格局。税费改革背景下，基层政府的独立性和日常运作受到很大制约，更难以在基层公共服务的提供和社会治理方面做出积极应对。为了改变这种不合理的“倒挂”格局，中央通过向地方政府提供财政转移支付来为地方提供资金，相较于一般的转移支付，国家更加倾向于依赖各部门的专项转移支付使公共服务最大化，“项目制”也就应运而生。

对于“项目制”的理解国内学界并没有太大分歧，通常是从财政分配和体制构建两方面进行阐述。折晓叶和陈婴婴（2011）从财政分配的角度分析认为，“项目制”是在财政集权背景下上级政府财政专项转移的条线体制，是一种应用越来越广泛的财政转移支付手段。郭琳琳和段刚（2014）从体制改革的角度分析认为，“项目制”是重新调整政府与市场关系，构建上级政府与下级政府之间合作博弈关系的增量改革路径。尽管上述两种定义的分析角度不同，但都强调了“项目制”中上下级政府的重要地位。国外学者对项目制的研究大多是通过观察中国的项目制实践找出项目制运作中出现的问题，在这方面美国斯坦福大学周雪光和加利福尼亚大学黄宗智的研究较有代表性。周雪光（2011）通过研究项目制的运作逻辑发现，“项目打包”等过程虽然在一定程度上增强了地方政府的作为能力，但却不利于缓解政府权威和有效治理之间的矛盾。黄宗智等人（2014）通过分析项目制实践中应然和实然之间的差距，认为项目制在推动经济发展的同时也会加剧社会中的不公平现象。尽管国外学者未对项目制本身进行定义，但从其研究中不难看出他们对项目制运作中政府行为和由此导致的问题的关注 。理论上讲，“项目制”是作为一种补充形式在现实的财政格局中出现，已经成为一种不可或缺的甚至是主要的财政转移支付方式，有力地化解了中央和地方的财政矛盾，重构了各级政府间的科层制关系，重塑了基层政权的运作方式以及农民与政府间的关系，对政府内部财政结构的优化升级和农村社会的变革产生深远影响。实际上，“项目制”在运作过程中，由于中央政府、地方政府、基层政府以及社会参与企业和受益主体之间关系的不对等和利益侧重点不同，一度遭遇了项目目标偏离、项目重复投资和项目申请难等问题。在传统的国家扶贫工程中，政府主要通过强制性行政指令对资源进行指派，一段时间内取得了较好的扶贫效果，但随着人民整体生活水平提高和贫困治理的深入，传统扶贫方式中的行政指令已经不能满足反贫困工作的需要，项目制在反贫困工作中越来越成为政府推崇、各地追捧、貌似行之有效的治理方式。通过项目制进行扶贫不仅能够解决贫困地区缺乏发展资金的难题，更能借此形成一套产业体制机制从而使贫困群体真正脱贫。但是项目制扶贫同样也避免不了项目制运作中存在的普遍问题，甚至一般项目制中存在的问题反而会因为扶贫项目的特殊性而放大。因此，在当前实现全面脱贫背景下研究项目制扶贫问题更具有深刻的理论与现实意义。

自党的十八大和提出精准扶贫战略以来，党中央把扶贫开发工作纳入“五位一体”总布局，出台了各项关于扶贫脱贫的规划、意见以及决定性文件，大力推进精准扶贫工作。作为“五个一批”发展规划首位的“发展特色产业脱贫一批”，是通过引导和帮助贫困人口通过发展特色农业生产，依靠自己的双手，因地制宜地发展规模化种植业、养殖业以及乡村旅游等特色产业，立足当地资源，发展农业生产，实现就地脱贫。而实现产业扶贫，需要政府在财政方面的大力扶持。据了解，中央财政资金在农村扶贫领域的支出数额占财政总支出约70%。这些财政资金多以项目的形式对贫困地区提供资金支持。《关于加大贫困地区项目资金倾斜支持力度促进特色产业精准扶贫的意见》提出：允许国家级贫困县以主导产业为依托，打捆申报项目，促进涉农资金在贫困县整合，为产业精准扶贫提供强有力的资金支持。由此，本研究认为，项目制扶贫是指依靠国家财政专项资金，通过中央到地方自上而下的层层审批和基层或贫困村庄自下而上的项目资金申请，是发展当地产业、实现贫困地区有效脱贫的重要扶贫方式。项目制作为当前一种重要的国家治理形式，为全国范围内资源的重新优化分配提供了一种理想的操作工具。在精准扶贫背景下，政府通过项目制的方式来推进精准扶贫，不仅可以秉承精准扶贫核心思想中的精准观念，而且还兼具了项目制核心思想中的全国范围内资源转移分配的观念，实质上形成了全国范围内的“大扶贫”格局。

2.2 理论基础

2.2.1 治理理论

“治理”的概念源自古典拉丁文或古希腊语“引领导航”一词，原意是控制、引导和操纵，指的是在特定范围内行使权威。它隐含着一个政治进程，即在众多不同利益共同发挥作用的领域建立一致或取得认同，以便实施某项计划。治理理论的主要创始人之一詹姆斯·罗西瑙认为治理是一系列活动领域里的管理机制，是一种由共同的目标支持的管理活动。这些管理活动未必获得证实授权，主体也未必是政府，也无须依靠国家的强制力量来实现，却能有效发挥作用。英国纽卡斯特大学（研究）教授罗茨认为治理具有六种不同的定义：最小政府的治理、公司治理、新公共管理、善治、社会—控制体系和自组织体系。格里·斯托克就治理理论给出了五个观点：一是治理的主体不仅仅限于政府，还来源于社会机构和团体组织的行为者。二是治理在社会和经济领域较为明显的缺陷是在该领域中寻求解决方案的过程总是存在着界限与责任之间的模糊性。三是治理明确了权力依赖，尤其在各个社会机构之间的集体行为下容易产生。四是治理意味着参与者最终将形成一个自主的网络。五是治理的主体不仅仅限于政府，这意味着办好事情的能力不仅限于政府的权力，同时也不限于政府的权威和发号施令。

治理既可以解释为在管理国家和经济以及社会发展中权利的行使方式，也可以理解为确定如何行使权力，如何给予公民话语权，以及如何在公共利益上作出决策的惯例、制度和程序。国内学者徐勇认为治理主要是统治、管理或统治方式、管理方法，即统治者或管理者通过公共权力的配置和运作，管理公共事务，以支配、影响和调控社会，强调治理是指“公共权力的运用形式、方法和手段”，“公共权力应是一个体系”，“国家是最高形式的公共权力，社会中也存在公共权力”。俞可平教授从政治学角度出发，认为治理主要是指官方的或民间的公共管理组织在一个既定的范围内运用公共权威维持秩序，满足公众的需要。

治理的基本含义是指在一个既定的范围内运用权威维持秩序，满足公众的需要。治理的目的是在各种不同的制度关系中运用权力去引导、控制和规范公民的各种活动，以最大限度地增进公共利益。从政治学的角度来看，治理是指政治管理的过程，它包括政治权威的规范基础、处理政治事务的方式方法以及对公共资源的管理。它尤其关注在一个限定的领域内维持社会秩序所需要的政治权威的作用和对行政权力的运用。治理理论的兴起，是各国政府对经济、政治以及意识形态变化所做出的理论和实践上的回应。治理是一个过程，能够协调各方力量。对于发展中的中国来说，扶贫工作是政府公共治理的重要民生内容，扶贫减贫，亦是治贫，除了政府的大力支持外，更希望通过社会各界的参与与贫困户自身的发展实现贫困的有效治理。

2.2.2 包容性增长理论

包容性增长理论首次出现于2007年亚洲开发银行的一份研究报告中，是在“益贫式增长”理念的基础上，进一步提出了“包容性增长”的概念。2010年，前国家主席胡锦涛在亚太经合组织会议上就两次强调了要实现包容性增长。包容性增长理论是基于发展理论的升华，其目的就是要实现机会平等的增长，强调发展机会的均等化，通过逐渐减少发展机会的不平等来实现均等化的发展目标。包容性增长理论强调的是一种可持续的增长方式，既是对可持续发展理论的补充和延伸，也是对增长理论的推进和发展。它侧重于强调公平和包容的理念，关注社会弱势群体，使其能够共享经济社会的发展成果，实现经济社会协调发展，促进社会稳定和谐。

贫困问题一直以来都是世界各国和地区经济社会发展中的一大难题，治贫减贫也是国内外学者研究的永恒主题。人们普遍认为经济的高速发展能够带动社会各个领域、各个阶层、各个地区的不断发展，“让一批人先富起来”“先富帮后富”是早期的发展思想，并希望通过涓滴效应辐射带动贫困地区经济的发展进步，从而减少社会中的贫困人口。但事实却与此相反，这种单一强调经济增长带动减贫的理念并没有达到最初预期的效果，反而使贫富差距越拉越大，导致多种社会矛盾产生。为此，亚洲开发银行在“益贫式增长”理念的基础上提出了“包容性增长”，即通过高速有效可持续的经济增长，提供并创造大量的就业机会，消除弱势贫困群体的社会排斥，倡导和保证机会平等，维护和保障社会公平正义，改善财富分配不平等的现状，实现公平分配，让贫困群体受益，实现发展成果由人民共享和机会平等的共享式增长。

2.2.3　内生式发展理论

内生式发展是指以区域内的资源、技术、产业和文化为基础，以区域内企业创新为动力，以提高本地居民生活质量为目标，最大化区域的经济效益，促进区域发展的模式。内生式发展理论最早出现在 1971 年，后经瑞典财团、联合国教科文组织、联合国大学组织、欧洲学者以及日本的反思，指出内生式发展这一理论对于乡村建设的重要性，着重强调乡村开发与建设中村民的主体性地位，并致力于建设当地村庄的基层自治组织并突出其必要性。

发展中国家普遍存在城乡发展不均衡的状况，与发展迅速的大城市相比，农村地区经济发展明显滞后，发展机遇以及发展机会等各个方面都处于相对弱势状态，最易发生贫困问题。我国的贫困问题由来已久，城乡差距大、贫困的持续性特征以及脱贫攻坚难度大等问题使乡村的落后状态阻碍了国家发展的脚步。

内生式发展是一个过程，在这个过程中首先应具有的认知是强调当地村民的主体性地位，在尊重本地文化的基础上建立有效的基层村民自治组织，体现当地村民意志；在环境保护的基础上利用当地有限的发展资源（当地的技术、产业、自然资源、文化资源、人力资源等），激发自身学习能力、创新能力和内部生长能力，提高自身劳动力素质，把科学技术作为地区经济增长的内在因素；在扩大地方自治权力的基础上参与制定或选择适合本地发展的战略规划，从而实现本地区的长远发展。

2.3　项目制扶贫的特性和优越性

2.3.1　项目制扶贫的特性

项目制扶贫运作体系中，政府赋好权引好路是关键。上级政府对下级政府的指令，地方政府对基层村镇的指示，基层村镇对贫困群众的指导，每一环都紧紧相扣、密不可分，上级政府主要对国家宏观政策进行总体把握，对项目制扶贫的顶层设计进行制度和程序规范，权力下解至地方政府时，地方政府要做通盘综合考虑，应结合地方政府发展实际，对项目制扶贫政策进行属地转化，使扶贫项目具有当地特色，吻合当地需求，切勿生搬硬套模式化扶贫走秀。

项目制扶贫注重引导贫困群众自觉自醒。项目制扶贫的终极目的是帮扶贫困群众脱贫，促进当地经济的发展，因此落地项目要与广大群众的生产生活切实对接起来。项目制扶贫旨在让贫困群众发展适宜产业，增强自身“造血”功能，要注重增强贫困群众的主人翁意识，切实培育群众脱贫的“内生动力”使其主动脱贫致富。

项目制扶贫注重多元主体的参与。项目政策的执行过程是一个政府、市场精英、社会组织、群众等多元社会行动主体共同参与的社会过程，项目制扶贫不仅是政府与贫困群众之间的互动，还需要企业、社会组织等多元主体参与进来，在这个过程中要注意维护多方主体的利益平衡。

项目制扶贫注重内外环境的互动结合。首先，在项目制扶贫的推进过程中，要及时与项目制扶贫的成功试点地市展开互相学习和交流，及时对项目制扶贫的每一项政策展开实地调研考察，确保每一项政策落在实处，与此同时，要深化项目制扶贫的新理念，宣传项目制扶贫的新政策，注意保持政策的连续性与一致性。其次，在项目制扶贫的推进过程中，要与当地的实际情况和扶贫工作实际结合在一起，不能脱离实际而“纸上谈兵”，只有让每一条措施都落实到位，才能确保项目制扶贫发挥应有的作用，更好地推动扶贫工作向纵深开展。

2.3.2 项目制扶贫的优越性

项目制扶贫能够将政府的主体责任、社会各方的组织协调、贫困群众的有效参与、社会法治保障水平的提升有效地结合在一起，创新地方政府的治理能力和治理水平，促进贫困地区特色产业的形成和产业结构调整，提升广大人民群众的生活水平和幸福指数。

有利于细化、夯实政府的具体职责。项目制扶贫是一件“绣花”般的工作，要求工作扎实、细致，要求地方政府在推进扶贫工作时要深入到基层第一线进行调研、考察，提出具体的、可操作的扶贫措施，增强地方政府开展实际工作的能力和行动执行能力。

有利于提升社会各方面的协调能力。项目制扶贫工作的主体实施者虽然是地方政府，但是项目制扶贫工作线的开展牵涉方方面面，与社会的联系十分密切，项目制扶贫工作能否做好关键在于基层工作做得好不好，在这个过程中，政府协调社会各方、动员基层的能力得以提升。

有利于推动贫困群众的积极参与。扶贫工作的客体是广大贫困群众，在项目制扶贫工作的推进过程中，政府必须调动贫困群众参与的积极性，动员和宣传工作必须做到实处，同时贫困群众也希望早日摆脱贫困，项目制扶贫可以调动广大贫困群众参与脱贫攻坚工作的积极性。

有利于提高政府依法行政和法治保障的水平。项目制扶贫的整个过程中，需要协调各方的利益关系，如何明晰项目制扶贫过程中各主体的权力和义务，是依法行政水平的“试金石”，同时，也能够充分锻炼政府依法行政能力，提升政府的法制保障水平。

第3章

项目制扶贫主体及其行为逻辑

3.1 项目制扶贫主体

项目制扶贫是由政府主导多元主体共同参与的贫困治理过程，扶贫项目的实践过程是一个由中央政府、地方政府、市场精英、农牧民等多元社会行动主体共同参与的社会过程。项目制扶贫的主体构成要素可以从五个层面进行解析。第一个层面是政府，包括中央政府、地方政府、基层区县政府以及乡镇政府；第二个层面是企业，企业是项目制扶贫的重要参与力量；第三个层面是市场，它是项目制扶贫如何在一个大的环境中开展与推广的现实制度框架与理论基础；第四个层面是社会组织，主要是指非政府的第三方社会组织；第五个层面是贫困群众，主要包括贫困地区的农户和社区的贫困群众。

3.1.1 政府

政府是项目制扶贫的管理者，因为扶贫项目不同于一般的市场化投资项目，其公共产品的属性要求我们强调项目制扶贫追求社会效益的最大化。政府层面主要包括中央政府、地方政府、基层区县政府以及村镇政府。首先，中央政府是我们整个扶贫攻坚战役的“总指挥部”，中央政府积极贯彻“两个一百年”奋斗目标，其中第一个一百年目标就是在中国共产党成立100周年时全面建成小康社会，就是要解决贫困问题，这是我们党中央对人民做出的庄严承诺，中央政府主要负责扶贫工作的总体规划和实施，把握扶贫工作的大方向，代表国家和社会的整体利益。其次，地方政府是项目制扶贫的中枢环节，是执行中央决策和部署必不可少的一环，地方政府主要负责扶贫项目的具体设计和执行，需要对中央政策进行精准把握，不是“一刀切”式地盲目执行，而是需要了解和解读政策，然后做好地方政府扶贫政策的规划和落实。最后一个环节是基层区县政府以及村镇政府，基层是项目制扶贫工作的第一线，直接关系到项目制扶贫的实际成效和群众的满意度。基层政府负责将扶贫政策与贫困群众进行对接，向上要认真贯彻上级扶贫政策，完成上级领导的意图，打造亮点项目，向下要完成扶贫政策的宣传与落实，面对的是基层贫困群众，而且基层工作最困难的地方是如何与群众打交道，基层政府既要完成上级领导的意图，又要取得群众的支持和配合，这种中介的角色使基层政府处于进退两难的境地。政府层面的三个环节层层递进，每一环节都有自己的分工和任务，缺一不可，政府层面的衔接关系到整个项目制扶贫能否有效推进，是项目制扶贫的核心和关键。

3.1.2 企业

竞争机制是项目制扶贫中不可或缺的一个重要环节与中间通道，单纯地用行政手段和强制方法来解决贫困问题是不科学的，也是不可取的，单单用“一刀切”的粗暴手段强制脱贫，往往达不到应有的效果，有时候甚至会产生相反的作用。项目制扶贫虽然主导方是政府，但是并不意味着政府大包大揽一切工作，也需要市场化的力量参与进来，企业在资金和技术方面有自身的优势，可以为贫困户提供资金技术支持，政府要引导企业有效参与到项目制扶贫中，这样项目制扶贫的运行效率才会更高，企业参与项目制扶贫的社会价值才会得到更大体现。

3.1.3 市场

中国特色社会主义市场经济发展到今天，已经定调让市场在资源配置中发挥基础性作用，因此，在项目制扶贫的过程中，要充分运用好市场的力量，对于不涉及重大民生利益和重大社会稳定的资源，都可以尝试交给市场来配置，促使市场主体不断创新升级，积极推动供给侧改革，使农户选择的扶贫项目更加科学合理。与此同时，也要注重发挥政府的服务作用，政府要优化公共服务，加强市场监管，维护市场秩序，弥补市场失灵，促使农户选择的项目在稳定的市场环境中有序发展，不断增加群众的可支配收入，提高贫困群众的生活水平。

3.1.4　社会组织

社会组织是政府、企业和市场之外的又一重要社会扶贫力量，是反贫困治理中不可替代的力量，具有灵活性、专业性、动态性且有强大的资源动员能力等优势。《中国 NGO 反贫困北京宣言》指出，NGO 在反贫困工作中能表现出强大的作用，不仅能够动员政府无法动员的资源，而且能及时对社会需求作出反应，成为扶贫体制创新不可或缺的力量，对于培育与市场经济相对应的公民社会具有积极作用。

3.1.5　贫困群众

贫困群众是扶贫的对象，也是扶贫参与主体，他们最根本的需求就是尽快脱贫致富，而项目制扶贫就是使广大人民群众摆脱贫困，改善生活质量，提高生活水平，奔向全面小康社会的一种脱贫方式。虽然政府“兜底”的政策可以直接作用于贫困户，使他们享受扶贫政策带来的直接实惠，在一定程度上改善了贫困户的生活状况，但一味地靠政府“救济”式的扶贫并不能使贫困户真正脱贫。发现和打造适宜的产业扶贫项目是脱贫的根本引擎，广大贫困户要积极参与项目制扶贫，成为扶贫项目的主体，积极主动发现特色产业，走“扶贫”与“扶志”“扶智”相结合之路。通过项目制扶贫增强贫困群众脱贫的“内生动力”，帮助贫困群众提高自食其力的就业技能和能力，增强自身“造血”功能，实现真正的脱贫致富。

3.2　项目制扶贫主体参与扶贫的动机

3.2.1　政府的行为动机

政府是广大人民群众利益的代表，坚持全心全意为人民服务的宗旨，政府要将广大群众的利益放在首位。政府是以广大贫困群众脱贫致富为出发点和落脚点，制定扶贫政策，进行反贫困治理。党和国家的宗旨是为人民服务，以共同富裕为奋斗目标，而且在全面建成小康社会，实现中华民族伟大复兴的道路上必须解决贫困问题。此外，贫困问题也是一个政治问题，解决好贫困问题，有利于为我国营造良好的外部发展环境，提升国际地位。

3.2.2 企业的行为动机

企业虽然以盈利为目的，但是在项目制扶贫过程中也肩负着社会责任，企业参与项目制扶贫是出于“价值理性”和“工具理性”相统一的选择，既可以实现社会效益，也有助于提升企业经济效益。企业的“价值理性”体现了企业的社会责任意识、奉献精神、人文关怀，出于“价值理性”，企业会积极承担社会责任，奉献爱心，参与到扶贫过程中；追求效益、提升社会影响力是企业参与市场活动的重要内容，也是企业“工具理性”的体现。企业通过扶贫打造良好的企业形象，可以提高社会影响力，扩大市场，间接提高业绩，但是企业在参与项目制扶贫过程中不能单纯地追求经济效益，不能对反贫困资源进行掠夺，必须在参与扶贫的过程中间接地提升经济效益。

3.2.3 市场的行为动机

党的十八届三中全会已明确要求让市场在资源配置制中起决定性作用，市场出于自身的职能和义务，维护市场秩序，确保市场稳定。在扶贫项目实施的过程中，市场通过发挥自身优势来调控、配置扶贫资源，调动市场主体来参与项目制扶贫，使政府资源和市场资源能更好地结合，发挥合力，提高扶贫资源利用率，更好地提升扶贫开发效果。

3.2.4 社会组织的行为动机

社会组织成立的目的是奉献社会，服务社会，解决社会发展过程中出现的问题，弥补政府不足，促进社会和谐稳定发展。社会组织是不同于政府和市场的第三方社会力量，项目制扶贫治理需要社会组织的参与。首先，社会组织参与扶贫是其职责所在，能促进扶贫的健康有序发展；其次，社会组织类型多样，可以利用自身专业优势在项目制扶贫治理过程中提供专业化的服务和技术指导，弥补政府职能的不足，助力扶贫的发展；

最后，社会组织在参与扶贫过程中能促进社会组织的发展成长，使社会组织为我国项目制扶贫的发展提供持续的动力。

3.2.5　贫困群众的行为动机

贫困群众既是扶贫的客体也是扶贫的主体，贫困群众参与扶贫的动机是出于早日脱贫致富的念头。首先，贫困户要发挥扶贫主体作用，在项目制扶贫政策出台前，贫困群众对政府要积极建言献策，使扶贫政策真正为群众的实际需要考虑，贴近贫困群众的生活实际；其次，在项目制扶贫政策实施的过程中，贫困群众要积极参与扶贫项目的监督和反馈，使扶贫政策能得到及时有效的调整，让扶贫项目真正使农户受益；最后，作为项目制扶贫客体要积极参与扶贫项目的实施，不仅要享受应有的扶贫优惠政策，还要积极参与自主脱贫，从“要我脱贫”转变为“我要脱贫”，增强自身“造血”能力，通过自己的努力摆脱贫困。

3.3　项目制扶贫主体角色定位

3.3.1　政府是管理者

项目制扶贫的第一个主体是政府，项目制扶贫政策能否有效地制定和运行，关键在于政府能否在反贫困治理中履行好自身职责，做到既不缺位又不越位。政府首先要做好扶贫项目开发政策的顶层设计，制定和完善各项政策和法律法规，做好扶贫项目实施的总体规划。其次，政府要负责扶贫项目的具体设计和运作管理，支持并鼓励相关扶贫主体积极参与扶贫项目开发，形成有效合力，实现扶贫政策愿景。政府可以通过购买社会公共服务等措施，把项目扶贫政策的具体实施环节交给企业、社会组织和贫困群众等，政府做好宏观调控，使各相关主体各司其职，确保项目制扶贫政策稳定运行。最后，政府要做好监督，稳定市场秩序，规范各参与主体的行为，并及时反馈扶贫成效，调整完善扶贫政策。

3.3.2　企业是支持者

企业参与项目制扶贫，方式多样，思路灵活。企业虽然以盈利为目的，但在项目制扶贫中，企业也扮演着越来越重要的社会功能角色。企业可以通过项目扶持、资源开发、市场开拓等方式为项目提供资金、技术、设备管理、就业岗位等方面的支持，也可以直接对接贫困户进行帮扶，帮助贫困户进行可持续的生产发展。企业参与项目制扶贫是企业社会责任的体现，已成为项目制扶贫发展的坚实力量。

3.3.3 市场是调控者

单纯从市场的角度来看，市场只是一种资源配置的方式和手段，并不是实际意义上的扶贫主体。市场的主要任务是在项目制扶贫过程中进行资源的有效配置，调动企业、合作社、金融机构等市场主体广泛参与扶贫，对于市场可以有效配置的资源要大胆交给市场来调控，市场无法有效配置的资源则要注重发挥政府的补充作用。市场作为一个形式主体，更多的是为项目制扶贫的过程注入活力，政府作为调动市场力量的一方，对于项目制扶贫过程中市场化项目的运作，要积极进行有效对接与分析，把市场化的扶贫项目落到实处。

3.3.4 社会组织是第三方协调者

社会组织作为政府和贫困群众之间的桥梁，具有强大的社会动员能力和资源整合能力，在反贫困治理过程中发挥着不可替代的作用，在项目制扶贫治理过程中，社会组织要充分扮演好第三方协调者的角色。社会组织参与项目制扶贫有自身的优越性，可以充分发挥其公益性和非营利性的优势，弥补政府部分职能不足和市场失灵，在资金筹集和服务对接等方面为贫困群众提供专业的帮助，如医疗卫生服务、募集资金、教育发展、项目承接等，这样可以有效减少政府的扶贫成本，提升扶贫绩效。社会组织还具有强大的社会动员能力，在项目实施的过程中，社会组织通过教育引导等方式，能有效激励贫困群众参与到项目制扶贫的实施过程中来，贫困群众通过主动参与扶贫项目，可以提升自身“造血”能力，实现脱贫可持续发展。此外，社会组织作为政府与贫困群众之间的纽带，一方面可以有效监督政府的行为，防止腐败问题和寻租现象的发生，维护群众利益；另一方面可以发现项目制扶贫政策落实过程中的缺点和痛点，修正扶贫政策，完善项目的实施。

3.3.5　贫困群众是参与主体

贫困群众既是项目制扶贫的对象也是扶贫的参与主体，在项目制扶贫过程中扮演着政策影响者、利益诉求者、扶贫参与者、实施监督者等多重角色。首先，贫困群众最大的利益诉求就是尽快摆脱贫困，走向富裕，在扶贫过程中，贫困群众要变被动参与为主动参与，增强主体意识，认真表达自身诉求，积极参与扶贫政策的制定，使扶贫项目真正为贫困群众量身打造。其次，项目制扶贫的落实需要广大贫困群众积极参与，通过自己的努力提升自身的脱贫能力来实现脱贫，要注重扶贫与“扶志”“扶智”相结合，贫困群众要增强摆脱贫困的信心，增加摆脱贫困的技能，实现“造血”式脱贫。此外，贫困群众要积极监督项目扶贫的运作，提出自己的意见建议，带领并帮助未脱贫的群众共同努力，营造良好的脱贫氛围。

3.4　项目制扶贫主体间的关系

3.4.1　政府与贫困群众

政府既是群众利益的维护者，但某种程度上又可能会成为群众利益的“背离者”。在项目制扶贫的过程中，政府和贫困群众的关系与定位是首要的，是项目制扶贫工作的重要内容。一方面，政府希望通过项目制扶贫，协调各方资源帮助贫困群众发展生产摆脱贫困，实现国家的意志，从这个意义上讲，政府和农村贫困群众利益具有一致性。政府是贫困群众的政策宣传者，通过宣传，使政策真正下沉到基层；政府是贫困群众的动员者，政策宣传到位后，要通过动员号召贫困群众积极参与项目制扶贫，发展生产，脱贫致富；政府是贫困群众的帮扶者、护航者，项目制扶贫实施后，要对贫困群众提供资金支持、技术指导，进行教育培训，使贫困群众获得新知识，增长新技能，同时通过引入企业进行项目联合，形成完整的产业链，并建立稳定的销售渠道，尽力确保农户利益。另一方面，地方政府不规范的管理过程有时可能会背离贫困群众利益。当项目从中央发包到地方时，往往会受到地方政府权力利益的绑架，地方政府有时不会完全被动地接受中央政府预先设置好的管理过程，他们往往会站在自身利益最大化的立场上对中央政府的项目进行“包装”，从中获取经济利益或通过打造“政绩工程”来实现其政治利益，从这个层面上讲，扶贫项目并没有完全为贫困群众考虑，难保真正惠及民生，项目制扶贫也因此会违背其原有的意义和初衷，进而沦为地方政府谋取“政绩工程”和实现领导者意志的工具。

3.4.2 政府与企业

政府是企业的引领者，应带动企业成为扶贫的中坚力量。要协调好政府与贫困群众之间的联系和运作关系，就必须发挥好企业的作用，企业是项目制扶贫工作中必不可少的一环，项目制扶贫不仅仅是政府参与，政府还应当带动企业形成扶贫的有效合力，在企业和贫困群众之间搭建合作的桥梁。项目制扶贫是产业化、一体化、集约化的发展，完整的产业链条需要企业的共同参与，政府、企业、农户之间互相联系、有机结合，才能将项目制扶贫的具体工作有效开展起来。一方面，这些企业作为产品的提供方，在项目具体实施和工作执行方面，有着丰富的实践经验，可以给贫困群众提供技术指导和资金支持；另一方面，企业的发展和成长得益于中国改革开放四十年来的伟大变化和政策环境，因此参与项目制扶贫更是其社会责任感的体现和社会价值的担当。

3.4.3 政府与市场

市场应当在政府的监管和宏观调控下，发挥对贫困资源的自主配置作用，政府应集聚市场力量，调动市场主体积极参与扶贫。研究政府与市场的关系时需要注意以下四个层面的问题：第一个层面是动员问题，这里我们主要强调的是项目制扶贫过程中地方政府要充分发挥基层党员干部的先锋模范和带头作用，带动广大群众自觉参与到项目制扶贫工作中来，同时也为企业和市场提供人力资源和初始材料支持。第二个层面是项目制扶贫的基础设施配套问题。贫困地区的资源开发、基础设施建设、扶贫项目管理、产品供给等需要政府协调市场关系，引入市场机制，确保项目制扶贫配套措施的平稳落地。第三个层面是政府要通过市场化渠道补充资金。地方政府在推进项目制扶贫的工作中，为解决资金问题会加强与相关金融机构的联系，协调风险承担机制，减少群众承担的金融风险，增强金融领域工作的领导和统筹能力，及时为项目制扶贫开辟一条精准的资金扶贫道路，为贫困地区的发展提供便利的融资渠道。政府在市场化资金补充的过程中，要及时开展资金情况的调研，对于项目制扶贫的资金使用情况，要公开、公平、透明，不能搞权钱交易和腐败，要将每一笔资金都切实用到项目制扶贫的工作上，要将每一笔资金都花到改善广大贫困群众的生活上。在项目制扶贫过程中，资金的运用和收纳能力是对地方政府治理水平和金融治理能力的一次考验。第四个层面是要充分发挥市场在资源配置过程中的决定性作用，继续深化供给侧结构性改革，使农户自觉扩大生产，努力创新，使高质量的农户产品走向更广阔的市场，同时也要发挥好政府的宏观调控作用，加强市场监管，维护市场秩序，使农户真正在稳定的市场秩序中不断增收。

3.4.4　政府与社会组织

政府应学会对社会组织赋权，与社会组织建立良好的合作关系。社会组织参与项目制扶贫意义重大，政府要积极引导社会组织广泛参与到贫困治理工作当中来。政府要建立起相关规章制度，制定宏观政策，对社会组织赋权，与社会组织建立良好的合作关系，使社会组织成为贫困治理的重要力量。社会组织通过参与贫困治理，充分发挥其专业优势，在贫困治理工作中扮演好资源整合者、政策优化者、政府合作者的角色。

3.4.5　贫困群众与企业

企业是贫困群众脱贫的帮扶者。贫困群众与企业的运作关系，是整个项目制扶贫运行关系链条中最活跃的一环，企业是帮扶者，群众是参与者。扶贫项目设立后，企业按照扶贫政策的要求，为农户提供帮助、初始材料或进行资金扶持、技术指导，农户对初始材料进行加工并把成品通过市场进行流通，卖给企业，从而获利；农户还可以通过项目制扶贫的帮助，自己成立公司或合作社，让产品进行市场流通，从而参与市场规则的制定和产品定价，以实现长期收益。企业是社会的企业，只有真情地回报社会，才能赢得社会的信赖和支持而不断发展壮大。

3.4.6 贫困群众与社会组织

社会组织是贫困群众脱贫的服务者。社会组织也是社会扶贫的重要主体，社会组织参与扶贫是相对于政府扶贫而言的，是指社会组织针对社会弱势群体提供救助、开发以及社会服务等活动，社会组织扮演社会服务者的角色。在项目制扶贫的运作关系中，社会组织参与精准扶贫优势明显、亮点纷呈。社会组织可以弥补政府失灵，政府不仅在精准性、效率持续性方面存在不足，还存在寻租和腐败现象，而社会组织是公益性的，具有资源整合和专业性优势，更能深入群众并与群众建立良好的互动关系，为贫困群众提供专业的救助和服务。

虽然上述项目制扶贫涉及对企业、市场和社会组织等参与主体的分析，但这些参与主体实质上仍然是作为政府的协助者而存在的，我国的项目制扶贫主要是通过上下级政府之间的互动和政府同贫困群体之间的互动来实现的，归根结底需要各级政府和贫困群体之间进行良好的配合。接下来本研究将从上级政府、地方政府、基层政府和农村贫困群体之间的互动关系视角，进一步分析项目制扶贫主体的行为逻辑。

3.5 项目制扶贫主体的行为逻辑

3.5.1 上级政府：项目资源和行政权力的最高调配者

从项目制工作的实践来看，承担发包功能的上级政府主要是地市级职能部门、省级职能部门和中央各部委，甚至有学者认为现在的中央各部门已经成为专门颁发和管理项目的部门。上级政府颁发项目的目的一方面是为了进行央地间的财政转移支付，实现地区平衡发展，另一方面是为了通过互动配合提高资源利用效率，使得地方政府之间的各级组织和部门因为项目积极行动起来，使地方的资源和上级的资源积极结合起来。通过央地之间、地方政府与基层政府之间、基层政府与贫困群体之间的互动合作，达到实现贫困群体因项目受益的目的。如果项目制顺利实施，上级政府不仅可以完成上述两个目标，而且还会有其他收获，例如，在项目审批、下放、实施、监督等环节加大对地方政府的控制，通过项目资源对下级政府进行正向激励并刺激其提高工作积极性等。但由于项目制本身是超越行政科层制的，是在集权模式下与市场竞争机制的结合，因此有可能导致不良竞争以及贪污腐败等现象的出现。对于项目制本身，上级政府一般没有从中获取资源的动机，但随着项目的发放和实施，上级政府出于强化自身权威和树立政府良好形象的目的，往往会选择性地无视或默许下级政府的形象政绩工程等行为。基于此，上级政府需要完善项目制的机制构建，避免项目运作失败以及项目运作中不良现象的产生。

3.5.2　地方政府：项目资源和行政权力的直接争取者和中端调配者

本研究中所提及的地方政府多指市县级政府及其职能部门。地方政府作为项目制中的打包方，在项目及其资源向下传递的过程中发挥着重要的作用。它们通过各种手段、途径，将上级政府手中的项目申请下来，经过分割、重新组合等程序将项目进行打包，然后由基层政府申请或直接发放到下级部门。简而言之，地方政府在项目制中的工作主要有两点，一是积极争取上级项目，二是将项目合理打包并发放至基层。一方面在项目制背景下，地方政府出于发展地方经济的考量往往会结合自身情况积极争取项目，有些时候甚至会创造条件争取项目，因此在为地方带来经济发展的同时也为项目制本身埋下了隐患。从扶贫项目运作的目的来看，这些项目都具有很强的惠农性和适配性。例如，2016 年 11 月 23 日，随着《关于促进电商精准扶贫的指导意见》的颁布，各资源主体出台了一大批电商扶贫项目，而这些项目具有很强的适配性，需要申请单位具有一定的互联网基础和适合互联网推广的产品。在“跑部向钱”争取项目的情况下，这些适配性极强的项目能否完成最后的项目落地适配就是一个很大的问题。另一方面，地方政府在承担项目制打包事务的同时，也拥有对基层的人事任免权和财政支配权，这就意味着地方政府有着对项目“怎么发”“发给谁”的绝对权威。对地方政府而言，其参与项目制的目的是多重的，既有为老百姓办好事带领贫困群体脱贫的美好愿望，也有通过扶贫项目来创造政绩并获取经济利益和政治利益的目的。因此，地方政府往往会通过分配项目资源来打造“明星村”“特色村”等政绩工程，从而忽视了真正需要项目的群体，这和项目的初衷是不相符的。基于此，地方政府应该严格规范自身的行政行为，摒弃不当的自利行为，充分发挥在项目制扶贫中的公共性。

3.5.3 基层政府：项目资源和行政权力的终端争取者和调配者

项目的抓包方主要是由乡镇政府和村“两委”组成，它们是项目制最后的官方组织者和落实者。所谓抓包，主要指的是乡镇政府或者村庄积极争取项目，体现了项目制内嵌的市场竞争性。理论上，基层政府可以根据自身情况在地方政府规定的范围内对项目进行自由申请，具有很强的主动性和自由性，但实际上基层政府在申请项目时却处处受限，就算申请到了也很难对项目进行真正把控。由于地方政府掌握着基层政府的人事任免权和财政支配权，所以基层所争取到的项目都被极大地赋予了上级政府的意志，这也是基层政府为避免项目结算审核失败的无奈之举。基层政府是项目制受益群体和地方政府的中间人，向下对贫困群众负责，向上承载着地方政府的意志。在项目抓取中，基层政府的压力主要来源于贫困群体和自身政绩的需要，而在项目实施中，压力更是使其进退两难。在项目实施中，基层政府既要保质保量贯彻上级的意志，又要发动贫困群体参与的积极性，更重要的是要让群众满意，避免引发社会不稳定事件。这些压力不仅对基层政府的执政能力提出极大挑战，而且还有可能导致项目实施过程中出现偏离现象。基于此，基层政府在参与项目制扶贫中，不仅需要摒弃自身的媚上和自利行为、规范自身参与行为，更需要坚定为基层服务的立场。

3.5.4 农村贫困群体：项目资源的法理受益者

扶贫项目的宗旨和目的决定了农村贫困群体是其最直接的受益主体。

对农村贫困群体而言，项目制承载着其脱贫致富的希望，也是其积极配合基层政府进行项目申请、项目执行的根本原因所在。但对地方政府和基层政府而言，扶贫项目似乎并不一定要和当地自然资源条件以及百姓意愿相一致，更重要的是要符合上级领导的意志。因此他们更注重考虑追求“短平快”的政绩和项目的顺利审核结项。“明星村”“路边花工程”等面子工程虽然对政府领导的仕途和项目的检查通过有一定帮助，但对于贫困群体的帮助却微乎其微。伴随着扶贫项目的深入推进，真正的贫困群体由主体变为客体，缺乏话语权，甚至连配合政府的机会都没有。从利益相关者权益优先度原理来看，贫困群体的紧迫性明显高于其他主体；从扶贫项目运作的目的来看，其合理性也是明显高于其他主体，但是其权力性却明显缺失，属于依存型的利益主体。在自上而下的权力金字塔中，农村贫困群体作为弱势群体，其主体性和根本利益都被忽视，最终导致项目制扶贫结果不尽如人意。

在对项目制利益相关者的行为逻辑进行研究时，我们发现无论是政府还是贫困群体在参与项目制扶贫时都遵循着一些难以言喻的“潜规则”。对于上级政府而言，项目在向下发放的过程中被理所应当地加入“主观意志”。这些“主观意志”或是为了加强对地方的控制和领导，或是为了树立权威和良好形象，而这显然在本质上与贫困治理的目的无关甚至相左。对于地方政府而言，也会在得到扶贫项目后对项目的重新分配和“打包”的过程中加入“主观意志”，地方政府在积极配合和满足上级政府隐性要求的同时，又会对下一级政府提出更为具体和明确的隐性要求，而这些要求的目的则都是为了追求本级政府或官员的政治利益和经济利益。对于基层政府而言，它位于项目制政府角色的末端，一般认为其被赋予的权力或财政是不足的，但正是因为正式权力和财力的不足，才导致其非正式权力和财政的无序扩张。基层政府在获得扶贫项目后通过动员活动让广大贫困群体或企业合作社等参与到项目制扶贫工作中来，但并不是所有有资格参与的群体都能得到公平竞争的机会，只有那些实力相对雄厚或与基层政府有良好关系的群体才能获取最终项目的分配，而项目分配和落实的过程就是基层政府扩张非正式权力和财政的过程。对于贫困群体而言，由于扶贫项目的自带资金属性和政策帮扶属性，所以获取扶贫项目无疑是改变生存状况的极佳途径。在中国当前经济发展形势虽好但整体发展不平衡的背景下，扶贫项目仍然具有稀缺性，需要逐步覆盖所有贫困群体。因此，贫困群体在争取扶贫项目的过程中，需要具备竞争优势，而这种竞争优势可以是满足政策要求，也可以是满足扶贫项目启动条件，甚至有可能是采取不正当手段获取的，而这种不正当手段的采用正是基层政府“潜规则”的体现。我们发现，作为扶贫项目的参与主体，政府在扶贫项目中会加入“主观意志”，本质上是因为“自由裁量权”过大，贫困群体在参与扶贫项目过程中采取的不正当竞争手段更多的是政府“自由裁量权”过大的表现，正是由于这些“潜规则”，才造成项目制扶贫效用的降低和丧失。

第4章

项目制扶贫中的精英俘获

4.1 项目制扶贫与精英俘获

4.1.1 项目制的产生与项目制扶贫

1994 年分税制改革以后，中国的财政格局发生了根本性的变化。分税制改革前，地方财政在国家整体财政格局中占主要地位，中央财政难以对地方财政进行统筹和计划。分税制改革后，由于税权上移，中央财政成为国家财政的主体，地方财政限于自身财政汲取能力的萎缩，需要中央财政给予支持。在这样的背景下，财政转移支付制度应运而生，中央通过对全国财政的统筹安排，在全国范围内对财政资源进行合理地转移，在保障经济发达地区发展的同时，最大限度地兼顾经济不发达地区的发展。项目制作为国家财政转移支付制度的一部分，也是在分税制改革的背景下产生的。与一般财政转移支付手段不同，项目制是将各种资源与项目绑定通过专款专用的方式，最大限度地实现了资源的有效利用。国外学者对于项目的研究较早，美国项目管理协会认为，项目是一种事本主义的动员或组织方式，即按照事务的内在逻辑，在限定时间和资源的约束条件下，利用特定组织形式完成有明确预期目标的一次性任务。詹姆斯・C. 斯科特通过对不同国家的大型项目进行考察和研究，认为项目是国家主导下的、为了改善人民生活水平的大型社会工程。相较而言，国内对于项目的研究较为具体化。折晓叶和陈婴婴通过对中国财政制度的研究，认为项目制是在特定条件下产生的一种财政条线制度，是一种在国家大型工程中运用越来越多的特殊财政转移支付手段。郭琳琳和段刚从财政制度改革的角度认为，项目制是财政改革中的一种增量模式，是在保证原有财政规模的基础上进行的增量改革尝试。国内外对于项目的研究尽管侧重点不同，但整体上都揭示了项目制的基本特性，即专款专用、条线制度。贫困治理作为国家治理的重要组成部分，需要大量财政资源的支出，因而在现有状况下，政府大多采用项目制的方式进行贫困治理，由此也产生了项目制扶贫。

4.1.2 精英俘获的内涵

精英俘获是指精英掠夺资源的一种俘获行为，最早可以追溯到奥尔森的“利益集团”俘获范式。国内对于精英俘获的研究大多集中在贫困治理领域。胡联和汪三贵对中国精准扶贫中的建档立卡环节进行了数据分析，认为精英俘获是项目资源没有瞄准真正贫困群体的一种表现。吴愈晓通过对中国农村扶贫状况进行研究，认为在实际过程中精英会干预项目的实施，也会左右社区的发展，这种精英对外界的干涉行为即为精英俘获。李祖佩和曹晋通过进一步研究，将精英俘获行为中的精英划分为体制精英、经济精英和社会精英。在本研究中，精英俘获主要指项目制中项目资源目标偏离，未能实现对真正贫困群体帮扶的现象。精英俘获不仅会造成资源的极大浪费，更会造成贫困群体对政府治理失去信心，严重影响贫困治理的进度和成效。

4.2 精英俘获成因解析

对于精英俘获的成因，诸多学者从不同的角度进行了分析。梁剑峰和李静通过研究农民专业合作社中“大户吃小户”的现象，认为精英俘获的产生主要是因为专业合作社内部治理不当和外部力量对精英的扶持。刘升通过对河北南村的个案研究，发现精英俘获中精英的获利逻辑主要是项目资源的资本化。虽然学者们对精英俘获的成因进行了多角度的解释，但这些解释都不够充分。通过多角度梳理相关文献和进行系统理论分析，我们认为扶贫项目的精英偏好是精英俘获现象产生的制度原因，社会分化是精英俘获现象产生的现实原因，贫困治理价值观念偏离是精英俘获现象产生的根本原因。

4.2.1　扶贫项目的精英偏好是精英俘获现象产生的制度原因

精英俘获的产生受多方力量的影响。从项目制产生开始，项目就带有明显的精英偏好。在项目制扶贫中，中央政府负责项目的发包和资源的分配，在这个阶段，中央政府基于示范效应或者其他因素的考量，会将项目更多地分配到易于完成的地方；在项目的分包和抓包阶段，地方政府和基层政府同样会出于政绩的考量或者为了让项目更容易通过考核等，把项目分配到经济基础较好的地区；在项目的落实环节，由于大部分项目都需要农户提供配套资源，这在一定程度上也将真正贫困的群体排斥在项目制扶贫的体系之外。项目精英偏好产生的根本原因，一方面是项目本身就是精英制定的，项目实施的过程也就是项目外部精英和农村中的内部精英进行合作的过程，另一方面是在政府行政运行过程中存在的政府官员不良的政绩观、不合理的官员考核制度和不合理的项目考核制度。

4.2.2　社会分化是精英俘获现象产生的现实原因

随着经济的飞速发展和社会的不断进步，社会群体也在不断进行分化，而这种分化为精英俘获提供了现实条件。在基层社会群体中，这种社会分化是多方面的。在权力方面，一部分群体由于担任基层领导（如村党支部书记、村民委员会主任等）而掌握了村庄核心权力，他们就成为政治精英，而另外一部分群体则处于权力的劣势地位；在经济方面，一部分群体通过承包大量土地或者通过经商等手段，在经济上较其他群体而言具有较大优势，他们逐渐成为基层群体中的经济精英；在社会权威方面，基层社会中品德高尚、能力出众或者善于交际的人群比较容易受到其他人的尊重，他们逐渐嬗化为基层群体中的社会精英。在项目制运作中，基层社会中的政治精英由于掌握较大的权力，能够对项目资源施加影响，因此能够俘获项目资源；经济精英由于经济实力较强，能够对村庄的发展产生影响，并且具备更多的项目配套资源，因此也能俘获项目资源；社会精英由于在基层社会拥有极高的威望和较广的人脉资源，在项目的分配中也有较大优势。综合而言，由于基层社会中的分化现象的存在，处于优势地位的群体更容易获取项目，而处于劣势地位的贫困群体则可能会丧失发展的机会。

4.2.3 贫困治理价值观念偏离是精英俘获现象产生的根本原因

政府进行贫困治理的目的是为了消除贫富差距，实现发展成果全民共享，然而这一美好的价值观念在项目制的实际运作中却出现了偏离。一般认为，政府在进行社会治理和提供公共服务的过程中是完全公利化的，公共性是政府的唯一属性。事实上受限于政府的自我扩张属性和各级政府以及政府官员自身的自利性，政府在进行社会治理和提供公共服务过程中无法完全实现公共性。各级政府和政府官员出于谋取政治资本和建设政绩工程的需要，不是将扶贫项目发放到真正贫困地区，而是将项目发放到经济基础较好的地区或易于出成果的地区，并因此产生了精英的“被动俘获”。贫困治理价值观念的偏离不仅会造成项目资源的浪费，而且会导致真正贫困群体对项目制扶贫失去信心，严重阻碍贫困治理的进程。

4.3 精英俘获的消解与项目资源的合理分配

精英俘获现象严重影响贫困治理绩效的提升，消除精英俘获刻不容缓。本研究认为，为了消除项目制扶贫中的精英俘获，应回归项目制扶贫的公共性价值导向，建立合理的项目申请及分配制度，建立严格的项目考核审查制度。

4.3.1 回归项目制扶贫的公共性价值导向

贫困治理公共性价值导向的回归需要从政府、社会组织和贫困群体三个方面进行。政府作为贫困治理的主体和最重要的参与力量，需要在贫困治理的过程中摒弃自利心理，坚持公共性，强化公共服务意识，积极接受政府内部和外部的各种监督，及时和项目制其他参与主体进行沟通和交流。社会组织在项目制扶贫中作为政府和贫困群体之间的桥梁，应该克服自身的不当利益观念，坚持公益属性，实现良性发展。贫困群体作为项目制扶贫的对象和劣势方，需要积极谋取发展，克服“等、靠、要”思想。

4.3.2　建立合理的项目申请及分配制度

项目的运作流程包括项目发包、分包、抓包和实施等阶段，为了避免出现精英俘获现象，应该建立合理的项目申请及分配制度。项目的申请和分配是项目制扶贫中最重要的两个环节，在以往的项目制运作中，相关制度的不完善造成了项目资源目标偏离、精英俘获等后果。建立合理的项目申请及分配制度应该从项目的发包方和申请方两个方面着手。上级政府在项目的发包过程中一定要坚持资源利用最大化和稀缺资源的倾向性配置原则，摒弃以往树立典型和依靠项目发包环节增强自身权威的做法；地方政府或基层政府在项目的申请过程中一定要以客观事实为依据，申请适合自身发展的项目，摒弃以往“抓大放小”的理念，坚持从自身实际出发，制定适合本地区的发展战略。只有建立合理的项目申请和分配制度，才能从根本上对项目资源进行管控，实现项目制扶贫结果的最优化。

4.3.3　建立完善的项目考核审查制度

为了让项目更容易通过上级部门的考核和审查，项目管理者一般不愿意将项目放在配套资源较差的地区，因为那样做不仅增加了工作的难度，也增加了项目审核的不确定性。这种为了项目审核而对项目资源进行分配的行为显然不利于贫困群体的发展和诉求的实现，这种行为从根本上说是由不完善的项目考核审查制度导致的。建立完善的项目考核审查制度，首先，应该摒弃以往的唯经济贡献率的理念。扶贫项目建设的目的是惠及更多的贫困人口，为更多的贫困群体提供工作和发展的机会，而不应该仅仅考虑经济贡献率。其次，应该增加对项目满意度的考核。满意度作为一项软指标在对政府公共服务考核中具有重要作用，应该引入项目制扶贫考核中，因为只有人民满意的项目才是真正的好项目。最后，对项目的考核既要看重结果，又要认真细致地考察项目落实的步骤，并且根据项目不同步骤的重要性进行赋值，建立完善的考核指标体系。只有实现对项目落实的整体把控，才能对项目进行真正意义上的客观评价。

中国的项目制扶贫中出现了大量的精英俘获现象，严重影响贫困治理绩效的提升。通过对项目制扶贫中政府、社会组织和贫困群体的分析，发现扶贫项目的精英偏好是精英俘获现象产生的制度原因，社会分化是精英俘获现象产生的现实原因，贫困治理价值观念偏离是精英俘获现象产生的根本原因。因此，应回归项目制扶贫公共性的价值导向，建立合理的项目申请及分配制度，建立完善的项目考核审查制度，以消除项目制扶贫中的精英俘获。

第5章
地方政府自利性与项目制扶贫理性困境

项目制作为一种制度工具用来解决贫困问题由来已久，并且在实践中取得了一定成效。在中国，贫困治理中最早出现的“项目”可以追溯到20世纪50年代，当时出现了“援外项目”，但还未形成一种成熟的制度。直到20世纪90年代，随着分税制改革的推进，项目制逐渐成为政府实现其政治意图和治理国家的重要形式，在贫困治理工作中也得到更为广泛的应用，才成为一种规范化的治理体制。对于项目制在贫困治理中应用问题的研究，一些学者从制度构建的角度进行探讨。例如，通过研究农村产业化项目制扶贫的运作逻辑，马良灿发现，项目制在贫困治理实践中存在应然和实然的差别，这导致项目在实际运作中并不能充分体现政府的意志和满足贫困群体的需求。陈家建通过对社会管理项目运作进行研究发现，项目制的优势非常明显，但也存在一些问题。黄文宇通过对P县“万亩有机菜园”项目进行考察，发现“项目绩效与预期存在较大偏差，其根本原因在于项目运行机制仍存在缺陷”。折晓叶和陈婴婴通过对“项目进村”案例进行研究，特别关注了分级“制度机制”的运作模式，等等。

综上所述，我们不难发现，尽管既有的研究已经开始关注项目制在贫困治理中的作用及其存在的问题，但对于地方政府在项目制扶贫中扮演的角色等问题的考察还有待进一步深化。我们通过公共选择理论视角对该问题进行研究后认为，地方政府在项目制扶贫中的行为是由其自身公共性和自利性共同推动的，而二者之间的矛盾和冲突会导致扶贫项目陷入困境，增强其公共性则是解决这一矛盾的有效途径。

5.1 地方政府自利性与扶贫项目的困境

关于政府的自利性，从公共选择理论的角度来看，官员在做出公共决策和执行公共意志的过程中，并不是完全利他的，而是在个人利益和公共利益中不断进行取舍的。我们认为，这个“个人”包括地方政府官员自身及其所在单位，其“自身利益”自然也含有党政一把手及其部下的利益。在扶贫项目的运作中，地方政府作为推动者、实施者和受益者，具有明显的自利倾向。项目制扶贫对于地方而言，不仅能推动经济发展，而且也有助于树立政府的良好形象。所以，无论从哪个角度来看，地方政府都有足够的动力参与项目制扶贫工作。但是当地方政府的自利性和公共性产生冲突时，往往会导致项目制扶贫效率低下甚至失败。当地方政府过度强调其自利性而忽视公共性时，就会导致地方官员的畸形政绩观、地方政府权力的无序扩张、扶贫资金的滥用等问题。

5.1.1 地方政府参与项目制扶贫的偏好

地方政府在项目制扶贫中扮演着重要角色，其参与的积极性以及投入资源的多寡直接决定着项目的成败。根据国务院扶贫开发领导小组发布的文件，扶贫项目一般包括教育、医疗、产业、人员培训和整村推进等，而不同种类的项目在短期内的收益和政绩体现上是不同的。从自利性方面来说，地方政府偏向于收益快、政绩凸显快的项目。因此，在以往的项目制扶贫实践中，产业扶贫和异地搬迁等项目往往是地方政府重点争取的，因为这些项目可以在短时间内提高当地经济发展水平、降低贫困人口数量。贫困治理是一个长期的过程，项目制扶贫也是按照贫困治理过程而整体推进的，因为偏好而过分讲究政绩和收益，往往会引发更严重的问题。

地方政府参与扶贫项目的偏好，具体表现为两种情况：一是在争取扶贫项目的时候，对于某些扶贫项目积极性低，如教育、医疗、人员培训等见效较慢而社会影响大的项目。这显然是不对的。根据中共中央、国务院印发的《中国农村扶贫开发纲要（2011—2020 年）》的要求，扶贫的总体目标是到 2020 年稳定实现扶贫对象不愁吃、不愁穿，保障其享受到义务教育、基本医疗和住房。据此分析，现阶段的扶贫不仅需要在产业经济上进行重点突破，更需要在基础服务上下大功夫，地方政府不能因为后者对于域内经济贡献低而不争取或少争取。二是在已有的项目中投资比例不合理，对产业扶贫项目投入过大，而对基础公共服务如医疗、卫生、教育等投入过少。分税制改革以后，地方财政和中央财政分离，地方财政汲取能力降低，地方政府在应对较大的投入时往往捉襟见肘，这样做的后果就是基础公共服务等关系贫困群体切身利益的项目因缺乏资金注入而进展缓慢。地方政府在申请扶贫项目和进行项目投资时的自利性偏好，不仅阻碍了扶贫项目的整体进展，而且也不利于提升贫困群体对国家扶贫政策的满意度。

5.1.2　精英俘获现象严重

地方政府在推动项目制扶贫的过程中，往往会过度重视地方利益和个人利益的得失。因此，在项目分配和项目落地的过程中极易出现精英俘获现象。邢成举和李小云认为，财政扶贫项目的目标偏离是多重因素综合作用的结果，而精英俘获是财政项目目标偏离的重要原因。一般认为，精英俘获主要是体制精英、经济精英以及社会精英对于资源的不当获取。通过研究地方政府的行为，我们认为，由地方政府自利性行为导致的精英俘获主要包括两个方面：一是地方政府内部的精英俘获，二是政府部门之外的精英俘获。地方政府在争取到扶贫项目后，往往会对其进行重新切割和分配，在项目中加入自己的意志。出于对个人政绩或者单位、集体利益的考虑，地方政府更希望在经济基础较好的地区实施扶贫项目，这样更容易完成项目目标、打造亮点工程。经济基础较差的地区虽然更需要这些项目，但由于条件较差，不易配合完成项目目标，就被排除在扶贫项目之外。由此，地方政府辖区内的经济就会出现“马太效应”：部分经济基础较好的市县、乡镇会取得更好更多的发展机会；反之，那些经济情况不好的市县、乡镇则长期被忽视，很难得到扶贫资金的支持。政府部门之外的精英俘获，多集中在项目落实阶段。由于更早掌握了项目的具体信息，或具备了项目落实条件，精英们就更容易申请到项目政策或项目资金；相反，贫困农户既没能力及时了解项目信息，经济条件又不好，因此无法从扶贫项目中获得帮助。总体而言，地方政府的自利性会导致项目制扶贫的精英俘获现象，这在很大程度上限制了真正贫困群体的脱贫进度和速度。

5.1.3 存在“条块分割”现象

项目制扶贫是由各级地方政府及其下属的各个部门推动的，项目资源和政策分散在各级地方政府以及各个政府部门。在这种背景下，各级政府、各个政府部门出于自利性，往往会为了维护本级政府或本部门的利益，制定和采取有利于自身发展的政策。这就造成各级政府或各个部门间缺乏协调和沟通，出现项目制扶贫的“条块分割”现象。具体而言，这种现象又可以分为各级政府间和各个政府部门间的“条块分割”。项目制作为一种国家治理体制，从治理过程上看，是纵跨各级政府和横跨各个政府职能部门的。在纵向上，中央政府希望通过项目制扶贫来进行财政转移支付，对地方政府及部门进行激励，加强管理权威，树立良好形象；地方政府则希望通过项目制来获取扶贫资源和相应的行政权力，申请到扶贫项目后，就会自主进行资源的调配。因此，在纵向的项目实施管理中，上下级政府是缺乏协作和整合的。在横向上，国务院扶贫开发领导小组由包括国务院办公厅在内的 21 个部委组成，共同协作完成全国的扶贫事宜，横向协作做得比较好。但项目制扶贫同样需要地方政府各部门之间的协调运作，如果各部门出于自利性，只考虑自身利益而不能相互协调，就有可能导致有的项目拿到许多资源，而有的则什么也拿不到。这种“条块分割”不仅会严重影响扶贫项目的实施，也在很大程度上降低了政府的运转效率。

5.2 扶贫项目陷入困境的原因

从公共选择理论的角度来看，地方政府发展扶贫项目陷入困境，主要是因为地方政府的自利性不断腐蚀其公共性。借用祝灵君和聂进的研究，我们把地方政府发展扶贫项目陷入困境的原因总结为三个。

5.2.1　地方政府的过度自利性行为

地方政府官员是政府意志的具体执行者，关于扶贫项目的相关政策以及实施细则都需要官员们进行研究和决策。换言之，项目制扶贫离不开政府官员的大力推动，他们的不当行为会严重影响项目制扶贫的顺利实施。通过对地方政府追求自利性不当行为的进一步研究，我们认为，其自利性行为又可以细分为基于政绩的自利性行为和基于自身贪腐的自利性行为，二者在实践中往往交叉发生。在中国政府官员晋升制度中长期存在的“唯GDP 论”，严重影响了地方政府官员的政绩观。在与官员任期制的交互作用下，地方政府官员大多青睐于周期短、见效快且经济利益较大的扶贫项目，这在很大程度上导致公共基础服务扶贫项目受到冷遇。同时，扶贫项目的考核压力也会导致地方政府官员更喜欢容易完成的项目，或者把扶贫项目交给经济基础较好的地区，这显然违背了贫困治理的初衷。十八大以来，党中央提出了全面从严治党和反腐倡廉的一系列新要求，全国范围内的政府官员贪腐行为在很大程度上得到了遏制。但是，在项目制扶贫的过程中仍有不少官员铤而走险，侵吞政府扶贫资金，严重影响了项目制扶贫的进程，也败坏了党纪国法。

5.2.2　地方政府的短视行为

地方政府在项目制扶贫中的短视行为，直接导致地方官员在制定和实施项目制扶贫时缺乏长远规划。一方面，不同地方政府主导下的同类别扶贫开发项目，取得的扶贫效果是不同的。研究表明，在发展基础越好的地区进行扶贫开发，取得的扶贫效果越显著。在制定项目制扶贫战略时，经济较为发达地区的地方政府往往站位更高，制定的决策也更具全局性，经济落后地区的地方政府的做法则要差一些。另一方面，为了提升政府形象打造政绩工程，地方政府经常会发展一些不适合本地区的扶贫项目，如经济不发达地区争取高科技含量的扶贫项目、经济发展良好的地区争取过多的基础建设项目等。从全局来看，由于各地在争取和落实扶贫项目的过程中存在一定的竞争关系，地方政府官员往往出于自利性，不惜搞恶性竞争，造成项目资源的浪费。同时，在政绩以及晋升机制的压力下，地方官员往往还会过度干预扶贫项目的实施，从而导致扶贫过程中社会力量不能充分发挥作用，扶贫的真实效果减弱。

5.2.3 政府内部的利益分化

在落实项目制扶贫过程中出现“条块分割”现象，其根本原因是地方政府内部存在利益分化。项目制扶贫产生和实施的目的，是为了更有效地进行贫困治理。但这一目的的实现，必须依靠各级政府及其职能部门，这就可能会出现问题。一方面，部门利益的存在导致各级政府及其职能部门在参与项目制扶贫时始终无法完全体现公共部门的公共性。项目制扶贫的复杂性决定了任何一个部门或单位都无法单独完成这项工作，因此相关政策是在各级政府及其职能部门的协商下共同制定和执行的。各部门出于自身利益的考量，都会站在维护本部门利益的立场上考虑问题，如果它们的利益一致就能实现合作的最大化，否则就会导致相互掣肘。另一方面，现行的贫困治理考核制度决定了各地的项目制扶贫工作存在相当程度的竞争关系，合理的竞争会促进贫困治理的良性发展，而受到地方政府自利性干预的竞争则会导致各地或各部门间缺乏协作和整合，乃至相互拆台。这种不良竞争，显然不符合项目制扶贫的初衷。

5.3 走出项目制扶贫困境的建议

合理的自利性有利于激励地方政府更好地参与项目制扶贫工作，但自利性是一把“双刃剑”。在当前中国贫困治理进入精准阶段的背景下，地方政府更应该坚持以公共利益为出发点参与项目制扶贫。要做到这一点，就需要在顶层设计上着力规范相关参与主体的行为，制定合理的竞争激励机制，调动地方政府参与的积极性，破解项目制扶贫存在的难题。

5.3.1 系统规划项目制扶贫发展战略

长期以来，中国的项目制扶贫处于地方政府各自为政的状态，使得项目制扶贫无法发挥更大的规模效应。基于此，我们应该进行更为完善的顶层设计，系统规划全国范围内的项目制扶贫开发战略。一方面要全面了解各地区存在的差异，掌握它们发展项目制扶贫的优势和劣势，以便抓住重心和焦点，统筹规划全域项目制扶贫工作；另一方面也要制定合理的贫困治理考核激励机制，使得各地区、各部门以项目为纽带形成有机的项目实施集体。

5.3.2　建立统筹管理制度

项目制扶贫是一项复杂的工程，需要各级政府、各职能部门协同合作、共同推进。具体而言，一是应该打破各个职能部门之间的利益分割局面，根据各部门的职能特点整合扶贫资源，形成地方政府统一领导和指挥、各职能部门积极配合的项目制扶贫格局；二是应该打破各级政府之间的利益分割局面，明确划分它们在项目制扶贫运作中的责任和义务；三是明确规范各地区在项目制扶贫中的合作与竞争关系，使扶贫项目的制定、审批、实施、验收公开透明，主体责任、监督责任明确，追责机制、处罚机制公允，确保地方政府把项目制扶贫这件好事做好。

5.3.3　规范参与主体的行为

地方政府作为理性的“经济人”，在项目制扶贫中客观存在着自利性行为。基于此，我们应该建立相应的规章制度来规范各级地方政府、各职能部门以及相关政府官员的行为。针对各级地方政府，应该建立严格的考核审查制度，定期对项目制扶贫资金进行审查，规范各级政府在项目中的角色和工作。针对各职能部门，应该明确它们在项目制扶贫中的分工，并且加强对各部门扶贫经费的管控。针对相关的政府官员，一方面要完善审查考核机制，严厉打击各种权力寻租违法行为；另一方面也要采取措施，切断搞形象工程官员的晋升通道。总之，只有做好顶层设计，既要统筹全局，又要规范地方政府及其职能部门官员的行为，才能使项目制扶贫落到实处。

第6章

项目制扶贫政策执行中的碎片化

贫困问题作为一个复杂的社会问题，政府在治理的过程中会遇到诸多难题。专家学者们通过对政府贫困治理过程进行分析，得出很多成果，诸如贫困的定义、贫困的发展及种类、贫困的测量方法等。但在现阶段，还鲜有从整体性治理框架和公众利益导向的角度对项目制扶贫进行分析。本研究试图从案例着手，通过分析项目制扶贫执行阶段各参与主体的实际行为和背后的逻辑，找出碎片化产生的根源，并对其进行分析，力求从根本上解决项目制扶贫中存在的碎片化难题。此外，通过整体性理论对项目制扶贫进行分析，也可以为贫困治理中其他治理模式的研究提供一个全新的切入点。

虽然近年来国家在贫困治理中投入的资源越来越多，成效也更为显著，但中国贫困人口基数大、范围广的国情仍不容忽视。截至2017年年末，中国农村贫困人口尚有3046万人，如何快速解决3000多万人的脱贫问题成为党和国家现阶段的重要任务。现阶段中国的贫困治理进入攻坚阶段，只有找出扶贫过程中存在的问题并进行不断的改进，才能助力反贫困事业走向成功。通过研究项目制扶贫在执行阶段的碎片化问题，找出多维整合机制，不仅有利于项目资源的整合，更有利于推动项目制扶贫的顺利开展。

6.1 理论梳理

6.1.1 国内的研究

6.1.1.1 关于贫困治理的研究

中国作为世界上最大的发展中国家，贫困治理工作一直是推动社会发展的重要抓手。新中国成立以来，尤其是改革开放以来，中国的反贫困工作取得了巨大的成就，贫困人口数量迅速下降，人民生活水平稳步上升，贫困发生率等与贫困相关的数据都在向较好的方向发展。随着中国贫困治理的加深，很多问题也都成为专家学者们研究的重点，诸如贫困的定义、测量方法、治理模式、现状、问题等。

关于贫困的定义，国内学者争议不大。国家统计局的《中国农村贫困标准》课题组（1990）和《中国城镇居民贫困问题研究》课题组（1991）在他们的研究报告中将贫困界定为“贫困一般是指物质生活困难，即一个人或一个家庭的生活水平达不到一种社会可接受的最低标准。他们缺乏某些必要的生活资料和服务，生活处于困难境地。”之后学者们又对贫困的定义进行深一步的挖掘，魏后凯和邬晓霞（2009）认为贫困是伴随着人类发展而产生的一种经济社会现象。余德华（2003）认为精神贫困是相对于物质贫困而言的，是在思想文化方面出现不足的一种状态。对于贫困的测量，较多学者从食品获取或年人均收入的角度进行研究，陈新和沈扬扬通过研究2002—2008年天津市农村地区农户的收入情况，认为确定合理的年人均收入线非常重要，且通过政府直接补贴对贫困群体脱贫的帮助有限，因此需要从能力培养等方面对贫困群体进行帮扶。苗齐和钟甫宁通过运用贫困的测量方法进行研究，认为虽然当前中国的贫困发生率在不断下降，但贫困的深度指数和强度指数在不断上升，应该引起学界的注意。

对于中国当前的贫困现状，魏淑艳和田华文（2014）认为当前中国的贫困存在规模大、脆弱性和地域性等特征，政府在贫困治理的过程中需要投入更多人力和物力作为基础，此外一定的配套政策也尤为重要。杨晶（2015）通过对现阶段中国扶贫政策的梳理以及现状的规范分析，认为当前中国的扶贫政策体系在一定程度上有利于农村反贫困，但长远来看仍然需要不断地调试。

近年来关于贫困治理中问题的研究愈加成为学者们关注的焦点，孙新华（2014）通过对惠农项目的企业化运作进行考察，认为惠农项目作为贫困治理的一种重要形式，在地方实践中存在公共性缺失、削弱基层组织力量等缺陷，并认为惠农项目应该由基层组织运作而非企业。汪三贵和张燕（2015）等人通过对乌蒙山片区三省六县扶贫情况进行调研，认为扶贫到户是中国未来扶贫工作的方向，但目前“省、市——县、乡、村——农户”三个层面均存在影响扶贫到户的不利因素，导致贫困治理瞄准偏离，效率下降。胡国恒和王丽华（2016）通过对中国的低保救助制度进行考察，认为当前的低保制度存在二元分离的情况，越是对低保需求高的地区低保水平反而越低，不能体现贫困治理的根本宗旨。随着学者们对贫困相关理论研究的深入，关于贫困的具体治理范式和政策的研究也在逐渐丰富。张秀艳和潘云（2017）通过对历史上的贫困治理理论进行梳理，认为贫困治理理论对中国的扶贫政策有着导向作用，整体上中国的扶贫政策经历了救济式扶贫、以经济要素为主的扶贫以及经济要素和社会要素相结合的扶贫。

沈小波和林擎国（2005）从多学科交叉的角度对新中国成立以来中国的贫困范式进行了梳理，认为目前中国的贫困范式可以分为收入贫困范式、能力贫困范式、脆弱性贫困范式以及社会排斥贫困范式。刘俊英（2017）认为通过空间作用机制对政府公共支出政策进行优化，能够有效提高政府公共支出资源的利用效率，从而可以获得更多的动态减贫收益。

6.1.1.2　关于项目制的研究

1994 年分税制实行后，中央和地方的财政格局发生了根本性的变化。中央通过将地方财政权力上移在财政格局中获得了主导地位，地方政府由于财政汲取能力的丧失仅靠自身财政已经不能维持本级政府的基本运作和对社会事务的治理。在这样的背景下，中央通过财政转移支付的方式维持地方政府正常运作。相较于一般的转移支付，中央政府更倾向于将贫困治理的资源以项目为载体进行下发，项目制也就应运而生。“项目”一词早已有之，最早出现于 20 世纪 50 年代，用于“对共产主义国家的援外项目”。但此时的“项目”还远未形成一种制度，自分税制改革后学者们对项目制才开始进行深入研究。对于项目制的定义学界并没有较大分歧，比较经典的观点，如渠敬东（2012）认为项目制是国家为了实现政治意图和对国家进行更好地治理而采取的一种事本主义的规范化治理体制。郭琳琳和段刚（2014）从体制改革的角度分析认为“项目制”是重新调整政府与市场关系，构建上级政府与下级政府之间合作博弈关系的增量改革路径。关于项目制的运作机制和实践逻辑，折晓叶和陈婴婴（2011）认为项目制扶贫的分级运作机制包括上级政府的“发包”机制、地方政府的“打包”机制和基层政府的“抓包”机制，并认为项目制是不同层级的参与主体之间相互作用的复杂过程和结果。张振洋（2017）通过对项目制扶贫的过程进行分析，认为项目制体现了事本主义的制定机制、政策变通的执行机制和作为评估机制的目标管理责任制。对于中国项目制运作的现状和问题，马良灿（2013）通过对中国农村扶贫项目的主体进行考察，认为在扶贫实践中扶贫项目会被各种地方权力和利益关系所绑架，最终导致项目的目标偏离和资源浪费。李祖佩和钟涨宝（2016）通过对中国南部 B 县的调查分析，认为当前的项目制是在政治机制、行政机制和治理机制主导下运作的，并因此导致项目资源供给不均衡等问题。

6.1.1.3 关于碎片化问题的研究

碎片化最早被用来解释一个完整的事物因故变成零块现象的状态，随着学者们对其内涵的不断丰富，现在被广泛地用在社会科学的各个领域。袁方成和盛元芝（2011）通过对新西兰“整体性政府”改革进行研究，认为碎片化在行政管理领域指的是存在于政府之间、政府部门之间或政府部门内部的业务分割状况。何植民和陈齐铭（2017）进一步认为在治理领域，碎片化指的是一种治理主体相互独立、治理政策实施散乱、治理目标容易背离初衷的现象。具体在贫困治理领域，碎片化不仅指政府内各主体或业务之间的分割状况，也指政府与社会组织、政府与贫困群体等之间的隔离状态。对于碎片化造成的影响，童翎和洪业应（2017）通过调查农村医疗救助项目，认为碎片化不仅会带来扶贫资源与贫困群体需求契合度差且资源分配不均的问题，而且会造成农村扶贫资源配置的内卷化现象。易承志（2017）通过对跨界公共事务进行研究，发现碎片化带来的最大问题就是削弱了行为主体的回应速度和回应力，最终导致集体行动困境。

6.1.1.4　关于政策执行问题的研究

政策执行一直是政府治理过程中的重中之重，在政策制定无误的背景下积极正确地执行，不仅能够保障政策结果预期完成，而且能够有效提高政策效率，反之则会造成政策资源的浪费和效率的低下。国内学者对政策执行的研究大多集中在政策执行失灵领域，刘淑影和于芳（2006）认为，从制度理性的角度出发，政策执行受阻可以归根于正式制度和非正式制度之间的弱合作或不合作。王春光（2018）认为政策的执行就是政策的实践，政策实践过程中出现问题的根本原因是政策的复杂性和实践的复杂性，即行政性和政治性交织、常规性和运动性混合。对于政策执行失灵对策的研究，徐振华（2010）认为应该提高公共政策的质量、加强政策执行的监督、探索行政机构改革、改善行政环境等，通过相关配套的提升来确保政策执行的有效性。陈水生（2014）通过对文化惠民项目的政策执行过程进行研究，认为公共文化惠民项目制运作中存在着国家主导逻辑和地方自主逻辑、官僚利益逻辑和公民需求逻辑之间的内在矛盾和冲突，因此处理好这两组矛盾是解决政策执行失灵问题的关键。

6.1.2　国外的研究

6.1.2.1　关于贫困治理的研究

贫困作为一个世界性难题，受到全世界范围内学者的关注，在时间节点上西方学者对贫困治理的规范性学术研究更早。近代英国著名社会学家查理·布思于1899年通过对当时伦敦地区贫困状况的调查，首次提出贫困线（Poverty Line），并将伦敦的贫困人口分为“勉强糊口”（Having no Surplus）型贫困和“饥寒交迫”（At All Time More or Less in Want）型贫困。同一时期西博姆·朗特里通过对约克郡的贫困情况进行深入调查，于1901年发表了题为《贫穷：有关城市生活的研究》的调查报告。在这份调查报告中他提出了“基本贫困”（Primary Poverty）和“次贫困”（Secondary Poverty）的概念，并认为几乎三成的英国城镇人口都处于贫困状态。进一步的，布思和朗特里认为正常的家庭生活需要一定的物质和服务，缺乏必要的物质和服务就是贫困的表现。与朗特里提出的绝对贫困不同，相对贫困与生活的实际水平无关，主要强调不同群体的收入差距。Chamber R.（1995）认为相对贫困主要是指与高收入群体相对而产生的剥夺感，这种社会心理会导致更为复杂的社会问题。随着社会的进步，绝对贫困和相对贫困已经不能对复杂的贫困问题进行充分解释。阿玛蒂亚·森（2000）提出的能力贫困理论对后世贫困治理的研究影响深远，他认为基本可行能力的剥夺是导致贫困产生的根源。法国学者雷纳尔认为社会排斥也是造成贫困产生的主要原因，他强调个人权利的丧失会导致一部分社会群体丧失对生活改善的信心。整体来说，西方学者各种关于贫困概念的定义和相关理论的丰富不仅增强了公众对于贫困问题的理解，也推动了政府从多角度对贫困问题进行治理。对于贫困问题的解决和政策的研究，Kenworthy（1999）认为可以通过政府的公共支出政策对国家资源进行调配，合理的转移支付可以起到很好的减贫效果。《1980 年世界发展报告》中指出，单纯物质的救助对贫困的治理作用有限，需要配套的医疗和教育方面的支持。此后《1990 年世界发展报告》又对医疗和教育救助进行强调，进一步指出全方位、多层次的救助能够起到更好的减贫效果。总体来说，西方学者对于贫困治理的政策和理论研究非常丰富，值得国内学者借鉴和学习。

6.1.2.2 关于项目制的研究

西方学者关于项目的最早标准化定义出自美国项目管理协会（PMI），在 *A Guide to the Project Management Body of Knowledge* 一书中，项目被认为是一种事本主义的动员或组织方式，并且对此也有经典的定义，即按照事务的内在逻辑，在限定时间和资源的约束条件下，利用特定组织形式完成有明确预期目标的一次性任务。此后西方学者关于项目的定义并没有太大变化。国外学者对于项目制的研究大多是对中国项目制扶贫实践的考察，美国斯坦福大学的周雪光（2011）通过对中国项目制的运作逻辑进行考察，认为“项目打包”等过程虽然在一定程度上增强了地方政府的作为能力，但却不利于缓解政府权威和有效治理之间的矛盾。加利福尼亚大学的黄宗智（2014）等人通过分析项目制实践中应然和实然之间的差距，认为项目制在推动经济发展的同时也会加剧社会中的不公平现象。

6.1.2.3　关于碎片化问题的研究

碎片化一词最早于20世纪80年代出现在“后现代主义”的相关文献研究中，是对现代化过程中出现的剥夺人的主体性和感觉丰富性的整体性、中心性、同一性等思维方式的批判与解构。在政府治理领域，碎片化往往指的是由于专业化分工加深，各部门间因利益分化而出现矛盾，进而造成整体性效率下降、资源浪费等后果的现象。佩里·希克斯等人（2002）认为“如果不同职能的部门在面临共同的社会问题时各自为政，缺乏相互协调、沟通和合作，致使政府的整体政策目标无法顺利达成，那么碎片化政府就此形成”。关于碎片化状态的消解，西方学者多从整体性治理的角度进行分析。李侃如和兰普顿（1992）提出“碎片化权威”的概念，认为利益分化是矛盾的根源，因此强调各主体间的整体性利益尤为重要。

6.1.2.4　关于政策执行问题的研究

政策执行在很长一段时期内仅仅被作为政策过程的一部分，从未给予足够的重视，直到1973年普雷斯曼和威尔达夫斯基的《执行：华盛顿的伟大期望是如何在奥克兰市破灭的》一书问世，政策执行才被学者们作为一个独立的学术问题进行研究。总结西方学者对于政策执行问题的研究，大致可以分为影响政策执行的因素研究、政策执行范式研究和政策执行优化研究。在影响政策执行的因素方面，Daniel A. Mazmanian和Paul A. Sabatier（1983）把影响政策执行的因素分为问题的难易程度、法令的严谨程度和相关的政策因素。在政策执行范式研究方面，一般认为包括“自上而下”范式、“自下而上”范式和“整合—网络”范式。这三种范式在政策执行上的侧重点各不相同，但相对而言“整合—网络”范式更加科学。关于政策执行的优化研究方面，美国学者Gunn（1987）在总结Hood（1976）提出的最优行政执行模型的基础上进一步提出了政策执行最优化的10个前提条件，包括政策环境、政策资源、政策理解等方面，并认为通过对已有的条件进行优化可以达到对政策执行过程和结果的优化。

6.1.3 简要分析

以上国内外学者关于本论题在贫困治理、项目制、碎片化问题和政策执行问题方面的研究对本选题及研究框架的确定有着莫大的帮助。从理论上看，诸多学者似乎已经对相关问题探讨得足够深刻，但从本论题研究的现实背景来看，以往的研究仍然存在其局限性。首先，虽然从隶属关系上来看，贫困治理属于政府的社会治理领域，上述研究也都集中在社会治理领域，但从内容上看项目制贫困治理与一般的社会治理不同，其特殊性导致以往的研究对精准扶贫背景下的项目制贫困治理分析得并不透彻。其次，已有文献关于本论题的研究比较分散，缺乏整体性分析。再者，关于项目制扶贫政策执行过程中的碎片化问题研究多为政策文本研究和规范性分析，缺乏对相关案例的直接分析。基于此，本研究将相关的理论与在河南省Z市国家级贫困县H县的具体调研结合起来，力图运用整体性治理理论对现有碎片化现象进行解释，旨在找出碎片化问题的破解之道，为脱贫攻坚工作提供一定的理论支持。

6.2 核心概念界定

6.2.1 政策执行

政策执行作为政策生命周期中重要的一环，关系到政策实施结果的成败。在不考虑政策制定失误的情况下，好的政策执行不仅能够为政策目标的实现提供保障，而且还能为后续政策的制定提供重要依据。相较而言，政策执行阻滞会造成政策执行表面化、局部化、扩大化、全异化以及停滞化等恶果，不仅严重影响了政策目标的实现，而且浪费了大量的政策资源。在当前的扶贫背景下，精准扶贫政策的执行不仅关乎2020年全面脱贫目标的实现，而且影响到中国能否如期地建成全面小康社会，值得学界和政府警惕。当前阶段，政府利用项目制来推进精准扶贫，扶贫项目执行作为精准扶贫政策执行的一部分，关乎精准扶贫目标的实现。

6.2.2 碎片化

碎片化原指完整的事物因故变成分裂的状态，而这种分裂的状态不会因主体的增多而产生增益，相反其能效会随着分裂的加深而降低。随着碎片化内涵的不断丰富，现在也被广泛地应用在自然科学及社会科学领域。具体在政府治理领域，政府碎片化指的是政府内部不同主体之间，政府部门之间以及政府与社会之间的不协调，甚至不合作的一种状态。在贫困治理的过程中，政府作为拥有绝对领导力的运作主体，在进行贫困治理的过程中同样会出现碎片化的现象。加上贫困治理比其他各种社会治理具有更多的复杂性，导致政府在进行贫困治理的过程中碎片化现象尤为严重。一般认为政府在进行贫困治理过程中的碎片化包括政策制定阶段的碎片化、政策执行阶段的碎片化以及效果评估及检验阶段的碎片化，而本研究中的研究对象为政府在贫困治理过程中政策执行阶段的碎片化问题。通过大量的文献整理和文本分析，发现现有对扶贫项目执行环节碎片化的研究主要集中在扶贫主体碎片化、资源碎片化和方式制度以及政策的碎片化等方面。本研究在案例调查环节，也将借用这三个方面的碎片化进行设计调查问卷和访谈。

6.3 整体性治理理论阐述：价值诉求与理论工具

整体性治理理论兴起于 20 世纪 90 年代中后期，是继新公共管理运动后对政府管理模式的新探索。这一理论起始于英国，随着新公共管理运动进入后时代，政府的管理者和诸多学者愈来愈认识到新公共管理的弊端，出于对新公共管理运动弊端的批判，整体性治理成为新的改革方向。当时的英国执政党工党认为此前的保守派执政党在政策制定和中央政府的管理上存在着严重的碎片化和“空心化”现象，因此积极推行“协同政府”，通过机构、政策的整合和政府责任的重塑来使政府摆脱新公共管理运动造成的困境。具体而言，整体性治理理论就是以公民需求为治理导向，以协调、整合和责任为治理机制，利用现代信息技术，通过对不同层级的政府以及政府间各部门的功能进行不断地协调和整合，进而解决以往国家社会治理中存在的政府公共性缺失、碎片化现象严重等问题，甚至有些学者认为整体性治理理论是21世纪政府治理的“大理论”。

6.3.1 整体性治理理论产生的背景

6.3.1.1 新公共管理的终结

20世纪60年代以来，西方社会发生了严重的社会、经济、环境等危机，传统的公共行政模式已经不能解决这些实际问题，在这样的背景下，政府和学界急需一种新的政府管理模式。直到20世纪70年代末英国撒切尔内阁率先掀起了新公共管理运动，直接目的就是为了解决传统公共行政模式造成的过度财政预算赤字和政府效率低下问题。新公共管理运动一经推广就显示出强大的生命力，迅速地在西方发达国家中盛行起来，最终带动许多发展中国家和转型国家也开始了轰轰烈烈的新公共管理运动。综观整个新公共管理运动，英国学者E. 费利耶（Ewan Felie）等人在《行动中新公共管理》一书中认为新公共管理运动至少包括四种新公共管理模式，即效率驱动模式、小型化和分权模式、追求卓越模式和公共服务取向模式。这些与传统公共行政模式截然不同的新公共管理模式，不仅优化了政府和公共组织的内部结构，而且极大地提高了政府的行政效率和公共服务质量，在一段时间内有效地推动了政府和社会发展。但片面的效率驱动和过分重视政府利益也带来了诸多社会问题，最终导致新公共管理走向终结。

6.3.1.2 单维价值取向及对社会公共利益的忽视

新公共管理模式的理论基础是经济学和私营管理理论即新泰勒主义，这两种理论基础在政府管理中的应用具有一定缺陷，造成新公共管理单维的价值取向及对社会公共利益的忽视，最终动摇了政府存在的合法性基础。经济学理论追求的最终目标是效率和产出，因此在私营部门和市场经济中的应用是有一定合理性的。但政府部门最重要的工作是做好公共服务，公共服务的特殊性和复杂性决定了公民与一般的消费者地位不同，这导致经济学理论在处理此类问题时心有余而力不足。此外，新公共管理援引新古典经济学中的人性假设，即每个人都是“经济人”，每个人都在追求自身利益的最大化。这种观点在政府管理中的应用不仅会导致政府官员的腐败和政府的失效，还会造成整个社会价值观念的偏离并引发严重的社会危机。新公共管理盲目照搬私营管理理论，将效率、经济性和有效性作为政府管理的价值基础和最终目标，这在一定程度上忽视了政府的公共性，即对公平、正义的追求。私营部门和政府部门虽然在组织形式等方面具有一定的相似性，但在根本上是完全不同的。私营部门仅仅强调效率和产出，一切以保障企业和股东的利益为前提，而政府部门的公共性作为政府存在的合法性基础，决定了政府部门在追求效率的前提下更要重视公平和正义。在新公共管理阶段，撒切尔内阁提出了著名的“3E”标准，即经济（Economy）、效率（Efficiency）和效益（Effectiveness），成为衡量行政管理和公共服务的最终尺度。这在一段时期内取得了不错的成效，如节约了政府办公经费，提高了公共服务的质量等，然而政府管理追求的价值往往是多元的，甚至是互相冲突的，过分强调对效率和工具理性的追求，只对特殊利益集团有利，实则从根本上削弱了政府执政的合法性。

6.3.1.3　功能性的组织模式及其引发的“空心化”和治理碎片化等问题

功能性组织最早源于生物学的范畴，后来随着内涵的不断外延，被广泛应用到私营部门的管理和政府部门的管理中，马克思·韦伯的官僚制就是典型的功能性组织模式。虽然新公共管理为了解决传统公共行政带来的机构臃肿、效率低下等问题，引进了私营部门管理机制，但在本质上仍然属于功能性组织模式，甚至比以往更重视其部门的“功能性”。虽然私营部门管理机制的引入在一定程度上提高了政府部门的运行效率，但过度强调“功能性”必然会带来碎片化问题。希克斯在总结碎片化带来的问题时，认为部门间的各自为政不仅会因信息不畅而造成冲突性项目、重复性项目以及冲突性目标等现象，甚至各部门的低效率合作还会造成民众服务的不可获取性或对服务内容的困惑。此外，私营部门的大量引入导致政府多项核心功能的丧失，最终造成政府内部的“空心化”现象，这种现象的出现不仅会导致政府处理社会事务、提供公共服务的能力下降，更会导致特定情况的下的“政府失灵”。

6.3.1.4 信息时代的来临

随着科学技术的飞速发展，政府治理手段不断更新换代，整体性治理理论无疑成为在信息化时代背景下催生的产物。登力维特别强调信息技术在当代公共行政变革中的重要作用，并指出整体、协同的决策方式以及电子行政的广泛运作是数字时代治理的核心。在信息化时代，爆炸的信息量和飞快的信息交互速度不仅改变了普通人的生活，也给政府治理带来了机遇和挑战。首先，在传统的官僚体制中，信息的传递大多采用直接命令或间接命令的形式，由于权力距离或地理距离的限制，往往会导致等级链较长。在信息化时代，计算机等数字技术的应用大大缩短了政府内部的等级链，使得组织结构更加扁平化，提高了信息传递效率。其次，整体性治理以信息技术为治理工具，这就需要政府内部具备一大批信息技术专业技术人才，这在一定程度上改变了官僚体制内部的人才结构。最后，信息技术为整体性治理目标的实现提供了可能性。信息化技术不仅为政府内部的管理控制提供了网络化工具，更在政府和社会之间形成了理想的沟通平台。总而言之，信息化时代的来临为整体性治理理论的产生和发展提供了条件和土壤。

6.3.1.5 跨界公共事务的兴起

伴随着城市化、区域一体化和地方公共事务的扩张，大量涌现的跨界公共事务亟待有效解决。一般认为“跨界性”是跨界公共事务区别于一般公共事务的标志。所谓跨界就是指跨越边界，而现在学者们公认的公共事务边界既包括传统认为的地理空间边界，也包括其衍生出来的功能边界、组织边界等。与传统公共事务相比，跨界公共事务产生了管辖空间的差异性和治理权威主体的复杂性，传统的治理方式在应对跨界公共事务时将不再行之有效。一方面，跨界公共事务的处理需要相关治理区域的治理主体进行通力合作，而以往的政府治理中缺乏同级治理主体的合作，极有可能会导致治理主体缺位等现象。另一方面，在治理过程中，由于跨界公共事务的特殊性会导致相关各方在合作过程中出于自身利益考虑而损害公共利益。以跨越晋冀豫地区的漳河流域治理为例，张振华基于合作治理的视角指出漳河流域治理出现问题的根本不仅仅在于缺少合作机制，更在于合作过程的低效率。此外，跨界公共事务的治理中治理技术的缺失也会造成严重的治理困境。一般认为治理技术既包括处理具体事务时的专业技术，也包括信息、资源等的整合技术等。而在跨界公共事务中由于各方治理主体掌握的信息和资源等都是不完全的，如果缺乏相应的整合技术，那么跨界公共事务的处理就难以让公众满意。总而言之，跨界公共事务的大量出现给政府治理带来了巨大挑战，最终催生出整体性治理理论。

6.3.2　整体性治理理论的核心要义

6.3.2.1　整体性治理的价值取向：以公民需求为中心

整体性治理理论的基本价值取向是以公民需求为中心，是对新公共管理运动中以效率为基本价值取向的修正。传统官僚制和新公共管理两种政府治理范式都是以解决政府及特殊群体的问题以及提高工作效率为核心，虽然一段时期内取得了一定成效，但“政府本位”的核心观点一直限制政府更好地为公民提供公共服务。希克斯认为，不能将公民等同于顾客，公民、顾客和纳税人在面对政府治理时的态度有很大差异。顾客的角色是服务的消费者，他们强调服务的质量和效率，不注重服务提供的过程，对他们来说最好的服务就是一次性且后顾无忧的服务。纳税人的角色是国家财政的提供者，他们强调治理成本的降低，追求以最低的成本提供最好的服务，不关心集体利益。相对而言，公民的角色最为复杂，他们不仅强调得到最好的服务，而且要求服务达成的成本足够低，更强调服务提供过程和结果的公平、公正性。政府对于公民的定义体现了政府治理的价值取向，“公民本位”的整体性治理理论不仅强调以实现公民利益为前提，更注重为公民提供无缝隙的而非相互分裂的公共服务，不仅确保满足公民的诉求，更强调在满足公民诉求过程中的公平性问题。立足现实而言，在传统的官僚制和新公共管理模式中，由于公民诉求的复杂性，公民往往需要到不同的部门进行诉求的表达，还经常会因为各部门间的不合作而导致诉求难以达成，极为不便。而在整体性治理模式下，公民的诉求只需要在一个地方表达，之后政府内部通过协同合作共同达成公民的诉求，简单且高效。在贫困治理的过程中，中央通过协调整合各部门组成扶贫办，然后由扶贫办来为贫困群体提供一站式服务，不仅大大提高了贫困群体脱贫的速率，而且节省了大量的政府经费。

6.3.2.2 整体性治理的核心机制：协调和整合

在希克斯的整体性治理语境中，协调和整合是整体性治理的关键所在，形成紧密的发展关系是整体性治理的最终结果。协调是一个非常复杂的概念，在不同的语境中有着不同的含义。具体在政府治理的语境中，协调被看作消除分歧、增强共识、最终形成合力的过程。希克斯认为协调是整体性治理的起点，只有在协调的基础上才能进行整合和发展。整合原本指的是将相互分离的各部分通过一定的相互关系拼接成一个整体，而在希克斯的整体性治理语境中，整合体现为形成共同的结构与专业业务的合并及之后的实际执行行动。从公共政策的生命周期角度来看，协调更多强调的是政策制定过程，而整合更多强调的是政策的执行过程。从这个角度来看，协调是整合的前提，而整合是协调的直接目标。

从目标来看，协调和整合都是为了解决政府治理中出现的现实性问题，例如治理碎片化和政府内部“空心化”等问题。从逻辑上看，这些现实性问题又是整体性治理核心机制产生的根源。所谓碎片化，最早的理解是一个完整的事物因故变成零块形状的状态。随着学者们对于碎片化问题的深入研究，碎片化现象也被应用在社会科学的各个领域。在社会管理领域，有的学者认为碎片化是指存在于政府之间、政府部门之间或政府部门内部的业务分割状况，还有的学者认为碎片化是指行政业务之间、政府各部门之间、各地方政府之间、垂直部门与地方政府之间、各行政层级之间普遍的分割状态。一般认为碎片化是社会分工细化和政府内部职能分化的必然产物，以此根据碎片化带来的后果的属性，又可以将碎片化分为良性碎片化和恶性碎片化。良性碎片化指的是在政府正常治理的过程中由于廉洁政府、功能性政府等的策略性决定而造成的非预期性后果，是政府治理过程中必不可少的产物。而恶性碎片化则是在政府治理的过程中各部门或各利益主体为了自身的利益对信息或资源进行恶意分裂而导致的不良后果。不论是良性碎片化还是恶性碎片化，都在一定程度上造成了政府部门内部、市场、社会间的分裂状态，不利于公众诉求的满足。政府内部的“空心化”指的是在新公共管理阶段，政府出于节约经费或其他原因将本身不太重要的职能自我剔除，这在一定程度上提升了政府的行政效率，帮助西方政府渡过了资本主义危机，但过度转移或剔除自身职能，就会导致政府无法提供公众必需的公共服务，并因此导致政府变成空壳。政府“空心化”所带来的最大危害在于无法向公众提供丰富的公共服务，甚至会造成政府在履行公共职责时的缺位现象。其他的现实问题多是由跨界公共事务引起的，是非单个机构或部门造成的问题，也是依靠单个机构或部门所无法解决的。政府治理中的种种现实性问题对整体性治理中的协调和整合进行了呼唤，亟待通过协调和整合进行解决。

6.3.2.3　整体性治理的关键功能性因素：信任和责任感

希克斯认为，信任和责任感是整体性治理整合过程中最重要的功能性因素。其中组织间信任的基础是委托和代理管理，责任感更多地体现为诚实、效率和有效性。整体性治理理念强调在组织间建立充分的信任关系，并认为良好的信任关系是展开合作和共同发展的基础。委托代理理论是 20 世纪 30 年代由美国经济学家伯利和米恩斯提出的，最初这一理论仅仅作为现代公司治理的逻辑起点，但随着新公共管理运动中私营管理理论的引入，委托代理理论也被广泛应用在政府管理中。委托代理理论是建立在非对称信息博弈论基础上的，而非对称信息指的是某些参与人拥有另一些参与人不拥有的信息，这也是产生合作的起点。在委托代理关系中，委托人将自身利益建立在对代理人的信任关系之上，如果代理人能够按照约定对公共事务进行治理，那么这种委托代理关系就是成功的。反之则会损害委托人的利益，导致委托代理关系失败。委托人和代理人之间的信任感一方面取决于委托人确定的激励和对规则的遵守，另一方面取决于代理人按照委托人的要求采取行动。在具体的政府治理中，上下级部门之间的合作、不同部门之间的合作或者公共部门和私营部门之间的合作都需要建立充足的信任感，良好的信任关系不仅能够有效提高资源的利用效率，更能够为组织间的下一步合作打下坚实的基础，最终形成紧密的发展关系。

与委托代理关系中的信任感不同，责任感更多地体现在个体或单个组织中，指的是一种自觉做好分内分外一切有益事情的精神状态。具体而言，整体性治理中的责任感可以分成三个方面：诚实主要指的是单个组织或个人在涉及公共款项或公共利益工作中的守规矩；效率指的是在公共服务供给的过程中，投入的资源和产出之间的关系；有效性主要指的是使行政人员对公共干预是否达到公开发布的结果或标准负责。整体性治理中的责任感更多强调的是将有效性提升到最高位置，确保责任感中的诚实和效率不与有效性相冲突，最终通过社会公共服务的输出来界定诚实和效率如何服务于有效性。责任感关乎政府为外界提供公共服务的质量和效率，因此需要从不同层次上培养政府的责任感。希克斯认为，在培养政府责任感的时候应该考虑责任感产生的三个组织层次，即管理层次、法律层次和宪法层次。在管理层次，一般通过审计、支出控制、预算规划、绩效衡量和政治监督来寻求责任感；在法律层次，一般通过现有的法律或者补充完善相关法律，此外还可以通过特别行政法庭、准司法管制者等来寻求责任感；在宪法层次，一般通过界定民选官员对立法机构的责任以及通过一些非正式的宪法规范来寻求责任感。

6.3.2.4 整体性治理的技术工具：政府网络信息系统

登力维（Patrick Dunleavy）认为，信息系统几十年来一直是推动公共行政改革的重要因素，政府信息技术成为当代公共服务系统理性和现代化变革的中心。这不仅是因为信息技术在这些变革中发挥了重要的作用，还因为它占据了许多公共管理的中心位置。信息系统指的是由计算机硬件、计算机软件、网络和通信设备、信息资源、信息用户和规章制度组成的以处理信息流为目的的人机一体化交互系统。政府信息系统则是在政府治理的过程中所采用的以政府信息技术为基础的承担政府信息管理工作的内部系统。在不同的政府治理模式中，政府信息系统也不同。在新公共管理及之前的时代，政府往往需要大量的人力和财力来进行信息的传递和管理。在整体性治理阶段，网络信息技术已经成为政府内部进行信息传递、共享和协同办公的理想技术工具，不但能打破部门林立、条块分割、等级森严的结构关系，还能避免传统信息系统所造成的腐败和不作为。以整体性治理改革较为深入的美国为例，其政府信息系统一般包括技术子系统、财力子系统、人力子系统、管理子系统和制度子系统等。这些子系统的硬件系统都是由信息基础技术、信息系统技术、信息应用技术和信息安全技术等组成，软件系统则由于职能划分的不同而不同。通过这些子系统的协调配合，实现了政府治理水平的优化和提升。

6.3.3　整体性治理理论对研究项目制扶贫政策执行碎片化的适用性分析

6.3.3.1　整体性治理理论产生的“社会土壤”与项目制扶贫政策执行碎片化的现实困境

整体性治理理论产生于英国，之后在多个国家应用，其治理理念和治理方式也被这些国家所认可。分析整体性治理理论产生的社会背景可以发现，该理论是为了解决传统治理模式如传统公共行政模式和新公共管理模式等带来的弊病而产生的。根据整体性治理理论中的问题导向原则，传统政府治理模式造成的弊病包括政府“空心化”、治理碎片化以及单维治理价值等。虽然中国当前的贫困治理现状与 20 世纪 90 年代整体性治理理论产生的“社会土壤”不尽相同，但两者同样都存在治理碎片化这一问题。新中国成立以来，经历了计划经济时期的小规模救济式扶贫、经济高速发展时期的制度性大规模扶贫以及经济新常态时期的精细化全领域扶贫等扶贫模式，在取得一系列辉煌成就的同时也引发了一些问题，其中碎片化问题尤为显著。在项目制扶贫背景下，上级政府通过将资源以项目的形式转移到下级部门或单位，实现政府内部资源的调度，最终将扶贫资源输送到基层政府。在这个过程中，部门林立、条块分割、等级森严等政府内部的结构关系导致了政府内部治理主体、扶贫资源以及扶贫方式、制度、政策等的碎片化。基层政府在项目落实的过程中，自身利益或者其他各种因素也会造成政府、社会以及贫困群体之间的碎片化问题。从项目制扶贫整体运作的角度来看，在项目制政策执行环节由于参与主体多、项目资源多且分散、利益群体复杂等原因，整个项目制扶贫运作中碎片化问题最为严重。碎片化问题不仅导致项目资源的大量浪费，而且严重影响了扶贫效率的提升，因此亟待解决。比较整体性治理理论产生的“社会土壤”和项目制扶贫政策执行中产生的碎片化问题，发现整体性治理理论对解决项目制扶贫中的碎片化问题具有鲜明的适配性。

6.3.3.2　整体性治理理论对研究项目制扶贫政策执行碎片化问题的有效性

整体性治理理论作为新公共管理模式的修正，在很大程度上解决了新公共管理所带来的问题。整体性治理理论根据新公共管理模式产生的弊病，对其进行有针对性的矫正。针对新公共管理因大力引进私人部门形态管理而过度强调绩效的问题，整体性治理理论主张公私合伙和中央地方相结合进行管理；针对新公共管理运行原则上强调政府功能部门整合带来的碎片化问题，整体性治理理论强调政府整合型运作；针对新公共管理组织形态上选择直接专业管理带来的人力、财力浪费的问题，整体性治理理论强调网络式服务；针对新公共管理以运作标准和绩效指标为核心关怀，整体性治理更强调解决公民生活中存在的问题；针对新公共管理在成果检验上更注重产出控制，整体性治理更强调结果的好坏；针对新公共管理在权力运作上选择单位分权，整体性治理更强调扩大授权；针对新公共管理在财务上选择竞争模式，整体性治理更注重整合型预算；针对新公共管理在文官管理上强调纪律和节约，整体性治理更强调公务伦理和价值；针对新公共管理在资源运作中大量运用信息科技，整体性治理更强调网络治理；针对新公共管理在政府服务项目中重视强化中央政府掌舵能力，整体性治理更强调政策能够整合解决人民生活问题；针对新公共管理政府引入竞争机制的时代特征，整体性治理更强调政府制度与人民需求、科技以及资源的高度整合。

整体性治理理论作为一种问题导向的治理模式，在解决实际问题中具有极强的自我发展能力。整体性治理理论在英国提出之后，迅速地在西方发达国家中应用开来，并且各国政府都可以在整体性治理理论的基础上对其进行完善，以便更适应本国国情。以美国为例，与其他国家相比，美国更注重信息技术在政府治理中的应用，先后开发出“联邦政府组织架构框架”（FEAF）和“联邦政府组织架构”（FEA），并利用这两种架构大大节约了政府资源、提高了政府公共服务供给的治理和效率。具体针对中国项目制贫困治理而言，从主体来看，整体性治理和项目制贫困治理的主体都是政府组织及相关职能部门；从客体来看，整体性治理所解决的问题包括项目制贫困治理在政策执行过程中所带来的碎片化问题。通过分析整体性治理在其“原生土壤”上发挥作用的机理，可以发现，整体性治理的问题导向属性同样适用于对项目制贫困治理政策执行中碎片化问题的分析。因此，无论是从主体上、客体上还是作用机理上，整体性治理理论都是与项目制扶贫高度耦合的，运用整体性治理理论来分析项目制扶贫中的碎片化问题是行之有效的。

6.4　河南省H县S镇概况及其扶贫工作成效

本部分以国家级贫困县H县作为主要调研点，集中在S镇进行问卷调查和相关的访谈。通过对全国扶贫大格局中的典型案例进行分析，力图找到项目制扶贫政策执行碎片化的形成机理和具体表现，通过对各种碎片化现象进行进一步分析，找出解决碎片化问题的方案。

6.4.1　H县S镇情况简介

国家级贫困县H县位于河南省东南部，下辖7镇11乡2农场，人口

130 余万，国土面积 1406 平方公里，其中耕地面积 177.32 万亩，人均 1.13 亩，是河南省重要的粮、棉、油产区，也是全国重要的花生、大蒜等的生产出口基地。作为国家级贫困县，H 县紧紧围绕减贫目标，真抓实干，以扶贫开发机制创新、基础设施建设、产业发展等为主要抓手，以精准扶贫为主要方式进行大规模的教育扶贫、健康扶贫、社会救助、金融扶贫、危房改造、转移就业以及专项扶贫，全县范围内农民人均收入明显提高，贫困人口脱贫目标稳步实现。

S 镇地处 H 县东北部，两市四县交界处，S206 省道和 311 国道在镇区交汇，交通便利、区位优势明显。全镇共有 28 个行政村，99 个自然村，6.2 万亩耕地，9 个贫困村，截至 2017 年底已脱贫 5 个、未脱贫 4 个。共有建档立卡贫困户 1572 户 6056 人，截至 2017 年底已脱贫 1024 户 4404 人，未脱贫户 548 户 1652 人，贫困发生率为 2.67%。

6.4.2 S 镇扶贫工作成效

2017 年，S 镇镇委、镇政府充分发挥主体作用，在上级政府的领导下根据 S 镇实际情况制定适合本镇发展的扶贫方略，从六个方面对全镇的贫困现状进行治理，即强化工作责任以确保先进的领导力；强化精准识别以提高扶贫精度；强化基础设施以改善生活质量；强化扶贫模式以创新扶贫方式；强化政策落实以确保扶贫质量；强化作风建设以提高服务水平。

强化工作责任。结合省、市、县脱贫攻坚文件精神，制定下发了《S 镇 2016—2018 年脱贫攻坚三年规划》和年度脱贫攻坚工作计划，出台了《关于坚决打赢脱贫攻坚战的实施意见》，统筹谋划全镇脱贫攻坚各项工作。①成立脱贫攻坚领导组，由镇党委书记任组长，镇长任常务副组长，领导组下设办公室，扶贫副书记任办公室主任。镇扶贫办明确 5 名专职人员，行政村明确 28 名信息员从事扶贫工作；全镇共成立 28 个村级脱贫责任组，明确了党委书记第一责任、镇长具体责任、扶贫副书记直接责任、脱贫责任组工作责任、村级主体责任、第一书记驻村责任、督查巡查责任等七项责任。理清了党委书记、驻村第一书记、村支部书记“三级书记”抓脱贫的具体职责；与 28 个行政村支部书记签订责任状，夯实脱贫攻坚工作基础、责任基础。②按照县直单位驻村帮扶贫困村和县直单位科级干部联系非贫困村制度要求，加强对驻村工作队、第一书记和联系非贫困村科级干部的日常管理、教育培训、生活关怀。全镇共有派驻工作队 9 个，19 名科级干部每人联系一个非贫困村，实现了贫困村、非贫困村驻村帮扶全覆盖。③按照县周五扶贫日工作制度，全镇所有干部和县直单位工作人员坚持入村开展帮扶。④成立了由镇纪委书记牵头，协同相关职能部门参与的专项督查组，对全镇各行政村脱贫攻坚工作开展情况进行督导。

强化精准识别。2017 年 5 月以来，根据省、市、县统一安排，对照“两不愁、三保障”识别退出标准，推行“一进二看三算四比五议六定”工作法，集中开展了以纠正漏评、错退、错评为重点的贫困人口精准识别退出、建档立卡动态管理和档卡规范化建设工作。按照“四个必到”的要求，全镇共入户普查 11723 户，入户普查率达到 95%。实现了贫困户 100% 见面、疑似问题户 100% 复核。共核实识别不精准需清退人员 956 户 3484 人，新识别贫困人员 151 户 380 人，返贫 12 户 37 人，贫困人口识别精准度明显提高，真正做到了帮扶对象精准。

强化基础设施。首先是基础先行，做到“六通”，全镇 28 个行政村实现了通公路、通邮站、通物流、通网络、通有线电视、通自来水。其次，加快基层阵地建设。新建村室 7 个，并配备了办公桌椅、广播器材、投影设备等办公设施；新建 9 个村级文化广场，配置健身器材 9 套，夯实了基层阵地建设。最后，推进人居环境改善。实行政府购买服务的方式，将全镇环卫工作移交第三方管理，全镇购置垃圾清运车 2 辆，垃圾筒 3400 个，配备 120 名保洁员，全面推进农村人居环境整治。

强化扶贫模式。第一，着力发展村集体经济。对全镇村集体资产进行清产核资，把财政整合资金建设的扶贫车间等项目产权纳入村集体管理，实现村集体经济从无到有、由弱到强，不断壮大村级集体经济发展。第二，建设扶贫车间。申请县财政整合资金，采取“扶贫车间 + 行政村 + 扶贫企业 + 贫困户”模式，以 Z 村为试点，建设扶贫车间 1 个，引进瑞华制衣劳动密集型企业入驻，吸纳周边群众及贫困户就地就业增收，为贫困群众提供了稳定的就业岗位。第三，建设光伏小电站。采取“光伏小电站 + 行政村 + 贫困户”的傻瓜扶贫模式，申请县财政整合资金在镇规划建设 9 个光伏电站，使用期为 20 ~ 25 年，预计建成后每个电站年收益 10 万元左右，光伏年收益按比例分别归行政村集体经济和贫困户分红，可带动贫困户 180 户，可为村集体经济发展和贫困户持续增收提供可靠保障。第四，发展扶贫产业基地。采取“扶贫基地 + 贫困户”模式，与 Y 棉业、T 纺织两家大型纺织厂签订协议，县财政整合资金注入扶贫基地，保本分红带动贫困户 200 户，已为每户贫困户发放收益金 550 元，并在扶贫基地内优先安置贫困群众就业。第五，加大金融扶贫力度。镇成立金融扶贫服务站和 28 个村级金融扶贫服务部，完成贫困户信用评级信息采集 1572 户，占比 100%，一般农户信用评级 7200 多户，占比 86%。累计为贫困户发放金融扶贫贷款 17 万元，用于创业发展；通过实施贷款发放、财政贴息、企业带贫，助推贫困户脱贫致富。第六，提供公益性岗位。通过政府购买公益性岗位的方式，从全镇贫困户中聘用护林员 28 名，每人每年 6600 元；聘用保洁员 28 名，其中贫困人员 20 人，每人每年 7200 元。

强化政策落实。严格落实各项扶贫政策，不断加大宣传力度，强力推进落地落实，打出了脱贫攻坚政策落实的组合拳。一方面，加强政策宣传。采取悬挂过街标语、刷写墙体标语 5000 多平方米，制作宣传版面 180 余幅；发放贫困户政策明白卡 12000 余份、扶贫挂历 1500 余份；利用广播反复播放脱贫攻坚宣传知识，召开群众大会 50 余场，组织观看文艺演出，宣讲扶贫政策，采取贫困户全家福公开公示、扶贫政策公示上墙，走村入户进行宣传，户户必到、户户必讲，达到家喻户晓、人人皆知。另一方面，政策全面落实。按照“两不愁、三保障”的要求，在全面落实健康扶贫、教育扶贫、危房改造、社会保障政策的基础上，针对薄弱环节，突出工作重点，切实补齐工作短板。①购买人身意外保险。为解决贫困户因意外伤害、死亡致贫问题，镇政府统一为全镇建档立卡贫困户购买一份人身意外伤害保险，切实解除了贫困农户脱贫创业的后顾之忧，实现了农民脱贫路上的“零风险”“零障碍”“零负担”目标。2017 年，为全镇建档立卡贫困户共赔付

219406.27元。②开展“老人户”专项治理。针对农村“儿子孙子住高楼，老头老婆住地头”的现象，多措并举开展专项治理，首先，耐心细致地做好老人及子女的思想工作，动员老人与子女一起居住，把危房拆掉；其次，对于老人不愿意与子女一起居住的，强制进行合户，由子女为其修缮房屋，并搜集老人及子女家庭财产收入、住房情况制作户说明，在上级核查中予以佐证。③抓实“五保户”集中供养。对分散供养“五保户”动员进入镇敬老院进行集中供养，同时想方设法争取资金项目改善镇养老院设施，提升“五保户”入住幸福感；对不愿意集中供养的做好说明，与其赡养责任人签订承诺书、本人自愿分散供养声明书、镇司法所签订见证书，以及完善收入、“两不愁、四保障”方面的证明材料。

强化作风建设。以作风转变推进脱贫攻坚，把出实招、干实事、求实效作为推动脱贫攻坚的有力抓手。首先，率先垂范、敢于担当。镇党委、政府每周定期召开班子会专题研究脱贫攻坚工作，对脱贫攻坚重点、难点工作进行集中研判，针对问题研究制订解决方案；根据不同阶段工作重点，组织召开脱贫攻坚推进会和专项工作现场观摩会，对重点工作提出明确要求、方法措施，强力推进脱贫攻坚各项工作有序开展。对脱贫攻坚专项工作做重点工作安排，制定出台脱贫攻坚规划、计划和方案；镇班子成员带头加大脱贫攻坚走访调研工作力度，深入到贫困户家中进行入户走访、熟悉情况、发现问题、现场解决。掌握第一手资料，为全镇脱贫攻坚工作拿出具体的指导意见。所有同志放弃节假日，加班加点，一直奋战在脱贫一线上；真正锤炼了作风，用实际行动拉进了干群关系，展现了新时期干部的精神风貌。其次，党建引领、筑牢基础。狠抓村级党支部建设，不断提升村级党支部战斗力，发挥脱贫攻坚堡垒作用。开展党员结对帮扶工作，发挥党员先锋模范作用，利用党员与贫困户同村居住、情况熟悉的优势，将脱贫任务轻、有就业意愿的贫困户与党员结对，开展党员帮带，实现贫困户早日脱贫致富。最后，树立典型、扶贫扶智。开展评选“好媳妇、好婆婆”“文明家庭”表彰活动，全镇共评选出模范典型30名，评选出的人员和贫困户一起在村内公示，通过正反典型的公示，杜绝一些群众争当贫困户的思想，进一步树立乡村文明新风，让群众树立靠勤劳致富、靠双手脱贫的坚定信念，激发内生动力。

虽然S镇在党委和政府制定的“六个强化”带领下取得了巨大成就，但在项目制扶贫政策的实践过程中也存在一些问题，例如扶贫资金使用分散、政府部门间的不合作现象严重、政府和社会市场之间的合作机制不健全等。基于整体性治理理论，发现项目制扶贫政策执行中存在严重的碎片化问题，接下来将对镇领导、村“两委”以及贫困群体进行问卷调查和访谈，力图找出碎片化问题的形成机理和原因。

6.5 项目制扶贫政策执行数据采集与数据处理

6.5.1 调查区域的选取

H县作为国家级贫困县，随着政府历年的财政帮扶和政策扶持，域内经济水平取得了较快的增长，贫困现状也得到了极大的改善。但在2020年全面脱贫的背景下，留给H县的时间并不多，在计划的时间内脱贫成为H县委、县政府乃至全县人民的又一大挑战。为了更好地完成脱贫目标，必须不断地改善和优化现有的扶贫模式，而项目制扶贫作为一种重要的扶贫模式和国家治理方式，更需要加以关注。目前H县实行的项目制扶贫囊括了国务院政策文件中的教育补助、医疗健康、危房改造、创业就业、保障兜底、基建设施、财政金融、特困群体以及基层党建等九种主要的扶贫项目，此外还包括政府与社会力量合作的特色养殖、药材种植等项目。以H县各乡镇经济排名以及脱贫现状为依据，S镇处于中等水平，因此S镇的项目制扶贫现状在一定水平上可以代表整个H县，甚至在全国范围内都具有一定代表性。此外，在问卷调查和访谈的过程中，需要向村民和村干部发放问卷和访谈，随机选取的对象为T村、R庙、S村、Y村、S洼。

6.5.2 问卷调查的设计

对于扶贫项目在实践中出现的碎片化问题，多数学者将其划分为扶贫主体碎片化和扶贫资源碎片化以及扶贫方式制度、政策的碎片化，因此调查问卷也将从这三个维度进行设计。调查问卷整体分为两个部分，即基本信息调研和扶贫项目在政策执行过程中的碎片化情况调研。在基本信息调研部分，通过三个问题的设计了解受访村民的性别、年龄以及文化程度。在碎片化情况调研部分，共设计了15道问题，分别针对贫困人员对于扶贫项目的了解程度、扶贫项目参与主体碎片化情况、扶贫资源碎片化情况以及扶贫政策、方式、制度碎片化等情况进行调研。

6.5.3　问卷调查的实施

为了保证调查问卷的科学性以及调研数据的真实性，此次调查问卷的发放分为两个阶段，即预调研阶段和正式调研阶段。预调研时间为2018年7月，预调研的目的是进一步完善调研问卷，以及对调研对象有一个初步的接触，以保证本次调研的可操作性和可行性。在预调研期间，共发放调查问卷20份，收回20份，通过分析这20份预调研问卷，对调查问卷进行了进一步完善，尤其是针对调研对象的反馈，将调查问卷的题目数量大大缩减，为进一步的正式调研打下基础。正式调研时间为2018年7月末、8月初，在这个阶段，以贫困群体为调研对象，共发放调研问卷200份，收回192份，回收率为96%。经后期整理，有效问卷为185份，有效回收率为92.5%。部分调研问卷未收回，主要是因为一些贫困户未重视此次调研，截至问卷收回的时间，有些贫困户将问卷弄丢，有的不配合回收工作。部分调研问卷不合格主要是因为一些贫困户文化水平较低，甚至不识字，尽管在现场将问卷内容讲解给他们，但仍未按要求填写。这些问题虽然在预调研阶段已经发现，但仍无法避免。

6.5.4　调查数据统计

针对调查问卷收集到的信息，采用SPSS 19.0和EXCEL 2007对数据进行分析，并对分析结果进行归纳总结。

6.5.4.1　基本信息整理

调查问卷收集到的基本信息包括贫困人员的性别、年龄以及文化程度。在调研中，发现参与调研的贫困人员多为男性，人数为147人，占比

79.46%，女性较少，人数为38人，占比20.54%。在入户发放调查问卷的过程中发现，“男主外，女主内”的传统在农村地区仍然大量存在，因此接收和填写调查问卷以及接受访谈的也多为男性村民。

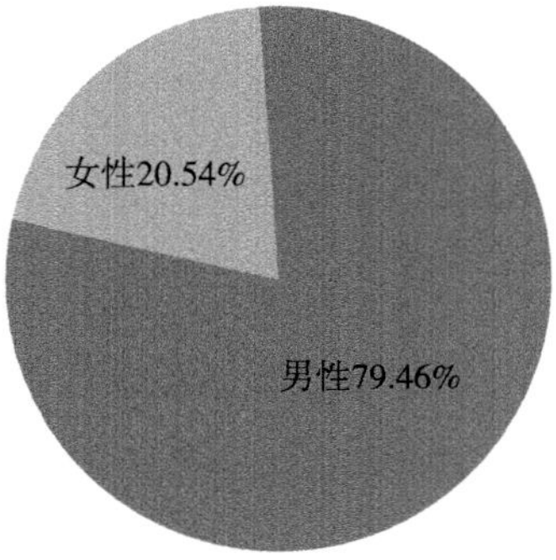

图6－1　受调研人员性别频率分布统计图

在年龄分布方面，通过数据分析，发现受调研的贫困人员多为41岁以上，其中41～50岁的人数为63人，占比34.05%，51岁以上的人数为112人，占比60.54%。随着“打工潮”的兴起，农村地区年轻劳动力多前往沿海或其他经济发达地区务工，41岁尤其是51岁以上村民由于年龄或身体原因难以外出务工，大多只能依靠种地或政府补贴生活，这也成为这部分人员容易陷入贫困的主要原因。

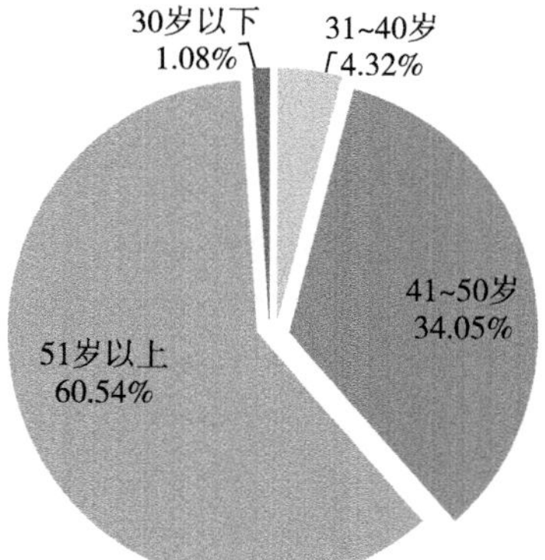

图6－2　受调研人员年龄频率分布统计图

在受教育程度方面，受调研的贫困人员文化程度普遍偏低，仅有2人接受过高中教育，没有人接受过大专及以上教育，这也和受调研人员年龄普遍偏大有一定关系。从受教育程度与受访贫困人口的对应关系来看，文化水平也是限制农村贫困人员脱贫的一个原因。

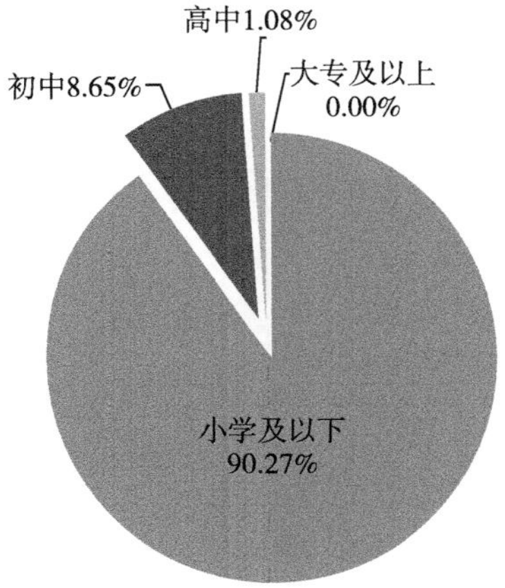

图 6－3　受调研人员文化水平频率分布统计图

6.5.4.2　扶贫项目执行及碎片化情况

（1）受调研贫困人员对项目制扶贫的了解程度。

从调研结果来看，有 15 人没听说过用项目的方式来进行扶贫，有 157 人听说过但并不了解，只有 13 人表示对这种形式很了解。这与当下农村大多数村民的生活习惯有关，“知其然，而不知其所以然”，只要政策对其有帮助即可，不会做太多了解。这在实质上不利于扶贫项目的深入开展以及贫困群体对于自身利益的保护。

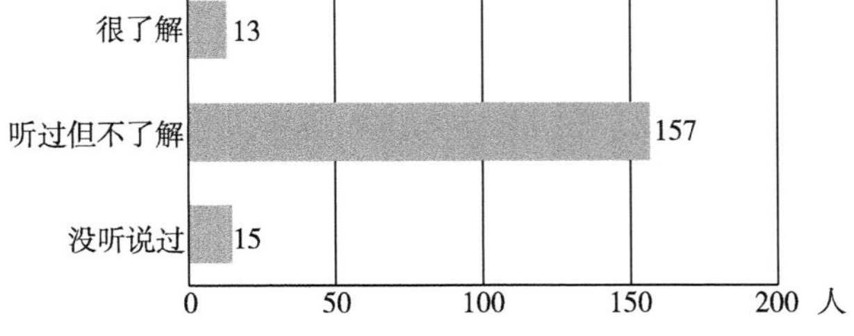

图 6－4　对项目了解程度分析统计图

在调研结果中，有 75 人知道有小型光伏扶贫项目，有 170 人知道有种植养殖类扶贫项目，有 37 人知道有旅游开发扶贫项目，在调查问卷列出的项目之外，还有 53 人知道“扶贫车间”项目，有 57 人知道“扶贫基地”项目。其中，同时知道 2 个项目的有 70 人，占总调研人数的 37.84%，同时知道 3 个项目及以上的有 34 人，占比 18.38%。

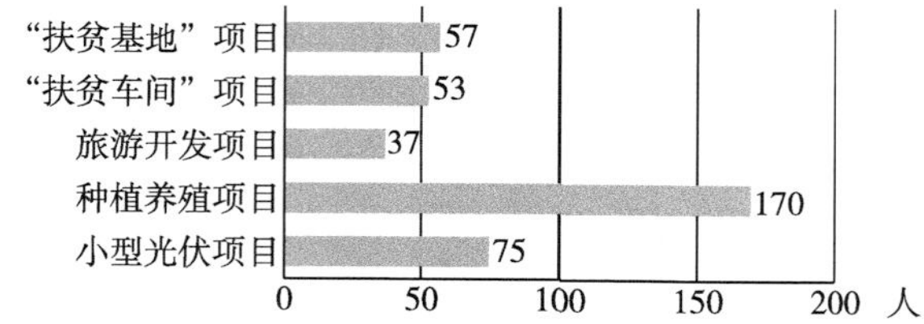

图 6－5　扶贫项目传播程度分析统计图

在调研报告中，45 人认为小型光伏项目对其帮助最大，112 人认为种植养殖项目对自己帮助最大，7 人认为旅游开发项目对自己帮助最大，26 人认为“扶贫车间”项目对自己帮助最大，33 人认为“扶贫基地”项目对自己帮助最大。

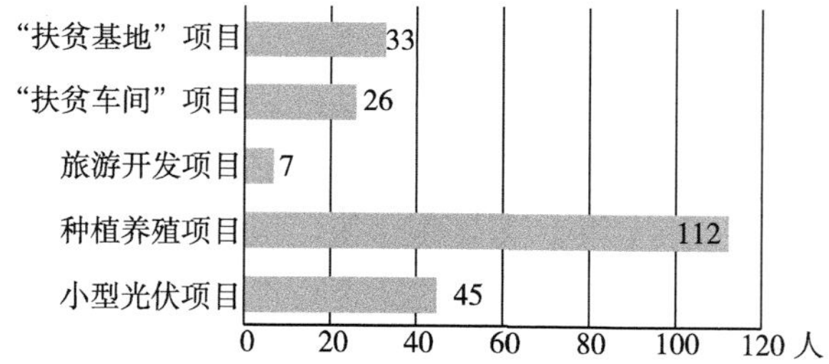

图 6－6　贫困人员项目受益感知程度分析统计图

（2）扶贫项目参与主体碎片化情况。

在被调研的人中，有 25 人认为负责这些项目运作的政府部门之间合作非常紧密，有 76 人认为政府部门之间的合作一般，有 84 人认为政府部门之间的合作不紧密。

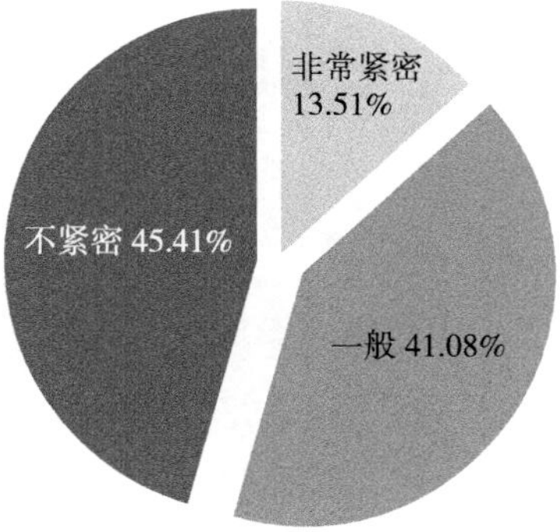

图 6－7　政府部门合作紧密度分析统计图

在此次调查中，有 39 人认为在这些扶贫项目的推进过程中，政府、社会以及市场之间的联系非常紧密；有 103 人认为政府、社会以及市场之间的合作紧密度一般，占比 55. 68%；有 43 人认为政府、社会以及市场之间的合作不紧密，占比 23. 24%。

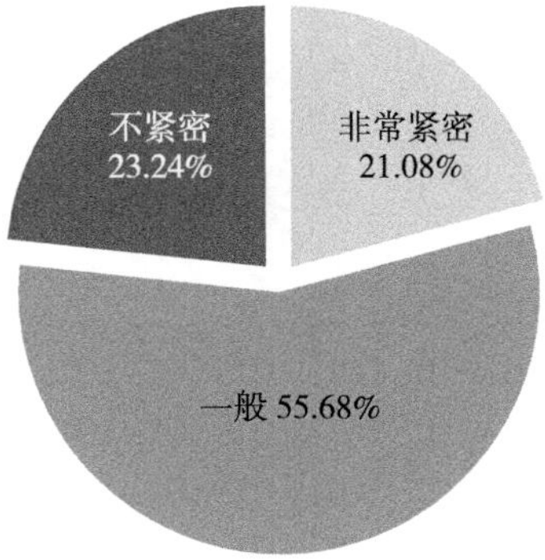

图 6－8　政府、社会、市场合作紧密度分析统计图

在扶贫项目与贫困群体需求匹配问题上，47 人认为扶贫项目与自己的需求非常契合，90 人认为扶贫项目与自己需求的匹配度一般，48 人认为现有的扶贫项目与自己的需求完全不匹配。

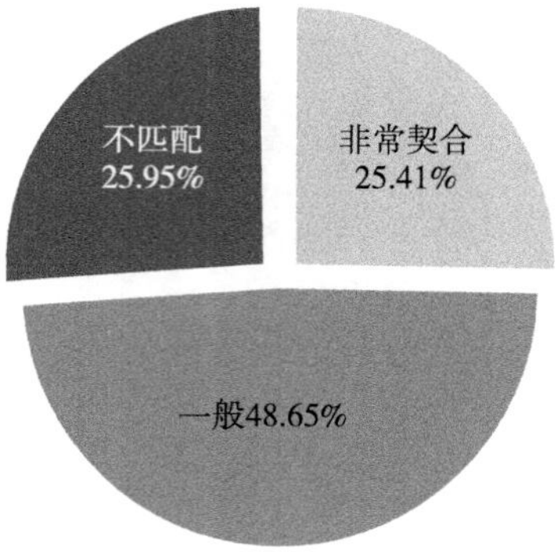

图 6 －9　扶贫项目与贫困人员需求匹配度分析统计图

在扶贫项目落地后的合作中，31 人认为贫困群体能够合作得非常紧密，66 人认为合作情况一般，88 人认为他们之间的合作不紧密。

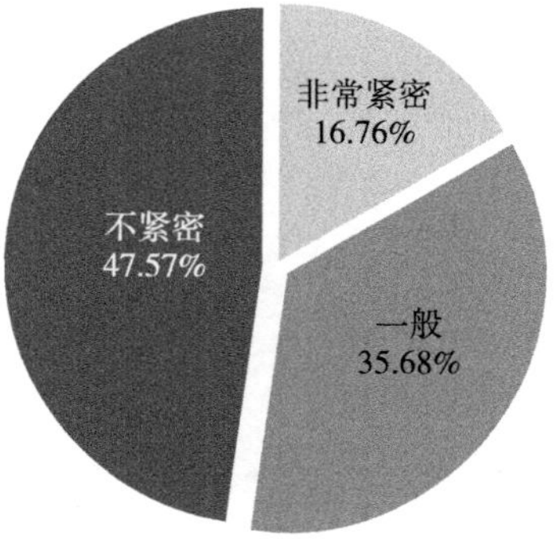

图 6 －10　贫困人员合作紧密度分析统计图

图 6 －7 至图 6 －10 及分析的内容都表明项目制扶贫的参与主体之间存在联系不紧密、不合作等碎片化现象。这些碎片化现象出现的原因是复杂的，从整体新治理的角度来看，主要包括各参与主体之间的利益分割，各政府部门之间的联系机制不健全，政府、社会与市场之间缺乏有效的联系纽带等。

（3）扶贫资源碎片化情况。

在扶贫资源的调研方面，有 12 人认为这些扶贫项目之间的关联度非常高，63 人认为扶贫项目之间的关联度一般，107 人认为扶贫项目之间的关联度不高。

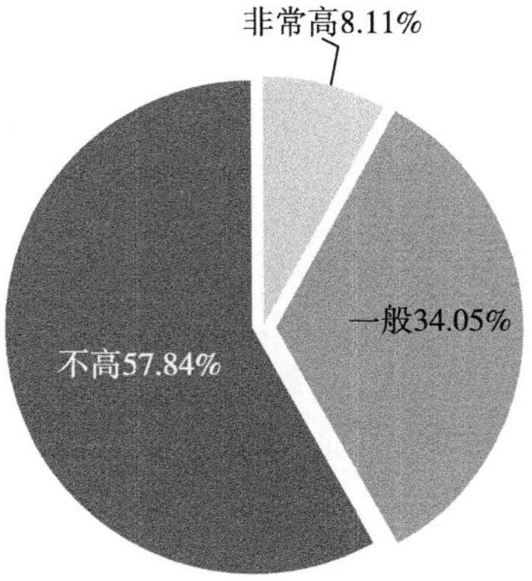

图 6－11　扶贫项目之间关联度分析统计图

除了这些扶贫项目的关联度外，我们还对项目之间的冲突程度做了调研。25 人认为扶贫项目之间存在严重冲突问题，131 人认为扶贫项目之间的冲突程度一般，29 人认为扶贫项目之间不存在冲突问题。

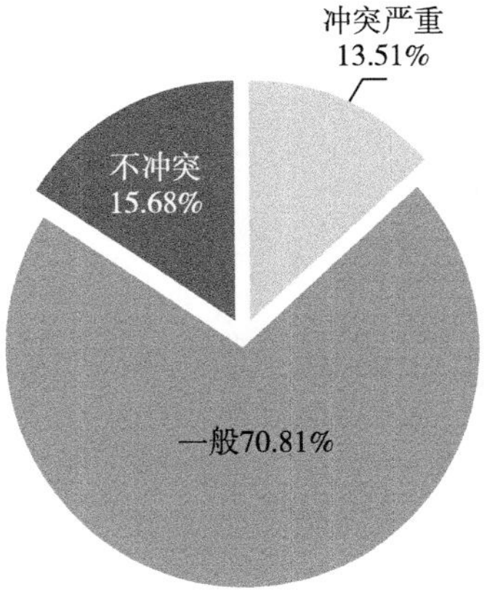

图 6－12　扶贫项目之间冲突程度分析统计图

根据受访贫困人员的感知程度，统计出 19 人认为扶贫项目中的扶贫资源使用得非常分散，134 人认为扶贫资源的分散程度一般，32 人认为扶贫资源不存在分散的情况。

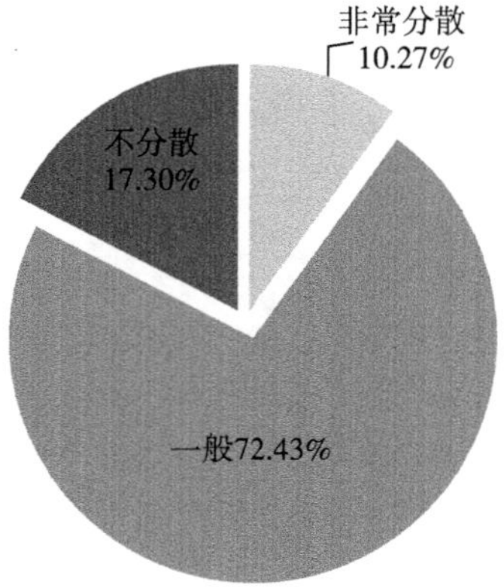

图 6－13　扶贫项目资源分散程度分析统计图

在扶贫资源使用的均衡程度上，7 人认为扶贫项目的资源在各地使用得非常均衡，97 人认为扶贫资源使用的均衡情况一般，81 人认为扶贫资源使用得完全不均衡。

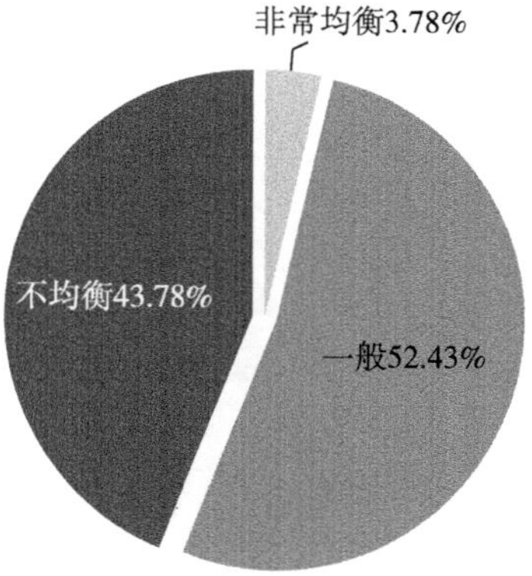

图 6－14　扶贫项目资源使用均衡度分析统计图

在扶贫资源方面，通过分析比对，发现绝大多数人认为扶贫资源的使用中存在碎片化问题。这些碎片化问题的产生，一方面与扶贫资源的稀缺性离不开，另一方面也从侧面说明了基层政府在扶贫项目的治理中存在一定问题。从整体性治理的角度来看，主要是因为项目资源管理缺乏战略性以及项目制之间缺乏必要的联系机制等。

（4）扶贫项目政策、方式、制度等碎片化情况。

在扶贫项目监督管理的方式和标准方面，179 人认为政府采取了多种标准和方式，6 人认为政府并没有采取多种标准和方式。

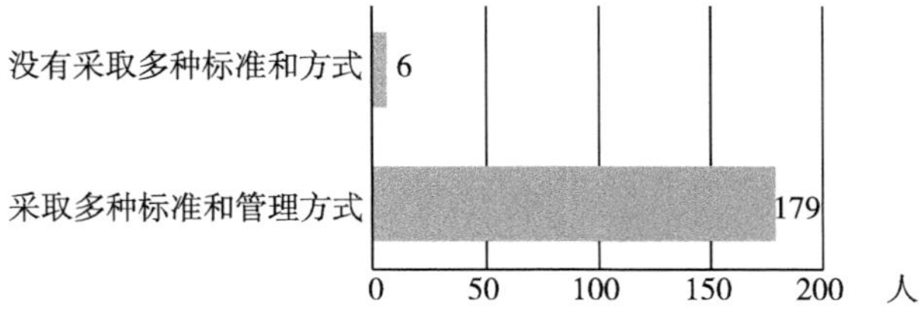

图 6－15　扶贫项目管理情况分析统计图

在扶贫项目管理的监督标准和方式方面，有 30 人认为这些监督标准和管理方式之间的联系非常紧密，111 人认为它们之间的紧密度一般，44 人认为它们之间不存在联系。

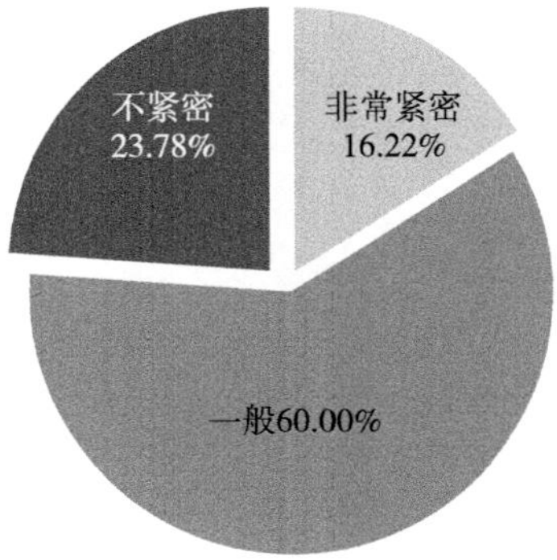

图 6－16　项目监督标准和管理方式之间紧密度分析统计图

关于政府在项目落实过程中采取的多种制度和策略之间的衔接程度，73 人认为这些扶贫制度和策略之间的衔接非常紧密，55 人认为它们之间的衔接程度一般，57 人认为它们之间的衔接并不紧密。

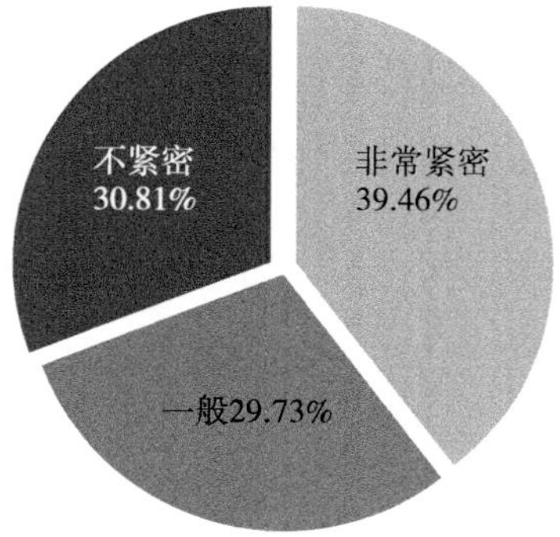

图 6－17　多种扶贫制度及策略之间的衔接程度分析统计图

关于政府在项目落实及管理过程中的扶贫政策，34 人认为政府采取的多种扶贫政策之间的衔接非常紧密，97 人认为它们之间的衔接程度一般，54 人认为它们之间不存在衔接。

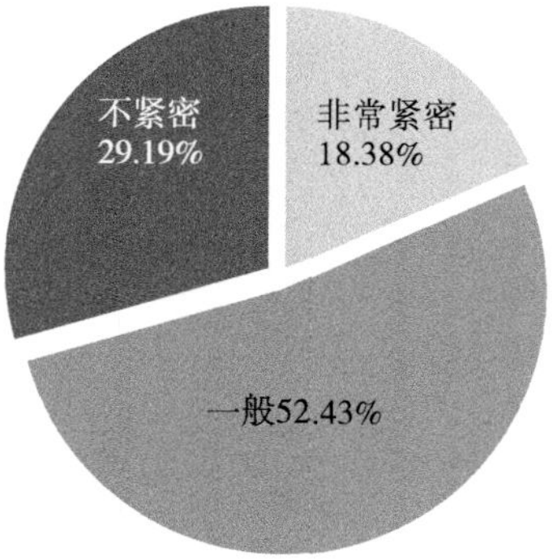

图 6－18　多种扶贫政策之间的紧密度分析统计图

关于这些政策之间的冲突性，有 135 人认为这些政策之间存在冲突关系，50 人认为它们之间不存在冲突关系。

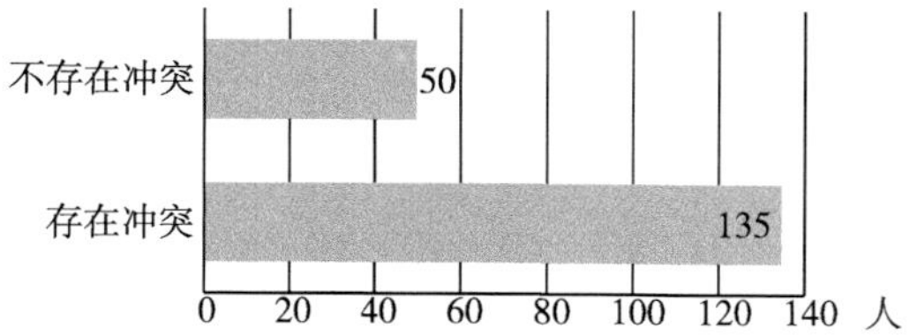

图 6－19　多种扶贫政策之间的冲突性分析统计图

在现有扶贫政策的可持续性方面，107 人认为现有的扶贫政策具有很强的可持续性，31 人认为现有的扶贫政策可持续性一般，47 人认为这些扶贫政策可持续性不强。

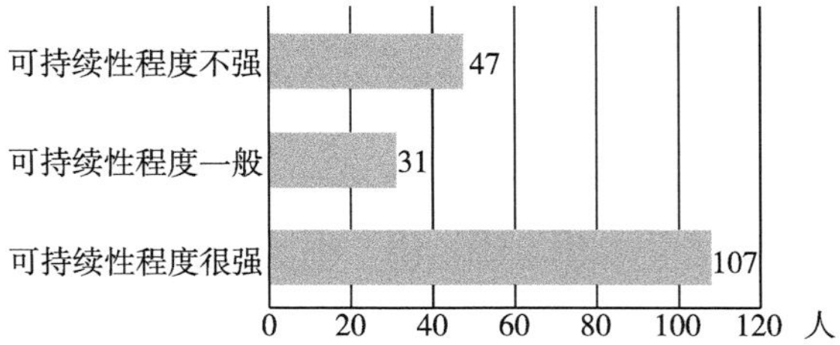

图 6－20　现有扶贫政策的可持续性分析统计图

从调研结果来看，绝大多数受访贫困人员认为基层政府在项目制扶贫的过程中存在扶贫方式、监督标准以及扶贫制度、政策等方面的碎片化。从整体性治理的角度来看，是因为基层政府各部门以及各下级单位之间缺乏有效衔接，合作性不强，配合度不够。

6.5.5　访谈的设计、实施及结果整理

6.5.5.1　访谈对象的选取

扶贫项目在基层的运作和实践需要各参与主体的通力合作，因此要选取各参与主体中的具有代表性的人员进行访谈。接受访谈的人员包括 2 名主管民政工作的镇领导、5 名驻村干部、5 名村“两委”工作人员以及 5 名贫困村民。通过对不同主体具有代表性的人员进行访谈，以全面了解扶贫项目在政策执行过程中的情况。

6.5.5.2　访谈提纲的设计

针对受访人员所属的主体以及各自的特性分别设计三套访谈提纲。对贫困村民的访谈主要集中在对扶贫项目以及基层工作人员的感知度上，例如“在项目落实期间，您认为您和村干部、基层政府人员之间是一种什么样的合作关系”等；对驻村干部以及村“两委”工作人员的访谈主要集中在他们对村民、基层政府以及项目资源、制度等方面的感知度上，例如“您认为在协助基层政府进行扶贫项目的落实过程中难点有哪些”；对负责

扶贫项目的镇领导的访谈主要集中在扶贫项目实施的整体性问题上，包括项目主体、资源以及制度等，例如“现阶段的扶贫项目资源来自哪里，在向下分配的过程中遵循什么样的原则”等。

6.5.5.3 访谈问卷的实施

此次访谈和调查问卷的发放同步进行，通过提前与受访人员进行约定，以访谈提纲为基础，对不同参与主体的代表人员以“项目制扶贫实践中的碎片化问题”为主题进行访谈。整个访谈过程用录音和现场笔记进行记录，并答应受访人员严格保密。

6.5.5.4 访谈内容的整理

用三套访谈提纲分别对贫困村民、村干部以及镇领导进行访谈，发现项目制政策执行中的碎片化现象确实存在，其形成原因也非常复杂。整理访谈录音和现场笔记，集中发现三个方面的问题：一是扶贫主体方面存在碎片化现象，例如主管民政工作的L姓镇长抱怨虽然扶贫项目已经分配到具体的部门，如林业站、水管站等，但是在具体的工作中如果牵扯到部门之间的合作就必须由他亲自进行管理，缺乏既定的协调机制；S洼的S姓村干部也提到在水利项目的改造过程中，水管站和林业站在施工现场合作不太好。二是扶贫资源存在碎片化现象，例如曾主管某个扶贫项目的Z姓镇长如果想把几个项目放一块管理“比登天还难”，原因在于每一个项目都有很多人盯着，资源的整合难度太大。三是扶贫项目的管理方式、制度和政策方面存在碎片化现象，例如虽然在整体上比较讲究这些项目给贫困用户生活上带来的提升性，但在具体实施中一些能够长久见效的项目因为短期见效慢而被搁置，如“技能培训班”项目等；此外，在不同的项目中，由于主管领导不同，往往也存在监督标准不一致的情况，例如M姓贫困村民反映在他们村附近的“扶贫基地”项目和另一个地方的“扶贫基地”项目就存在不同，虽然投资额都接近，但另一个地方的“扶贫基地”却要大一倍，原因是他们这个地方的扶贫项目更注重建设质量，这直接导致该“扶贫基地”带动的贫困人员少了很多。总体而言，我们通过访谈发现了很多碎片化的问题，在此不一一列举，具体在下一章节再进行详细阐述。

6.6　H 县项目制扶贫政策执行中的碎片化现象分析

在整体性治理理论的指导下，通过分析 H 县 S 镇的调查问卷和深度访谈，发现 H 县 S 镇在扶贫项目实践中存在一定程度的碎片化，且成因较为复杂。在对以往学者研究的基础上将扶贫项目实践中的碎片化划分为扶贫主体的碎片化、扶贫资源的碎片化以及项目管理方式、制度和政策的碎片化，并结合调查问卷和访谈对这几点进行深度剖析，力求通过现象分析找到导致这些现象更为深刻的原因，进而为提出有针对性的对策提供可靠依据。

6.6.1　扶贫主体的碎片化

在整个项目制运作过程中，基层政府的扶贫项目实践都是较为复杂的，涉及的参与主体也较多。一般认为，基层政府在扶贫项目的实践过程中的参与主体包括政府及内部各部门，如工交财贸办公室、文教卫生办公室、城镇规划建设与管理办公室等；政府之外的社会、市场等主体，如私人企业参与扶贫等；贫困群体。在整体性治理理论的语境下，基层政府作为贫困治理的主导者其内部的不合作以及与社会、市场、贫困群体之间的合作困境成为造成碎片化的主要原因。

6.6.2　基层政府内部的碎片化

基层政府作为国家政权组织的末梢在整个国家治理体系中发挥着极为重要的作用，基层政府的治理状况也深刻影响了整个国家的治理水平。贫困治理作为国家治理的组成部分，其自身的复杂性和特殊性对基层政府的治理水平提出了极大挑战。通过在 H 县 S 镇的所见所闻以及对调查问卷、深度访谈的整理，我们认为政府内部的碎片化主要表现在三个方面。

首先，基层政府各部门之间的不协作现象在扶贫项目的向下推进中较为普遍。在现行的贫困治理框架内，扶贫工作主要由扶贫办牵头和具体实施，其他部门诸如林业站、农业站等由于并不负有主体责任，在部门本位的治理逻辑下，缺乏与扶贫办联合或者与其他部门合作的动力。项目制扶贫在基层的开展作为一项复杂且综合的工作，需要各部门之间联合起来，进行行政资源整合，形成多部门协作的联动扶贫机制。在S镇的实践中，“扶贫基地”项目的落地就因土地、民政、农业部门之间合作的不流畅导致项目延迟落地，本该当年就能入驻的两家大型纺织厂直到第二年才顺利入驻，自然也就影响了当地村民脱贫工作的落实。

其次，乡镇政府与上级职能部门之间难以实现有效协调。税费改革之后，基层政府尤其是乡镇一级的政府由于财政汲取能力的丧失，自身缺乏经费资源，在日常事务的处理中极度依赖上级职能部门的对口项目资源。在扶贫项目资源的转移中，由于上级职能部门掌握了绝对的资源分配权，乡镇部门的自主性和灵活性大大降低。乡镇部门与上级职能部门之间的不平等地位也使得乡镇部门难以根据自身情况与上级职能部门进行沟通和协商，由此导致上级职能部门分配下来的扶贫项目即使不符合乡镇的具体情况也必须执行，以保证能顺利得到项目资源。在对S镇Z姓镇长的访谈中，他强调实质上乡镇政府是不具有任何扶贫项目的分配权和决定权的，甚至形容乡镇政府为上级职能部门的“派出机构”。

最后，政府成员之间的职责不清晰。在扶贫项目的实行和管理中，基层政府内部的工作人员包括镇领导、各部门领导、项目所在地第一书记等，每个工作人员都参与具体的项目实践，造成职责不清晰或职权交叉等问题，最终导致管理越位或管理缺位。S村驻村干部C在接受访谈时说道，“扶贫基地的项目一直委托由我进行现场的管理，但在有些时候我已经检查过的事情，镇里其他人还会来检查，而且标准也有可能和我得到的不一样，每天的重复检查大大降低了施工进度，也浪费了很多资源。”

6.6.3 基层政府、社会、市场之间的合作机制不健全

习近平总书记在党的十九大报告中强调，要坚持“大扶贫”格局，而“大扶贫”格局的构建实质上就是专项扶贫、行业扶贫和社会扶贫的有机结合。基层政府在项目制扶贫政策执行中也要坚持“大扶贫”的战略理

念，最关键的是要在发挥基层政府主导作用的前提下，最大限度地激发市场和社会的活力，使政府、社会和市场之间优势互补，形成合力。在具体的扶贫实践中，基层政府、社会、市场之间的合作机制不健全，主要体现在两个方面。首先，参与扶贫项目的市场力量在一定程度上与扶贫本身存在利益背离现象。一般认为参与扶贫项目的市场力量主要包括农业合作社、各种涉农企业以及金融部门。农业合作社和各种涉农企业本身力量就偏弱，根据在 S 镇的调研，发现很多农业合作社现阶段还要靠政府的补贴生存，更不用说让它们去“反哺”社会了，S 镇的涉农企业情况也类似。金融部门由于不是项目制扶贫的主导力量，不负有主体责任，再加之其本身有很强的趋利属性，因此难以为扶贫项目提供必要的支持。根据调研村民的口述，扶贫贷款倾向于经济基础较好、有风险承担能力的人群而非贫困群体，尤其在发放无息或者贴息贷款的时候必须要有政府公职人员做担保，这些情况对真正贫困的村民具有排斥性。其次，参与扶贫项目的社会力量相对薄弱，这和中国当前公民社会本身发育不成熟有很大关联。社会力量参与扶贫项目的主要是公益性组织，而 S 镇的公益性组织有着很强的不固定性和对政府的依赖性，这在很大程度上使得公益性组织成为基层政府的“下属部门”，难以激发公益性组织自身的积极性，严重制约了公益性组织在专业方面的发挥。

6.6.4　基层政府与贫困群体之间的隔阂

基层政府和贫困群体作为项目制扶贫中的两个具有较大差异性的参与主体，它们之间的合作关系到整个扶贫项目的成败。通过在调研中的观察和对调查报告、深度访谈的整理，发现基层政府与贫困群体之间存在着不小的隔阂。这种隔阂的产生主要有两个原因：一方面，基层政府作为项目制扶贫政策实践的绝对主动方，既有帮助贫困群体脱贫的理想，也有维护自身利益的现实情况。基层政府作为项目制扶贫中政府的末端神经，需要时刻接受上级政府的监督和管理，为了顺利完成项目的落实，达成上级政府的考核任务，基层政府往往会违背贫困群体的意愿选择经济情况较好的地区进行项目的落实，这种方式实际上已经背离了贫困治理的初衷。在调研中，T 村贫困村民 M 反映虽然 Y 村的经济情况比周边各村都好，而且贫困人员的数量也少，但是 Y 村的项目却比其他村多，这让周边村的贫困村民都很疑惑。此外，虽然贫困群体作为项目制扶贫的重要参与主体，有表达自我意愿以及参与扶贫项目的权利，但是在实际的项目落实过程中只能形式上参与或者被动参与，其主体地位无法显现。S 村贫困村民 S 也反映，村民是最后得知项目在本村落户的，而且通知他们的方式也只是开会告知，并没有征询他们的意见。另一方面，限于公民社会本身发育不成熟与文化教育水平等因素，农村贫困群体的公民精神较为薄弱，“等、靠、要”思想严重，不愿意积极与基层政府合作。虽然现阶段政府积极鼓励贫困农户努力发展自身，依靠自身力量进行脱贫，但在很多情况下贫困人员缺乏自我发展意识，内生动力不足，这就直接造成贫困群体不愿意积极与基层政府合作。N 姓镇领导在接受调研时说道，“自从贫困户退出机制推行以来，许多贫困村民害怕失去贫困户的指标，甚至会主动放弃脱贫的机会，只为了长期占有国家的贫困补助。”

6.6.5 扶贫资源的碎片化

扶贫项目资源作为项目制扶贫中最核心的部分，一直是各参与主体关注的焦点，其使用情况在极大程度上决定了扶贫项目的成败。一般认为扶贫项目资源既包括经济资源也包括在此基础之上的政治资源，但更多的情况下经济资源和政治资源是相伴相生的。在整体性理论的指导下，结合实际调研的情况，我们发现 S 镇的项目扶贫资源存在一定的碎片化现象，这些碎片化现象包括扶贫项目资金使用过度分散、扶贫资源的不均衡分配以及各扶贫项目之间缺乏必要的交流和配合。

6.6.5.1 扶贫资金使用过度分散

扶贫资金的使用情况在很大程度上受国家宏观扶贫政策的影响。我国的扶贫政策经历了计划经济时期的小规模救济式扶贫、经济高速发展时期的制度性大规模扶贫以及经济新常态时期的精细化全领域扶贫，随着宏观扶贫政策的不断变迁，扶贫的直接瞄准层级和对象也在不断细化。尤其是在精准扶贫政策背景下，要求扶贫必须到户到人，这样的扶贫政策一方面符合贫困群体零散分布的特点，另一方面也能够保障扶贫资金的靶向高效率运用。但这样的扶贫政策也会导致扶贫资金分散到每一户中而难以对解决集体贫困或规模贫困问题产生作用，在一定情况下会降低扶贫资金的使用效率。

具体而言，扶贫资金使用过于分散体现在两个方面：一方面，基层政府在进行精准扶贫的过程中过度“教条主义”，对于资金的管控过死，致使扶贫资金呈现条块分割的格局。扶贫资金制度是为了避免资金被挪用或被侵占而设计的，在实际过程中应该有一定的弹性以符合各地的实际情况。S 镇 S 村 S 姓村干部曾就扶贫项目资金问题与镇领导交换过意见，而领导只说完全按照项目手册执行，这使得 S 村的贫困边缘人群无法从“产业基地”项目中获益，直接导致项目资源的闲置和浪费。另一方面，贫困人员地理位置碎片化的现状致使基层政府将有限的扶贫资金不断地分散，最终使得扶贫资金被完全细化，扶贫项目也难以发挥规模带动效应。S 镇 Z 姓镇长经常在下辖的行政村做调研，他反映基层扶贫项目很难做，很大原因就是基层政府在贫困村民的压力下很难有自主性，更别提以全镇为整体进行规划了。扶贫资金近乎平均化地分配给贫困群体，不仅不能解决贫困问题，反而会降低扶贫资金的使用成效。

6.6.5.2　扶贫资源的不均衡分配

扶贫资源的不均衡分配在项目制扶贫实践中比较常见，问题也较为严重。在扶贫实践中，自身资源比较丰富的上级职能部门会将大量的资源投入到结对帮扶的贫困村或贫困户手中，上级领导定点帮扶的贫困村也会得到大量扶贫资源，此外基层政府也会出于自身政绩的考虑将扶贫资源集中到“示范村”或“示范项目”。相比之下，其他的贫困村或贫困户就会变成扶贫资源的“局外人”，得到很少甚至得不到必要的扶贫资源。这种资源的不均衡分配不仅导致得到较多资源的群体难以消化过多的扶贫资源而形成浪费，也导致大多数贫困群体因得不到充足的扶贫资源而陷入更困顿的境地，甚至还导致更为严重的社会分化问题。

通过分析扶贫资料和相关数据，发现导致扶贫资源不均衡分配的原因主要有两个：一方面，扶贫项目本身具有精英偏好，大多数的扶贫项目都要求贫困农户或贫困村有一定的配套条件或设施，而这恰恰把真正贫困的群体排除在扶贫项目之外。S 镇 S 洼的村民 S 反映，当时镇里下发关于“养殖项目”的文件，他了解到如果有一定饲养经验和基本的饲养条件就可以申请发放母牛或者母羊，到时政府还会组织人员回收。这样看似极大优惠的项目，其实存在不少门槛：首先，需要一定的饲养经验；其次，基本的饲养条件也需要不少的前期投资，而这恰恰正是贫困村民最缺乏的。另一方面，基层政府在进行扶贫项目治理的过程中既有帮助贫困村民快速脱贫的公共理性，也有依靠扶贫项目打造政绩工程以提高自身政治资本的自利理性。一般认为，政府在提供社会公共服务进行社会治理的过程中是完全公利化的，但在实际的项目制扶贫政策执行过程中，基层政府却很难完全坚持其公共属性。基层政府的自利行为包括基层政府整体的自利行为和官员自身的自利行为，不管是哪种自利行为，都背离了贫困治理的基本理念。基层政府及其政府官员为了打造政绩工程或是为了使项目更容易通过上级职能部门的验收，往往会将扶贫资源分配给经济基础较好的村庄或农户，导致扶贫资源的不均衡分配。在调研中，T 村贫困村民 M 反映虽然 Y 村的经济情况比周边各村都好，而且贫困人员的数量也少，但是 Y 村的项目却比其他村都多，这让周边村的贫困村民都很疑惑。此外，关于政绩工程，一些贫困村民也颇有微词。R 庙贫困村民 W 反映，沿着 S 镇直到 H 县的一条公路是上级领导来 S 镇视察的必经之路，S 镇政府因此也在这个区域连续落户了几个“重量级”扶贫项目，尽管 S 镇其他区域可能更适合也更需要这些项目。

6.6.5.3 各扶贫项目之间缺乏必要的交流和整合

扶贫项目作为政府贫困治理的工具和载体，相互之间的交流和合作非常重要。由于基层政府的扶贫项目多是通过上级职能部门的分配而得到的，因此不同的扶贫项目会受到不同的上级职能部门的监督和领导，相互之间的重叠或冲突现象时有发生，最终造成扶贫资源的大量浪费并严重影响扶贫效率的提升。扶贫项目的属性决定了虽然有些项目的种类和定位不同，但它们的本质是一样的，这也就决定了不同的扶贫项目之间可以相互交流和借鉴。扶贫项目之间的交流可以分为同类同地项目交流、同类异地项目交流、异类同地项目交流以及异类异地项目交流。无论是同类或异类、同地或异地的扶贫项目之间都可以通过交流和合作以促进其共同发展，并最终形成“扶贫项目集群效应”。在 S 镇的调研中发现，扶贫项目之间的不合作具体可以分为两种情况：一是相同种类的扶贫项目之间的碎片化。不同的部门拥有相同种类的项目，这就意味着同一类项目有可能接受来自不同部门的不同管理，项目监督方式、管理标准等都会存在差异。而这种混乱的管理方式势必会造成资源的大量浪费和扶贫效率的降低。以 S 镇的贫困人员能力提升项目为例，县林业局、扶贫办、教体局、农业局等部门都有类似项目，但在具体的管理过程中不同的部门对学员的要求不同，管理方式也不同，虽然各种技能培训班不少，但很难真正对贫困农民起到作用。此外，在一些基础类项目（如道路建设等）上，上级职能部门出于对扶贫政策的拥护，即使本身不具备此类职能，也会参与到这些基础类项目中，导致专业性不够，项目资源浪费严重。二是不同种类的扶贫项目之间的碎片化。不同类型的扶贫项目在管理方式和运作模式上有着明显的差异，在这种情况下，较为单一的管理主体虽然能够保障扶贫项目在共性上的统一性，但却很难保障不同项目之间的差异性。以 H 县农业局为例，该部门在 S 镇的扶贫项目包括“种植养殖”扶贫项目、与人社部门合作的贫困人员能力提升项目、“扶贫基地”项目等，但在具体的项目落实和项目管理中，这些项目很难实现协同发展。只有多个部门在项目的落实和管理的过程中多交流、多合作，才能使得管理部门既能关注项目之间的共性，又能关注项目之间的差异性。

6.6.6　扶贫方式、制度、政策的碎片化

按照项目制的运作逻辑，基层政府在从上级职能部门处得到扶贫项目后会结合上级职能部门的要求和自身的意愿以及当地的实际情况对项目进行分配和落实，在这个过程中项目的落实和分配方案对整体项目的成败至

关重要。除此之外，基层政府在项目管理中的扶贫方式、制度、政策等的选择和制定也关乎扶贫项目的成败。通过在实地调研中的观察以及对调查问卷和深度访谈的整理，我们发现 S 镇项目制扶贫政策执行中在扶贫方式、制度和政策方面也存在一定的碎片化。

6.6.6.1 扶贫方式的碎片化

现阶段国家主要采取精准扶贫的方式对贫困问题进行治理，精准扶贫的核心理念在于对目标识别得精准，对治理方式采用得精准。精准的扶贫方式不仅能够有针对性地解决贫困问题，而且可以有效地提高扶贫资源的利用效率。对项目制扶贫而言，不同种类的扶贫项目代表着不同的扶贫方式，只有不同的扶贫项目相互有机地结合在一起，才能使每个扶贫项目都发挥出最大功效。具体在 H 县 S 镇的项目制扶贫政策执行中，一个突出的问题就是贫困村民致贫的原因是复杂的，而扶贫项目对应解决的问题却是单一的。现阶段国内的贫困人口多呈现结构性贫困或多维贫困的特征，造成村民陷入贫困的原因早已不仅仅是经济资本缺失，还包括能力资本、权利资本以及社会资本等的缺失，因此在对贫困问题进行治理的过程中也应采取复合型的扶贫对策。S 镇的项目制扶贫实践中，针对各个贫困村的扶贫项目往往比较单一，且多为经济资本方面的帮扶，包括能力提升项目在内的扶贫项目以及校舍改造在内的教育扶贫项目往往不受基层政府的重视。T 村自列入 S 镇贫困村后引进了包括“扶贫基地”项目在内的几个扶贫项目，这些扶贫项目多为经济资本帮扶项目，农户依靠出租土地以及在基地里面打工获得收入，虽然不少贫困村民靠这种方式摆脱了贫困，但从长远来看，农户的发展和“扶贫基地”项目中的企业紧紧地捆绑在一起，不利于村民的长远发展。T 村村民 M 也有这个担忧，他在受访的过程中说：“虽然目前在工厂里打工收入还可以，但是心里很焦虑，又没有什么技术，娃娃读书只能在村子里面，和外面的差别大得很，很担心如果工厂效益不好就没了出路。”此外，谈到扶贫方式的时候，他还讲到，“现在基本上每天在工厂里干活，有心报名参加能力提升项目里面的农技培训班，但是一来距离太远了，二来没有时间，如果能在我们休息的时候就近办一个培训班讲讲养殖或者农技那就太好了。”

6.6.6.2　扶贫制度衔接不紧密

民政部、国务院扶贫办、中央农办等部门于 2016 年 9 月 17 日联合起草了《关于做好农村最低生活保障制度与扶贫开发政策有效衔接的指导意见》（以下简称《指导意见》），着重强调要将农村生活最低生活保障制度和扶贫开发政策有效衔接起来，并发挥两种制度的最大合力以解决当前的贫困问题，确保到 2020 年实现现行贫困标准之下的全面脱贫。在具体的操作层面，由民政部门为扶贫开发部门提供贫困群体的详细信息，由扶贫开发部门对其进行具体的帮扶。然而，两种制度的衔接在扶贫实践中并不紧密。以 H 县 S 镇为例，镇政府在贯彻《指导意见》时强调将扶贫资金发放到贫困群体的每一户、每一人，但在扶贫项目的实践中又要求将农户手中的扶贫资金整合起来，通过扶贫项目的运作再将收益以分红或者直接以生产资料的方式发放给贫困群体。此外，从整体性治理理论的角度来看，在基层政府层面扶贫制度上的整合还包括医疗制度、养老保险制度在内的所有制度的整合。项目制扶贫作为扶贫开发制度的一部分，只有在与其他多种制度进行深度融合的基础上才能发挥最大效力，而这无论是对 S 镇还是更高层面的 H 县来说都有很长的路要走。

6.6.6.3　扶贫政策之间存在矛盾或冲突

在扶贫开发的政策背景下，如何有效地执行政策，使政策作为政府对社会经济发展尤其是贫困治理实施宏观调控的杠杆作用得以发挥，不仅需要中央政府进行积极探索，也需要基层政府部门在具体的实践中进行摸索。在基层政府的项目制扶贫实践中发现，扶贫政策之间的碎片化可以大致分为两个方面：一方面，基层政府没有很好地将项目制扶贫治理政策与“扶贫到户”等政策有机结合起来。项目制扶贫政策在实践的过程中具有很强的整体性属，而“扶贫到户”等政策强调贫困个体在贫困治理中的地位，在扶贫资源有限的情况下，基层政府很难将项目制扶贫政策与此类政策协同整合起来。另一方面，具体在各个扶贫项目中，针对每个扶贫项目的政策也存在碎片化现象。从项目制扶贫运作逻辑的角度来看，基层政府的扶贫项目多是从上级职能部门获得的，不同的职能部门就扶贫项目会制定不同的扶贫政策，而这些扶贫政策也会被基层政府贯彻在项目的管理和运作中。以 S 镇为例，“扶贫基地”项目对贫困群体每户劳动力能力的要求与“扶贫车间”项目有显著差别，但两个扶贫项目本质上并无太大区别，都是依靠劳动密集型企业进行带动。此外，S 镇的教育、健康、危改、培训等项目的政策之间也存在明显的差异性，甚至不同的项目政策之间还存在矛盾，使得贫困群体只能进行二选一。R 庙贫困村民 W 在采访的时候谈到，有些扶贫项目的政策鼓励农村贫困群体外出务工以脱离贫困，有些扶贫项目的政策鼓励农村贫困群体在家创业，有些扶贫项目的政策鼓励贫困群体在家就近务工，这些扶贫政策相互矛盾的后果就是当地“扶贫基地”和“扶贫车间”等项目建成后招不到合适的员工，而一些被政府以现金鼓励政策吸引而在外就业的贫困村民收入反而不如在家就近就业。

6.7 基层政府项目制扶贫政策执行碎片化问题的多维整合机制探讨

基层政府项目制扶贫中出现的碎片化，实质上折射出政府治理农村贫困的一种现实困境。因此，治理碎片化问题，必须站在政府治理的高度上，把贫困治理真正纳入政府社会治理的大格局中来，这样才能真正消解碎片化难题。通过分析 H 县项目制扶贫政策执行中的碎片化现象，我们发现项目制扶贫亟待引入整体性的治理思维。

希克斯认为协调和整合是整体性治理的核心理念，同时也是塑造“整体政府”、破解碎片化治理困境的工具在理性层面的应用。此外，希克斯还反复讨论了责任在整体性治理过程中的重要作用和地位，将有效性和责任感放到同等重要的地位。这些都对基层政府项目制扶贫政策执行中碎片化问题的研究有很大启发。面对项目制扶贫中的碎片化困境，应该把整体性治理理论的相关理念植入基层政府的项目制扶贫实践中，具体包括项目制扶贫参与主体的协调和整合、项目扶贫资源的统筹和协同、政府治理中政府责任感的回归以及相关监督机制的完善。

6.7.1　建立健全基层政府项目制扶贫政策执行中的协同合作机制

在整体性治理理念下，建立健全基层政府项目制扶贫政策执行中的协同合作机制，不仅要着力协同不同层级政府及部门之间的工作，而且要消除“扶贫工作政府做”的传统扶贫理念，大力构建政府、市场、社会之间的合作机制；此外，还应把需求导向的治理理念融入政府同贫困群体之间的合作中，以确保供需精准对接。

6.7.1.1　增强政府内部规范化，加强不同层级政府及部门间的协调和整合

长期以来，中国的政府与社会之间一直是“大政府，小社会”的格局，这使得分配资源的权利更多地掌握在政府手中，因此在反贫困这场斗争中政府依然要充分发挥主导作用。在分析 H 县 S 镇项目制扶贫的过程中可以发现，政府几乎对资源的下发和分配具有完全的决定权，贫困群体在实际的项目落实过程中只能形式上参与或者被动地参与，其主体地位无法显现。在这样的背景下，优化项目制扶贫参与中的政府内部各参与主体之间的合作关系显得尤为重要。

首先，要加强中央政府及上级政府的权威性，强化中央政府及上级政府在项目制扶贫中对于下级政府的监督和管理。整体性治理强调“全局观”，而“全局观”的产生前提是必须有一个对下级政府具有权威性统筹管理的上级政府。只有上级政府具有充分的权威性，才能保障下级政府在政策执行中做到令行禁止，才能切实提高项目制扶贫在基层政府层面的执行力。在 H 县 S 镇的项目制扶贫实践中，下级政府曲解或故意按照自身利益对扶贫政策进行解读的行为屡见不鲜，其主要原因就是上级政府的权威性发挥得不够充分。上级政府的权威性还体现在上级政府对于项目制扶贫总体格局的把控，只有从源头上对项目制扶贫总体进行政策设计，才能减

少下级职能部门在扶贫项目设计及分配上的碎片化。

其次，应该动态整合基层政府中县、乡（镇）在项目制扶贫中的功能和作用。从项目制扶贫实践来看，县、乡（镇）是项目制扶贫中最重要的责任主体，而乡（镇）又是基层政府项目制扶贫中最重要的责任主体。县、（乡）由于距离贫困群体最近，因此能较准确地感知贫困群体的需求以及整个项目制扶贫中存在的问题。然而，在当下的项目制扶贫机制中，基层政府尤其是乡（镇）一级的政府权责是不对等的，因此需要进一步释放基层政府尤其是乡（镇）一级的自主性，而这种自主性集中体现在对于扶贫资金的管理权限上。具体在实践中，应该在上级政府做好监督和管理的基础上，增强基层政府在项目制扶贫中的自主性，赋予基层政府更大的扶贫资源支配权，以确保基层政府能够根据贫困群体的需求对扶贫项目进行规划和适配，最大限度地保证扶贫项目与贫困群体需求之间的无缝对接。在H县的项目制扶贫实践中，贫困群体反映追求自身发展的需求未被满足，一个重要的原因就是基层政府虽然掌握贫困群体的需求，但是却因自身资源不足而无法进行满足。

最后，应该加强各基层政府职能部门之间的合作与整合。由于政府分工的细化，各职能部门之间的工作越来越具体。在现有的扶贫政策下，各职能部门都要参与到扶贫工作中来，但各部门之间分工的不同也在一定程度上影响了它们之间的相互合作。加强各职能部门之间的合作，应该进一步强化县、乡（镇）扶贫领导小组的职能，通过建立扶贫办为牵头部门、其他部门共同配合的联动机制来破解当前基层政府职能部门碎片化的难题。在具体的实践中，应该完善各职能部门之间合作交流的机制，例如经常性地召开部门扶贫座谈会等，来实现各部门之间扶贫信息的交流、扶贫资源的配合，从而保证项目制扶贫的统一性和协调性。

6.7.1.2 构建“大扶贫”格局，对社会、市场扶贫力量进行协调和整合

希克斯认为整体性治理的实践路径分为协调、整合以及紧密化发展三个阶段，其中协调和整合阶段是关键，形成紧密化的发展关系是最终结

果。在贫困治理的语境中，政府、社会和市场之间的紧密化发展关系可以理解为政府、市场、社会三方在贫困治理的过程中有着共同的合作意向和价值追求。在分析 H 县 S 镇项目制扶贫政策实践的过程中，可以发现基层政府在整个项目制运作中凡事亲力亲为，反而会造成社会、市场扶贫力量的闲置，不利于项目制扶贫整体绩效的提升。鉴于此，需要从以下几个方面对基层政府项目制扶贫现状进行改善：

首先，应该着力培养社会扶贫力量，尤其是发展公益性社会组织作为中介，在政府进行项目制扶贫的过程中对整个过程进行评估、监督和服务。在传统的项目制扶贫过程中，政府既是“运动员”又是“裁判员”，不利于整个项目制扶贫过程和结果的公平公正。而第三方评估社会组织的引入，不仅能够减少政府“自评”造成的不良后果，而且能够及时弥补政府扶贫力量不足的困境。实践中 H 县现有的社会公益组织较为薄弱，无论是其数量还是其专业性都不能满足基层政府第三方评估的需要，因此需要对其进行必要的帮扶和支持。第三方评估也不能仅仅局限于政府项目制扶贫结果的评估，还应该对整个项目制扶贫过程进行动态的评估、监督和服务。

其次，应该积极引导市场力量参与项目制扶贫实践。党的十八届三中全会中明确指出要发挥市场在资源配置中的决定性作用，贫困治理作为一种特殊的资源调配过程，在强调治理公共性的同时还应该发挥市场的力量。现有的市场力量在一定程度上与扶贫本身都存在利益背离现象，这在一定程度上说明了参与扶贫的社会力量公益性和社会责任感的缺失。因此，如何引导市场力量自觉、自愿、积极参与到项目制扶贫实践中来成为当前的一个难题。一方面，政府应该对市场力量进行必要的经济补贴和激励，如减税或者金融补贴等；另一方面，政府应该培养和提升市场力量的社会责任感和国家大局观，如通过授予热心于扶贫事业的企业家荣誉等方式。

最后，应该协调好政府与市场、社会之间的合作关系，形成政府退位、市场和社会进位，政府缺位、市场和社会补位的合作关系。政府作为项目制扶贫绝对的主导力量，在合适的时机要进行合理的“退位”和“缺位”，这不仅能够有效节约政府扶贫资源，而且能够大大激发市场和社会的扶贫活力。政府如果“退位”或“缺位”过早，则不利于市场和社会的“进位”和“补位”；政府如果不进行必要的“退位”或“缺位”，则市场和社会就会失去参与扶贫的积极性。因此，政府和市场、社会之间的合作应该把握好政府“退位”和“缺位”的临界点，坚持政府临界点退出机制。

6.7.1.3　确立需求导向的治理理念，加强政府与贫困群体之间的协同发展

整体性治理理论的倡导者帕特里克·登力维强调要以需求为导向，并认为以需求为导向的整体主义改革才是政府改革和公共服务革新的关键。置于项目制扶贫的语境中，确立需求导向的治理理念就是了解贫困群体的脱贫诉求，并以此为基础设计扶贫项目。在对H县S镇的调研中，发现贫困群体在基层政府的项目制扶贫政策执行中处于“失语”状态，极少能参与到项目的设计和实践工作中。针对政府与贫困群体之间的碎片化现象，从整体性治理的角度出发，应该从两个方面进行改善：一方面，应该培育贫困群体的公民意识，提高贫困群体参与项目制实践的主动性和积极性。在对H县S镇的调研中，许多贫困村民根本没有参与贫困治理的意识，这在很大程度上阻碍了其脱贫诉求的表达。针对这一现象，应该开展经常性的扶贫项目交流会等活动，普及项目制扶贫的相关情况，激发贫困群体参与项目制扶贫的主动性和积极性。另一方面，应该建立政府与贫困群体直接交流的平台，并提高贫困群体的政治权利和话语权。现阶段基层政府与贫困群体之间的交流主要依靠驻村干部、村“两委”等人员的上传下达，这种模式不仅会导致直接参与项目制扶贫人员任务量过重，也有可能导致基层政府与贫困群体之间交流的信息失真。建立基层政府与贫困群体之间交流的平台，既可以借助现有的政府部门通过开设贫困群体接待室的方式，也可以借助现代信息技术建立网络交流平台等。扶贫项目的效果好不好，只有贫困群体的感知最真切，只有增强贫困群体对扶贫项目的评价和

监督，才能切实提高扶贫项目的质量。

6.7.2　构建基层政府项目制扶贫政策执行中的资源整合机制

贫困治理离不开资源的投入，项目制扶贫尤为如此，项目资源的构成、资源的整合机制、资源的使用方式都深刻影响着项目制扶贫的成效。在对 H 县 S 镇的调研中发现，基层政府在项目制扶贫政策执行中存在一定的资源碎片化现象，针对这种情况，结合整体性治理理论，从资源整合思路、资源整合渠道以及资源使用机制三个方面提出解决碎片化困境的对策。

6.7.2.1　创新资源整合思路，提高扶贫资源的统筹性

在不同时期扶贫资源的构成、资源的整合机制以及资源的使用方式都是不同的，因此整合扶贫资源的思路必须与时俱进，跟随时代和形势的不断变化进行发展和创新，最终形成符合时代特色和地域特点的新举措、新思路。在 H 县 S 镇的调研中，可以发现基层政府在进行扶贫的过程中思路比较僵化，尤其在项目制扶贫的过程中“教条主义”十分严重，最终导致多种扶贫方式碎片化执行、多个扶贫项目碎片化落实等后果。在整体性治理理论的指导下，可以从以下三个方面对 H 县 S 镇的现状进行改善：

首先，将项目制扶贫与统筹城乡发展有机结合起来，与习近平总书记提出的“五个现代化”结合起来，最终多方面形成合力促进项目制扶贫的发展。在 H 县的扶贫过程中，基层政府几乎不会把扶贫资源和其他资源整合起来，这恰恰不利于扶贫资源的运用。项目制扶贫不是无源之水，需要借助政府的其他基层治理形式，并融汇于基层政府的社会治理中，只有这样才能发挥项目制扶贫资源的最大效力。

其次，变单一的扶贫项目为协同化的扶贫项目群。在基层，尤其是农村贫困地区，交通、教育等基础设施或群体性问题往往是制约贫困群体脱贫的重要因素。依靠现有单一的扶贫项目很难解决整片、整村的基建等难题，因此必须转换扶贫项目的政策执行思路，集中力量办大事，统筹推进农村地区基础设施、产业发展和社会事业发展，集中力量解决致贫的关键

性难题。在 H 县 S 镇的调研中发现，各个村庄之间的公路修建的建设单位、标准都是不同的，有些路段能够容纳两辆小汽车通行，有些路段仅仅只能容纳一辆小汽车通行，此外道路的高度以及质量也是不同的，这在很大程度上制约了各个村庄之间的交通运输，不利于镇域经济的联动，从而降低了项目制扶贫的效用。

最后，将物质扶贫项目和精神扶贫项目结合起来，扶贫先扶智，只有思想上追求脱贫，行为上才能更进步。在 H 县 S 镇的项目制扶贫调研中，我们发现部分贫困村民“等、靠、要”的思想严重，为了长期占有政府的扶贫资源，在配合扶贫项目的过程中不积极甚至不作为，这严重影响了项目制扶贫的进度。因此，要加强思想宣传和教育，改变贫困村民落后的发展思想，从内到外对贫困群体进行帮扶，激发贫困群体的内生动力，树立贫困群体自立自强、艰苦奋斗的精神，从而提高贫困群体参与项目制扶贫的热情和对扶贫工作的支持。

6.7.2.2 畅通资源整合渠道，构建扶贫资源的对接平台

项目制扶贫涉及的项目资源众多，如何将碎片化的项目资源整合到一起并形成集群化效应，这对基层政府的贫困治理能力提出了更加严格的要求。在 H 县 S 镇的调研中发现，项目资源之间的不合作，并不是各扶贫项目所希望的，这些扶贫项目主观上有相互合作的意愿，但客观上却缺少合作的平台和组织者。从整体性治理理论的角度出发，克服扶贫项目之间合作的现实困境需要从两个方面来做：一方面，基层政府应该将扶贫目标层层细化，落实不同层级政府之间的主体责任，尤其要强化上级政府即县级政府对项目制扶贫运作的整体把控。H 县县级政府作为该地区项目制扶贫的主要责任主体，应该由县领导牵头，整合各个职能部门的扶贫项目资源，并在此基础上对社会、市场的扶贫资源加以利用，形成上级政府把控、下级部门和政府合作的项目制扶贫格局。县级政府作为各扶贫项目合作的组织者应该站在更高的高度对全县的扶贫项目进行顶层设计，这也是扶贫项目在实践中合作的前提。另一方面，要充分利用信息技术打造扶贫项目资源之间合作的对接平台。希克斯在对整体性治理理论进行研究的过

程中提出整体性治理需要一种新的信息分类和交流平台，而在数字化时代，这种信息分类和交流平台就要借助先进的计算机网络技术。具体在 H 县的扶贫项目资源整合中，需要运用计算机网络技术建立专门的扶贫资源对接网站以及微信公众号平台等，将扶贫资源的相关信息公布在资源对接平台上，以供项目制扶贫参与主体进行参考和选择。构建项目制扶贫对接平台，不仅能够有效避免扶贫项目设立和分配的盲目性和随意性，还能够增加扶贫项目整合资源中的相关信息量，使得扶贫项目不断地优化升级，最终形成具有辐射性的优势扶贫项目。

6.7.2.3　建立和完善资源使用机制，提高扶贫资源使用的规范性

项目资源的整合并不意味着资源简单的相加，而是将资源运用结构不断地优化升级，目的是为贫困群体提供更好的支持。希克斯将整体性治理过程划分为协调、整合以及紧密化发展三个阶段，并且认为要注意这三个阶段的规范化问题，强调制度化是整体性治理的关键。立足于中国的贫困治理，项目资源的整合也要有相关的制度进行约束。在 H 县 S 镇的调研中，产生扶贫项目资源碎片化的一个重要原因就是没有相关的机制对资源运用进行规范。基于整体性治理理论，对项目制扶贫中的资源运用进行规范化，应该建立三种配套机制。

首先，应该建立领导决策机制。要充分发挥扶贫开发领导小组在项目制扶贫中的组织协调作用，只有从最高层次上对整个项目制扶贫运作过程进行监督、管理、协调，才能形成多个参与主体共同努力、联合共建的扶贫格局。此外，建立领导决策机制不仅能对整个项目制运作进行更好的组织和协调，更能从根本上杜绝下级职能部门或政府在项目制运作中的错误决策，从而使项目资源的利用更加具有合理性。

其次，应该建立职能部门之间的协作机制。在 H 县调研的过程中，部分贫困村民反映有些扶贫项目政策之间存在冲突和矛盾，造成这种现象的一个主要原因是上级职能部门在进行扶贫项目的设计、下发的过程中缺乏相互沟通和协作。建立职能部门之间的协作机制主要包括信息共享机制、发展规划机制、项目衔接机制等，通过这些机制的构建，推动各个职能部

门更好地分工协作，合力推动项目制扶贫有序开展。

最后，应该建立项目资源科学的管理机制。基层政府应该在整个项目制运作过程中严格按照统分结合、权责明晰、奖惩分明的要求进行管理，做好扶贫项目资源的管理工作。县级政府作为基层政府中最高的管理方，应该发挥综合协调管理功能；各职能部门尤其是审计、监察、财政等部门应该积极发挥监督考核功能，对整个项目制扶贫中的资源运用进行检查、监督和考核；镇级政府作为与贫困群体和项目资源直接接触的基层政府，应该发挥对项目资源的直接管理功能，增强对项目资源的把控。在项目资源管理机制方面，重庆市城口县做得比较好，该县根据市财政扶贫专项资金管理实施办法，出台了《城口县扶贫项目及资金管理办法》和《城口县财政扶贫资金报账制管理办法》，这些管理机制对项目资源的规范化使用起到了重要的促进作用。

6.7.3 强化基层政府在项目制扶贫中的理性价值机制

公共性的回归是整体性治理的重要特点。为了解决新公共管理中管理主义取向带来的公共性缺失问题，整体性治理通过重塑现代公共行政的合法性以及吸收价值理性的相关学说，体现了服务型政府的基本特征和内在属性。因此，整体性治理的最大价值正是体现在尊重公共意志、提供公共服务和实现公共目标这些公共性的回归和强调上。整体性治理为了更好地强调对政府公共性的重视，提出了政府的“责任感”这一定义。希克斯认为政府责任感可以在三个层次上寻求，即管理层次、法律层次和宪法层次。立足于中国的贫困治理，基层政府公共性的回归也需要从多个层面上进行寻求。在整体性治理理论指导下的项目制贫困治理强调以满足贫困群体的需求为导向，主张提升基层政府的责任感和为人民服务的意识，体现出更多的服务取向和对公平的追求。在H县S镇的调研中发现，无论是基层政府中的组织还是个人都存在一定的自利行为，不利于项目制贫困治理的顺利开展。基于此，我们认为应该从满足贫困群体需求、规范基层政府主体行为和提升政府工作人员责任感三个方面对公共性进行寻求，其中关于满足贫困群体需求的内容在前面已经详细论述，在此不再赘述。

6.7.3.1　制定合理的项目制参与制度，规范基层政府的参与行为

政府作为项目制扶贫的主要力量，在参与扶贫的过程中同样需要一定的制度进行约束。希克斯认为，作为公共管理的一种范式，整体性治理需要被制度化，以制度化的方式来推进整体性治理，不仅可以减少政府寻租的空间，而且可以有效地对整体化治理的整个运作过程进行衡量。在 H 县 S 镇的调研中发现，针对项目制扶贫参与中直接与贫困群体接触人员制定的制度层出不穷，却很少有针对县级政府、各职能部门以及镇级政府相关制度的约束，这直接导致基层政府尤其是领导决策部门、资源发放部门等在参与项目制扶贫中的行为不规范，甚至出现寻租的情况。

针对 H 县政府部门公共性缺失的情况，从整体性治理理论出发，我们认为可以在宏观和微观两个角度对其进行制度规范。在宏观方面，可以通过宪法、相关法律以及基层政府参与扶贫政策等方面进行制度设计。县级政府及相关的决策群体作为基层政府项目制扶贫实践中的决策者和管理者，在客观上有为贫困群体服务的意愿，在主观上也有塑造形象工程以及使项目容易通过考评的动机。为了避免基层政府在项目制扶贫过程中出现过度的自利行为，可通过在宪法、法律以及政策层面上对其规范化，对于过度自利化的行为予以惩处，达到管控目的。在微观方面，可以通过建立包括决策制度、实施制度、监督制度、反馈制度、评估制度、信息公开制度、沟通制度以及协调制度在内的制度群对其行为进行规范。基层政府在参与项目制扶贫的过程中存在的一个比较大的困境就是没有详细的可供参考的制度。在 H 县 S 镇的调研中 N 姓镇长反映，H 县域下各乡镇的情况都不一样，如果凡事都要向上请示，就会对效率造成巨大损害，建议制定一套基础性的、共性的制度以供参考。实质上，基层政府的一些不当的参与行为，在很大程度上是由于制度约束的宽松或没有相关的制度。当然制度的作用不仅是对基层政府的不当行为进行预防和约束，也包括对其先进行为给予奖励。只有对基层政府参与项目制扶贫政策执行中的行为进行衡量，并对其进行合理的奖励或惩处，才能使基层政府既有干劲又有规矩地参与到项目制扶贫工作中来。

6.7.3.2 加强思想政治觉悟的培养，提升政府工作人员为人民服务的观念

基层政府在项目制扶贫中公共性缺失的另一个原因在于基层工作人员为人民服务思想觉悟的缺失。坚持以人民为中心的发展理念，体现了中国共产党一贯坚持的马克思主义唯物史观。具体在贫困治理的过程中，基层工作人员必须加强自身思想政治觉悟，提高自身为人民服务的积极性，把对党和人民的热爱付诸贫困治理的实践。在H县S镇的调研过程中，部分贫困村民曾经对扶贫工作人员的态度抱怨过，甚至一些贫困村民认为有些工作人员心中没有老百姓，这在基层的扶贫实践中是一个非常严重的问题。结合H县中的问题，我们认为应该从两个方面提升基层工作人员的思想政治觉悟和为人民服务的观念：一方面，举行经常性的思想政治教育，加强党员干部的政治修养、理论修养和作风修养。一些工作人员由于长期缺乏思想政治教育，导致在项目制扶贫工作中行为失范，在基层造成了极坏的影响，不仅不利于贫困治理的推进，而且给党和政府抹了黑。另一方面，组织基层工作人员进行经常性的群众活动，强化为人民服务的意识。群众路线是党的根本工作路线，是毛泽东思想三个“活的灵魂”之一，只有坚定不易地走群众路线，把维护群众的利益作为自身工作的出发点，才能切实提高为人民服务的理想信念和水平。

6.7.4 建立健全基层政府项目制扶贫政策执行中的监督追责机制

党的十八届三中全会明确指出，要落实党风廉政建设责任制，切实推进监督问责机制。当前阶段，贫困治理作为具有特殊使命的社会治理工作，在具体的实践过程中也需要不断健全监督追责机制。

6.7.4.1 强化政府部门主体责任，推进法制化建设

鉴于基层政府在项目制扶贫政策实践中出现的碎片化现象，必须明确界定基层政府在项目制扶贫中的具体职责。基层政府作为项目制运作中与贫困群体联系最为紧密的一环，必须切实做好扶贫项目的实践工作。因

此，细分基层政府主体的职责有利于做好项目制扶贫的实践工作。就县级政府的职责而言，其首要的任务和职责就是统筹好全域各职能部门下放的项目资源，妥善处理好下级政府之间发展不均衡的贫困问题。同时，县级政府作为基层政府中的决策方，也承担着扶贫项目实践中的主要责任。就镇级政府的职责而言，其首要的任务和职责就是将上级职能部门下发的项目资源落实到其域内的各个贫困村及贫困户，妥善处理好政府和贫困群体之间的交流合作问题。在 H 县的调研中发现，往往镇级政府的工作量大、承担的责任重，出现了“责任重、权力小”的现象，这在一定程度上是不科学的，不利于激发镇级政府在项目制扶贫中的工作积极性。此外，在基层政府项目制扶贫政策执行过程中，也要坚持走法制化的扶贫道路。通过明确政府内各参与主体的责任和义务，对于政策执行过程中的严重失职行为进行必要的惩罚，以保障项目制扶贫的执行效果。不同层级的政府和职能部门承担的职责和任务以法律的形式固定下来，不但有利于促进各行为主体之间更好地合作，而且能够打破部门保护主义的壁垒，从而使项目制扶贫的效果落到实处。

6.7.4.2　引进第三方评估机构，推行异体问责机制

在项目制贫困治理中引入第三方评估机构，可以有效弥补政府自评造成的弊端，完善当前贫困治理绩效评估体系，提高评估结果的科学性和公信力，达到优化项目制扶贫成效的作用。H 县第三方评估组织数量较少，专业性不足，可以从其他地区选择专业性强、服务意识好的第三方机构来对当地的扶贫项目开展状况进行评估。在具体的操作过程中，需要从三个方面完善第三方评估机制：首先，需要推进第三方评估机制的信息公开及法制化进程。长期以来，第三方评估机制并没有完善的法律保障，整个评估过程封闭，缺乏必要的开放性，导致其不受公众认可。其次，需要构建第三方评估主体的多元联动机制。单一的评估主体有可能限于专业性或其他因素的制约，对项目制扶贫的评估并不准确，因此需要多个评估主体参与项目制扶贫评估中来。目前较为常见的第三方评估组织包括由高校的专家学者组成的学术性评估组织、商业运作的专业性评估组织、民主评议政

风行风工作中的评议代表和普通群众等。只有多种评估主体联动起来参与到项目制扶贫评估中来，才能确保评估结果客观、可靠。最后，需要完善第三方评估机制的配套机制。任何机制都不能单独发挥作用，立足于项目制扶贫中的第三方评估机制，需要完善去行政化、去随意性和引导评估结果落实的相关机制。在问责主体方面，部门内部问责同样会导致问责结果的不客观性，因此引入异体问责机制就显得尤为重要。通过整理学者们对于异体问责机制的研究，我们发现针对 H 县的情况可以从五个方面开展异体问责机制：其一，人大是重要的异体问责主体，因此要加强人大在项目制扶贫中的问责力度。其二，可以通过促进司法独立，强化司法问责机制。其三，民主党派在中国异体问责中的作用不容小觑，但需要明确民主党派在异体问责中的权限。其四，公民问责成为近年来比较受关注的异体问责主体，需要拓宽公民问责渠道并完善民意调查机制。其五，新闻媒体在异体问责中的作用日益凸显，需要规范新闻媒体问责机制，推进传媒的市场化改革。只有把第三方评估机制和异体问责机制结合起来，才能确保基层政府在参与项目制扶贫政策执行中的行为从贫困群体的角度出发，切实为贫困群体谋福利，进而才能从根本上解决碎片化难题。

第7章

项目制扶贫中的目标异化与矫正

自20世纪90年代中期的分税制改革以来，中央和地方的税收权力日益规范化，税权逐步上移，国家调控宏观经济的能力显著提高，但在国家财政收入更加集中的体制背景下，却出现了财政资金以“条线”的形式向下拨付的运作模式。这种自上而下的国家财政资金的转移和支付采用项目的形式下放到地方政府，而后者则以竞争性的手段来争取国家项目，这种具有市场化特征的竞争机制充分调动了地方政府的积极性，凸显出国家治理理念和政府职能的转变趋向。项目制的产生涉及国家、地方和基层单位三个主体之间的关系结构和互动模式，项目在其自上而下的分配过程中的运作机制和运行逻辑纷繁复杂，涉及三者之间的权力博弈和意图倾向，但项目作为一种公共品，怎样才能使其公共利益最大化？或者说国家财政转移支付即对地方基层集权的控制逻辑如何才能不被地方的反控制逻辑钳制，从而使项目真正地助力基础设施建设和民生改善，使项目目标精确指导，真正回归项目制设计初衷？这需要进一步发掘和解释项目制的产生和内涵。

7.1 项目制的内涵与外延

“项目”一词最早出现于20世纪50年代的汉语中，即“对共产主义国家的援外项目”。项目的本意是指一种事本主义的动员或组织方式，即在有限的资源和时间条件下，依照事物发展的内在逻辑，利用特定的组织形式完成明确预期目标的一次性任务。

项目制的内涵包括项目实施主体多元、项目组织灵活、项目重组非常规化。正如折晓叶等一些学者所界定的那样，“项目”是在分税制的制度条件下，在财政收入越加集权的体制下，资金分配出现了依靠“条线”体制另行运作的情形，即财政转移支付采用项目制的方式在行政层级体制之外灵活处理（折晓叶等，2011；周飞舟，2012；渠敬东，2012）。项目原本是针对某种预期的目标而采取的一种具有临时性组织特点和事本主义特性的灵活处理方式，而现在的“项目制”超越了这种方式，“成为整个国家社会体制联动运行的机制”（渠敬东，2012）。关于项目制的研究，国外学者在研究视角和方向上与国内学者有所不同，国外对项目制的研究主要结合项目制在中国的实践过程中出现的问题来做出自己的阐释，并列举不同国家项目制的成效进行比对，以求分析全面透彻。具有代表性的有如美国斯坦福大学周雪光的研究指出，“项目打包”机制虽然在一定程度上提高了地方政府职能和能力，但也可能弱化了法制观念，导致资源分配不公，使社会共享等理念达不到充分的传播和共识；美国加利福尼亚大学黄宗智等人在研究中发现，项目制的实际运作逻辑总是与政策初衷背道而驰，易导致权钱交易和金钱价值观的形成，尽管项目制的确推动了经济的发展，但也加剧了社会不公平现象的发生；美国学者斯科特在他的专著《国家的视角：那些试图改善人类状况的项目是如何失败的》一书中指出，各个国家的伟大项目如果忽视了基层的生态环境和社会生活现状等客观事实状况，这些项目便会走向失败，更容易产生官僚政治腐败、削弱基层社会的自主性和自主权利，从而进一步加剧贫困地区的增多和贫困现象的产生，他认为中央的总体性规划绝不能忽视对地方多样性的观察和考量。当然国外也存在许多较为成功的项目范例，如委内瑞拉旨在造福贫民的流动诊所项目、芬兰的残疾人无障碍环境建设项目、新加坡的健康促进项目、美国的教师进步项目和技术教育领域的“项目引路”项目等。通过梳理国外学者对项目制的研究和国外成功的项目范例，我们的研究视野得以拓宽。结合国内相关学者的理论以及项目制在国内的实际运行机制，我们不断发现问题并积极对项目制进行体制机制创新，使项目制更加完善，贴合地方实际需求，在真正意义上惠及民生，造福于民。

在国内，项目被广泛应用于企业研发和公共管理领域，尤其是组织规模较大的企业为完成阶段性的目标和创新，创立项目小组，集中大量的人力资源和物质资源以突破层级制的束缚和障碍，使企业的横向组织协作能力和效率在短期内达到顶峰，从而强化企业的竞争能力，实现企业目的。分税制改革以来，项目制越来越成为中央对地方进行专项转移支付的主要方式，项目制不是一个项目或主体项目与子项目的运行过程，也非项目的各种管理机制和分配制度，而是国家为实现最大的公共利益进而整合中央政府、社会各个团体及各个领域以及基层政权之间相互联系的思维方式和治理模式，它的产生和运行反映出央地政府职能的变革和央地关系的重塑。项目制作为国家新型的治理体制，体现了国家治理思维和模式的演变路径。

7.2　项目制运作逻辑

我们这里所说的项目与其他一般的项目概念不同，既不同于宏大的社会顶层设计项目，也不是所谓的建设和规划项目，而是特指中央政府的财政转移支付的运行模式和管理方法。项目制链接着中央政府、地方政府与基层村庄三个主体，也重塑了三者之间权力和利益分配的新型关系，然而各自的目标却迥然不同。中央政府旨在运用国家财政转移支付的方式，通过将国家资源进行层次性和目标导引性的投放，充分调动地方投入资源的积极性，使地方资源充分有效地配合国家资源，从而达到国家目标，实现国家整体均衡性发展；地方政府在中央政府的目标逻辑下有着自己的定位和导向，为了达到自己的城市发展规划和发展意图，通常会尽可能地对国家部委（中央政府）发放的项目进行竞争性获取，以求将项目一揽子打包，实现地方利益最大化，使项目更好地配合地方综合性实力的提升和发展；基层村庄这个主体在项目制自上而下的运作机制末端，自主性和自下而上的监督权力缺乏即时性、有效性的发挥，个别贫困村庄在项目制的运作过程中处于被动接受的地位和状态，导致部分村庄积极性低下，出现了对项目的规避性悖论。

7.2.1 国家部委的“发包”机制

就项目制的运作机制而言，项目制的发包形式分为两种，一种是国家部委和地方基层单位相互结合确定项目意见，并在项目的具体实施中总结项目的意向。在这种“摸着石头过河”的项目发包方式中，资金集中在国家部委的手中，却在向下延伸的过程中与基层单位共同谋划项目运行过程和项目目的，具有某种“共谋”的逻辑趋向和实质。此类项目发包方式既包括了国家部委对项目总体目标的审视和深思熟虑以及国家对地方发展的长久规划，又涵盖了地方基层对本地区发展薄弱环节的筛查和地方对国家项目方针的解读和考量，进而在项目意向得出之前中央和地方共同对项目本身以及项目对接过程生成了具体可行的战略构想，也影射出国家、地方及基层关系的微妙变化，项目的形成过程则成为观察这三者关系的最好窗口。

对于国家和基层带有“共谋”性质的项目制来说，它通达基层村庄的可能性微乎其微，由此便引申出另一种项目执行方式，即国家出台的专项支农转移支付。党中央和国务院高度重视农业、农村和农民工作，对“三农”的重视与支持力度是空前的，国家部委出台的“三农”大政方针是加快农村改革、增加农民收入的有效强心剂。除了专项支农转移支付以外，国家部委关于其他的项目制的发包程序并不等同于政府层级之间“层层发包”的行政逻辑关系，上级部委的发包机制具有行政分配和市场化竞争的双重性质，即上级政府或部委发布项目指南书或项目指导规划纲要，而下级政府需代表基层政府和村庄的实际需求和意向向上进行项目申请，在得到国家部委的项目审批之后，下级政府才可以从中获得来自中央的一揽子项目权力，进而对项目的实施细则和各项事务进行自上而下的管理和统筹规划，而项目承包方的选择权也从国家部委下放到下级政府手中，即国家赋予下级政府一定的自由裁量权。项目发包过程遵循了自上而下的控制逻辑，在国家经济高速发展的阶段，财政主体的“蛋糕”越做越大，关键在于如何分配、以何种方式分配，从而不但可以保证并强化中央部委的权力、权威和利益所在，实现中央对地方政府的控制，而且还可以使地方政府的发展遵循一定的自主性，拥有部分的自由裁量权，并促进地方整体实力的提升和发展。项目发包旨在激活这种国家控制逻辑和地方自主发展逻辑共存共生，并充分肯定中央的权威和管理机制。这种机制滋生了一种怪象，即“跑部钱进”，各地方基层政府为了争取最大的利益向国家部委申请项目立项，以便获取资源为地方充分利用。

在项目制的实施过程中，就项目资金与项目本身的关系来说，也可以分为两种：一种是部委向省级单位发放的带有一定额度的项目指导，再由省及以下单位组织向上进行项目申报；另一种则为开放型项目，这种项目坚持自下而上的项目申报流程，由项目当地政府（企业或基层事业单位）根据政府规定指导编写项目申报书，并经部门审批以后上报上级政府或国家部委，但项目获批与否则取决于各地方基层政府的激烈竞争，项目一旦批准执行，上级政府即督促项目资金专款专用并落实项目申报方。项目还可以分为国家部委设立、省市自立和县（市）自立三种形式，不论是哪种项目形式，县（市）在项目落地的最终环节都至关重要，国家项目在省级单位不会停留过久便直达县（市）地区，省级单位仅负责项目的组织评审和上报，所以县（市）在项目制的整个流程中处于关键一环。

7.2.2　地方政府的“打包”机制

国家部门的“发包”机制遵循的是“自上而下”的国家对基层的控制逻辑，反观地方政府，它对于国家部委发包项目资金的“条线”控制逻辑却有着自己的地方发展建设规划，即地方政府之于国家部委“块块”的反控制逻辑，这种特殊的反控制逻辑导致地方政府对国家部委项目采取“打包”机制。“打包”，顾名思义，即地方政府将国家部委发放的包括财政项目和资本项目联结融合，并暗含地方政府对本地发展特殊性和多样性的局部考量，通过将一揽子项目捆绑为一种宏大建设工程，以期实现地方战略发展意图和局部长远规划。

地方政府在回应国家部委“条条”资金发包逻辑时通常采用将两个或多个项目捆绑在一起，形成项目资源的集聚优势，虽然会带来项目招商的扩大化效应，在某种程度上有利于地方局部的经济社会发展，但是往往会落入“政绩亮点”陷阱，它所带来的负面效应是不容忽视的。项目在进入基层村庄时往往会出现一个悖论，即项目资金对基础设施建设完整、村财政较为富裕的村庄青睐有加，换句话说，如果村庄在项目进村之前没有预先的村财政投入来配合项目资金的运作，则易导致项目资金难以发挥其原定的作用和目的，但如果项目资金在村财政投入缺失的状况之下强行进入基层村庄，随即会出现基层村庄自主性被项目资金吞噬，造成基层村庄对公共项目的真实需求与项目目的错位的重大失误，甚至导致基层村财政破产和村民高额负债的不利局面。

在国家部委和地方政府下大气力推进项目进村和担当“项目服务”的提供者时，自上而下的项目设计逻辑易于管理且评估考核标准统一，而村庄为了争取到项目资源会按照上级规定的统一标准对本村进行整改以达到项目获取资格，项目便会自动落入较为富裕的村庄，反而排斥较为贫困的村庄，从而进一步拉大“项目示范村”和贫困村的差距，造成“强者愈强”的格局。一方面，发展较好的村庄极力地向上级争取项目，与其他发展程度相当的村庄展开激烈竞争；另一方面，贫困村则“唯恐避之不及”，对需要配套资金的项目采取抵制态度，并对易引起村庄深层次矛盾的公益项目依旧拒斥于村庄之外。

这种项目进村悖论发人深省，为什么会造成两极分化的对立局面？对于本来以发展公共产品和提供公共福利为目的的项目，富裕村和贫困村为何会产生截然相反的态度？项目进村的初衷如何才能不被“篡改”？要回答这些问题，还需要对项目进村的基层抓包机制进一步研究。

7.2.3 基层村庄的“抓包”机制

基层村庄采取竞争性姿态向上级争取项目资源的行为可以称为“抓包”，而省级或市级单位在“打包”项目的过程中通常会把国家部委“发包”的项目捆绑在一起，从而形成项目资源的合力并向基层村庄发放项目，即地方会把诸如开发、扶贫、交通、能源、农林、水利等项目工程合并为一类工程项目，这种资源的聚合优势对基层村庄来说吸引力无疑是前所未有的，但这种做法也会采取竞争性的方法遴选出具有代表性和最具潜力的村庄作为项目获得者，因此基层村庄会极力挤进上级划定的创建村范围，进而获得项目输入，此时基层村庄的主观能动性得到了国家部委和省市两级单位“发包”机制的充分调动。

国家所推行的项目进村方式主要分为两种：第一种为带有普惠性质的项目输入方式。这种方式会深入基层村庄考察村民和整个村落建设的真实需求，因地制宜，集中项目资金对基层村庄亟待解决的重点难点问题进行主要投入，具有“集中力量办大事”的特点，并且这种方式并不是单单依靠上级政府做出最终决定，而是会充分全面地征求当地村民的意见或建议，自项目的开端到项目落实和考核评估，当地村民都有权利直接进行建言献策和评议监督，这种带有集中投入和民主方式特点的项目进村方式被称为“内需外援”型项目进村方式。第二种为项目发包方对项目进村的各项事宜具有决定权，基层村庄的参与被排除在项目程序之外。项目由政府的主管部门统一招标，项目施工材料、机械等施工建设交由中标公司或政府主管单位提供并监管，无论项目设计还是项目实施运作细则及验收办法，均统一由项目发包方决定完成，这种项目输入方式被称为外来输入方式。此种富有竞争性或半竞争性的项目进村方式，其项目资金紧紧跟随着项目本身，但项目的资金缺口则需要基层村庄财政的支持和配合才能共同解决。因此，外来输入项目对村庄的财政能力和村民的个人财产有相当高的标准和要求，且较为贫困的村庄通常会采取规避项目的态度，从而避免项目拖累村庄造成集体负债。此类项目的竞争性导致了对相对贫困村庄的排外性，且财政能力较强的村庄也需要避免项目输入带来的系统性风险，处理不当则会对村庄原有秩序和格局造成冲击，使项目输入侵蚀基层村庄的集体经济和个人财产。

国家部委的“发包”机制映射出国家自上而下的控制逻辑，将国家财政这块儿“大蛋糕”依靠项目以“条线”的方式进行分割并向下运作发放；地方政府的“打包”机制则是重新将碎片化的项目进行资源整合，即将“条线”项目捆绑成“块块”，以求最大化发挥项目资源的聚合优势，映射出地方政府对国家部委的反控制逻辑倾向；而基层村庄对国家部委和地方政府的“抓包”机制也在相当程度上融合了本村的发展意图和规划，以期更好地利用项目发展村庄自身，其中也带有自下而上的反控制逻辑。关于国家、地方政府和村庄三者之间互不相同的项目逻辑以及项目目的，如何促使国家整体项目顶层设计目标的达成、地方政府战略性和局部性发展以及基层贫困村庄借助项目脱贫致富或富裕村庄打造“项目示范村”目标的实现，这个问题值得学者们去深思和探讨。

7.3 项目目标异化的表现

7.3.1 地方自主权力过大违背了项目设计初衷

在地方政府的“打包”机制中，国家部委向下级单位“发包”的项目被地方政府以捆绑的方式联结起来从而形成项目资源的聚合竞争优势，地方政府同时创建工业园区并以捆绑式的项目政策优惠进行规模宏大的招商引资，即吸引较多数量的企业前来进行资本化投资，有时地方政府为了吸引单个的资本投资会不惜承诺一揽子项目优惠政策，进而完成地方经济发展规划，导致地方融资扩大化的倾向。此时本应服务于项目目标群体即基层村庄的项目资源却成为地方政府融资发展的通道和平台，这种项目招商模式虽促成了地方政府经济发展和企业较好的投资布局规划的“双赢”局面，但是真正急需项目资源投入的对象即基层村庄却收获寥寥。

7.3.2 地方政府的短视性和自利性倾向

首先，项目在具体运行时需要地方官员的配合和大力推行，无论是项目的实施规划还是项目的具体执行细则，都需要地方政府进行研究并决策，在这个过程中项目资源的巨大诱惑致使部分官员发生寻租和权钱交易行为，导致项目贪腐行为的发生，使项目目标发生异化。尽管这种目标异化是可控的，但“唯GDP论”的官员晋升制度对地方官员的政绩观却产生了较大的影响。在利用项目进行招商引资时，地方官员更倾向于“周期短、见效快”的特殊项目，反而对公共基础设施建设这种“油水”较少的项目视而不见，这种做法显然偏离了项目设立的初衷。其次，陈晓丽指出，项目输入往往在发展基础比较好的地方成效显著，而在基础设施较差、财政能力较弱的地方却达不到应有的效果。同样，在各区域资源禀赋差异显著的情况下，各地方政府由于缺少对本地区长远发展规划设计和因地制宜引入项目等明智决策，再加上官员晋升压力以及上级对项目完成进度的监督和施压，地方官员在种种压力之下难以做出有利于项目对象的合理决策。

7.3.3　贫富差距的拉大

从项目进村的进程中可以清晰地看到，国家项目输入到基层村庄旨在扶持较为贫困、财政能力较差的村庄，从而平衡村际发展差距。反观项目"发包"的逻辑事实却与国家项目输入的初衷大相径庭，那些带有竞争性的项目在实际运行过程中往往青睐于财政收入雄厚、基础设施建设较为完善和村民个人财产较为富足的村庄，相较于贫困村来说，富裕村在获取政府项目资源信息、项目前期预设投入和被划入"示范村"进而获取更多的项目输入等方面具有更强的动员能力，如此会带来一个意外的结果，即"示范村"项目过多导致公共基础设施等方面的过度建设，造成项目资源的浪费，而急需项目输入的贫困村庄却得不到眷顾，进而拉大了贫困村和富裕村的差距。

7.4　回归项目制的普惠性核心

7.4.1　强化贫困村庄的主体性地位

秉刚而目自张，执本而末自从。项目目标异化的根本问题在于地方政府在项目运作中实际权力过大导致政府本位而非贫困村庄本位，因此应建立新型的项目制主客体关系，即贫困村庄应在项目输入的各个环节享有充分的选择权、决策权、监督权和管理权，作为项目输入的最终受益者理应参与到项目进村这个过程中来。因此，地方政府有关部门应下大气力向贫困村庄宣扬项目政策和知识，让他们充分了解国家项目输入的制度方针及具体实施办法，并使之有效参与到项目监督过程中来。同时，建立行之有效的村民自主和民主决策制度，这种自下而上的"反控制"逻辑有利于村民对项目资金的使用方向进行监管和决策，从而让项目资金真正用到村庄急需的建设用途上，解决村庄发展的主要矛盾。

7.4.2 系统规划项目进村方式的顶层设计

由于我国的区域性差异导致项目输入效果得不到应有的发挥，地方政府各自为政，无法形成项目进村的集聚效应，因此应该系统规划项目进村方式的顶层设计，做到因地制宜，区别对待。首先，要做到要全方位、多层次、立体化地考量各地区之间的差异，分析其优势和劣势，从而做到“对症下药”，促使项目输入的效率最大化。其次，应建立健全项目进村的监督考核机制，对项目所在地的工作进行统筹规划，在项目进村的资金使用、配套设施建设等方面加强监管，提高资金使用效率。最后，改变项目进村地方政府各自为政的状态。一方面要全面了解各地区存在的差异，掌握其发展项目制扶贫的优势和劣势，以便抓住重心和焦点，统筹规划全域内项目制扶贫工作；另一方面也要制定合理的贫困治理考核激励机制，使各地区、各部门以项目为纽带形成有机的项目实施整体。

7.4.3 建立统筹管理制度

项目进村是一项艰巨且极具复杂性的工程，需要各级政府、各职能部门协同合作才能共同推进。具体而言，一是打破各个职能部门之间的利益分割局面，根据各部门的职能特点整合扶贫资源，形成地方政府统一领导和指挥、各职能部门积极配合的项目制扶贫格局；二是打破各级政府之间的利益分割局面，明确划分其在项目制扶贫运作中的责任和义务；三是明确规范各地区在项目制扶贫中的合作与竞争关系，使扶贫项目的制定、审批、实施、验收公开透明，主体责任、监督责任明确，追责机制、处罚机制公允，确保地方政府把项目制扶贫这件好事做好。

第8章

项目制贫困治理失灵及其路径重构

随着精准扶贫战略的日益推进，运用项目制进行贫困治理已成为中国政府对国家资源进行精准配置的新常态。项目制作为各级政府贫困治理的重要手段之一，其失灵现象不仅关乎贫困治理效能，更关乎国家脱贫攻坚战略的成功与否。本研究立足项目制贫困治理领域的现有理论，结合我国项目制贫困治理具体实践，对项目制贫困治理的顶层设计阶段、政策实施阶段、评估阶段的失灵现象进行阐释，侧重于从技术理性与制度理性层面对其失灵现象进行解析，以重构政府公共性回归及区域协同治理的项目制贫困治理路径。

我国自 1994 年实施分税制改革后，政府开始通过项目制实现从中央到地方的资源配置，项目制作为政府基于工具理性的财政转移支付方式，由于其技术化、可控化、去人格化、制度嵌入化等特征开始受到各级政府的青睐。近些年来，我国政府对扶贫领域的高度重视使得越来越多的公共资源以项目制的形式涌入贫困地区，尤其是 2014 年精准扶贫战略全面展开后，在压力型体制的作用下，中央政府的高位推动使得大量社会资源开始通过项目发包的形式实现自上而下的线性传动，项目制扶贫由此应运而生。项目制扶贫通过项目管理机制减少扶贫路径的模糊程度，提高公共资源配置效率与效能，不仅具有精准运作、高效扶贫等科学治理属性，而且更加凸显了我国政府项目治国倾向。

随着精准扶贫战略的日益深入，项目制扶贫开始逐渐走进学界视野，围绕项目制扶贫这一议题，涌现出了数量可观的学术成果。既有以扶贫案例为中心的案例深描式研究，又不乏以项目制为主线的困境探讨与反思，但现有研究尚存在一定局限：多数研究或聚焦于扶贫，或深耕于项目制，已有的为数不多的项目制扶贫研究尚存在片面性，大多是从个案实践困境及其困境消解着手，而有关贫困治理项目制失灵方面的研究尚属空白。项目制作为各级政府贫困治理的重要手段之一，其失灵现象关乎贫困治理效能，更关乎国家脱贫攻坚战略的成功与否。基于此，本研究立足项目制贫困治理领域的现有理论，结合我国项目制贫困治理实践，试图从技术理性与制度理性的双重视角对项目制贫困治理失灵现象进行学理解构，以明晰运用项目制进行贫困治理失灵现象的外在表征及内在机理，进而从价值层面与工具层面探讨我国项目制贫困治理的未来走向，丰富项目制扶贫研究的理论资源，促进我国项目制运作能力与贫困治理能力的进一步提升。

8.1 项目制贫困治理失灵

项目制在我国的实施已有较长历史，20 世纪五六十年代，苏联对新中国的大批经济援助就以项目制的形式展开，但是直到 20 世纪 90 年代，上升为国家治理的高度并引起学界和政界的广泛关注。项目制的相关研究成果颇丰，学界对项目制的内涵解读可谓众说纷纭，回溯现有文献，我们发现其存在类型化特征，归结起来主要有两种论点：机制论与体制论。其中，机制论认为项目制运用技术手段打破了科层制条块分割的僵化运行模式，以其明确目的性、绩效可考核性、过程可控性增强了中央政府对地方的管控能力、优化了财政资金使用效益，其实质是运用市场机制实现技术治国。如代表人物折晓叶与陈婴婴认为项目制与“行政发包制”有一定区别，上级政府以项目的形式将资金、权力、任务分配给下级政府，下级政府获得资源的同时也需要对上级政府负责，受上级政府监督，通过采用中央政府“发包”、地方政府“打包”、基层政府“抓包”的市场化运行机制，明确上下级政府权责关系，增强上下级政府的线性控制力。而体制论认为虽然项目都是政府针对具体目标而临时构建，具有短暂性，但其一系列标准化、规范化流程已远超出项目本身的事本主义原则，而内化为国家体制运转的有机组成部分，从某种意义上说是一种新结构形态的国家治理体制。如周雪光认为项目制作为国家治理体系现代化的重要组成部分，虽然游离于我国常态财政分配格局之外，但其自上而下、专款专用的资源分配模式已成为国家治理的全新制度安排。

在《辞海》中，“失灵”的解释为：变得不灵敏或完全失去功能。其最早见诸西方学界的话语体系中，据文献记载，麻省理工学院巴托教授（Bator，F. M.）于 1958 年在《经济学季刊》发表的《市场失灵分析》一文中第一次使用“市场失灵”这一概念，随后被学者们广泛引申使用。1978 年，美国学者查尔斯·沃尔夫（Charles Wolf，Jr.）在对“非市场失灵”的系统研究中离析出了“政府失灵”这一概念。20 世纪中后期以来，“失灵”一词不再局限于经济学领域，“失灵”现象也早已逾越了经济学范畴，被引申用于社会治理各个领域并呈常态化趋势。学界根据其内涵创设了多种概念，如“志愿失灵”“政策失灵”“治理失灵”等。在本研究的语境中，我们将治理失灵与项目制贫困治理的失灵现象有机结合起来，凝练表达为项目制贫困治理失灵，在贫困治理中解读为政府运用项目制进行资源配置或解决优化过程中出现的低效或失效问题。

8.2　项目制贫困治理失灵现象考察

渠敬东认为，“项目制之所以能有效减少科层制中的寻租、合谋等不合规行为，有赖于其科学的技术设计和严密的运作程序，只有缩短项目传递链条，垂直控制，才能提高项目绩效。”但这种理想逻辑明显缺乏实践支撑，作为一种新结构形态的国家治理体制，项目制已远超其事本主义范畴，项目制贫困治理在现实运作中，往往和科层制相互交织，自上而下的线性传动往往因此变得错综复杂，在项目制扶贫的顶层设计阶段、政策实施阶段以及评估阶段产生了一系列失灵现象。

8.2.1　项目制扶贫顶层设计失灵

在分税制和项目制的背景下进行贫困治理，中央政府通过项目设计、项目发包、项目规制、项目考核等一系列过程统筹全国扶贫进程，增强中央政府向心力，防止各地政府在基层扶贫过程中出现各行其道、“割据分裂”的碎片化现象，构建全国一盘棋，统筹规划、全国联动、形成合力的扶贫格局。但在项目制扶贫顶层设计阶段就存在的失灵现象不容忽视，我国民族众多、幅员辽阔、地域间发展不平衡、贫困现象复杂，这给中央政府的扶贫项目设计者带来了很大挑战。多数项目蓝图规划者缺乏基层工作经验，对基层贫困现象的认知浮于表面，缺乏深度感知，即使前期对多数扶贫项目做了详细预评估，但基层复杂的经济环境和社会环境仍难以通过片面的项目申报书客观反映出来，再加上申报方为争取项目、谋求地方利益，往往会对自身情况描述避重就轻、加以虚化或夸大，以至于中央政府多数扶贫项目设计蓝图天然畸形，到达地方后出现水土不服、操作困难，难以达到预期效果，这无疑会令扶贫资金的使用效率大打折扣，造成公共资源的浪费。

8.2.2 项目制扶贫政策实施阶段失灵

在精准扶贫前期，项目制扶贫政策实行“责任、权力、资金、任务”的“四到省”和“四到市”。在这种体制下，省级和市级政府建立扶贫项目库，以便于扶贫项目省市协同、统筹规划。但其弊端也显而易见，多数项目到达基层后往往难以迎合基层现实需要，县级扶贫规划和省市扶贫项目难以并轨，形同虚设。在精准扶贫阶段，项目权限开始下放，实行“四到县”制度。“四到县”后，县级政府拥有了更多审批权限，对扶贫项目的管理具备了项目发包权和剩余委托权，在国家扶贫资金管理办法圈定的范围内享有一定的项目自由裁量权。具体表现在：县级扶贫部门对各乡镇申报项目进行筛选审批后，报送市级审批部门以构建市级年度扶贫项目库，市扶贫办进行统筹规划审核后将项目资金分拨到县级扶贫部门以建立县级扶贫项目库，最终由县级扶贫部门负责项目的执行和验收。

“四到县”后，县级政府对扶贫项目“转译”拥有了更大的自主裁量空间。但“责任、权力、资金、任务”的下放也诱发了一些项目失灵现象的产生，主要表现在：

第一，基层贫困治理的马太效应。我们在实际调研中发现，项目在基层贫困治理的实际运作中，发包方和承包方由于目的和立场不同而存在一定程度的利益博弈，这决定了项目相关主体行为动机和行动策略存在明显差异，但尽可能规避风险、寻求自身利益最大化仍是各方共同的追求。其最终结果往往是能够深谙对方意图、能把项目风险降到最低的承包者在各项目争取者的博弈中脱颖而出，而且多数都能圆满完成项目并成为当地政府推崇的典型。渠敬东曾指出，运用项目制进行贫困治理的目的是改善基层整体性贫困现状和实现基层均衡发展。但项目资源是有限的，尤其是多数基层扶贫项目往往以试点的形式开展，因此，基层政府通过项目制打造的典型对于中西部多数农村场域而言并不具有实质上的示范意义。在项目制贫困治理中，政府部门在追求政绩、规避风险、利益最大化的动机下去寻找项目承包者，因此村域的“富者越富”便成为必然结果。这一结果导致原本经济水平不相上下的村庄愈发争取不到项目而被日渐边缘化，从而使村庄场域出现新马太效应：村庄之间的贫富分化。对于多数基层农村干部来说，扶贫项目的争取实则是一种形式上的执政能力展示，各村干部在项目争取中的博弈导致基层干部的重新洗牌——久未争取到项目的村干部很可能会因为与常拿项目的乡村精英对比而失去民心，遭到淘汰。值得注意的是，一些后继乏人的村落则可能因此日渐衰落，进而基层马太效应愈演愈烈，因此，项目制贫困治理的失灵现象将成为基层贫困治理的新变数。

第二，项目的变通：发包者与承包者互相“钓鱼”。1994 年分税制改革后，实行收支两条线，为了求生存谋发展，争资源和跑项目成为各级政府的重要任务，各级政府对争项目表现出了极高的热情。项目“四到县”后，对于县级政府而言，除了跑项目外，还需要负责项目的落实：将项目发包给各乡镇，并负责推动项目的实施、监督与考核，直至项目结项。在这样的背景下，对县级各职能部门的考核主要包括两个方面：项目争取量与项目完成度。而在项目制的特点中，项目的实施度和资金的使用效率是项目考核的重要指标。因此，县级政府中普遍存在的现象是，各部门在拿到项目后往往秉承习惯性行政逻辑思维、实用主义态度：首先，考虑承包人是否有足够的资金实力与项目执行能力；其次，是否具备变通应对困难的灵活办法以及社会支持网络。在国家大力推行项目制扶贫“四到县”的背景下，县级政府对自身从承包到发包的角色转变还有些难以适从，缺乏运作大笔项目资金的经验，但有两点县级政府内心很清楚：一是县级政府具备项目发包权，这使他们在面对各乡镇项目争取者时拥有绝对主动权；二是项目发包中要尽可能规避风险，选择有较大把握完成的基层精英。如果项目失败，资金浪费，将难以向上级政府交差。因此，县级政府往往以项目为诱饵，去钓“合适的”承包者（一般既具经济实力又有项目执行能力）。为使风险最小化、利益最大化，县级政府往往以项目的推进情况对承包者进行考核：项目实施前期，项目承包人需垫付资金启动项目，在项目进度达到30%～50%的时候政府才宣布其中选并拨付项目资金。显而易见，对于众多有承包项目意向的基层干部和乡村精英来说，县级政府的项目发包方式成为多数人无法逾越的门槛。从另一个维度来解构，承包项目的基层干部或乡村精英付出如此代价执行项目的主要意图有两点：一是通过项目的实施和政府官员建立友谊关系，和政府达成商业合作伙伴关系；二是向县级政府展示自己的能力和实力，从而为此后获得更多项目资源奠定基础。因此，他们也把项目当作诱饵，以钓取更多项目资源和政治资本。而科层制下，政绩至上的理念驱使地方政府将项目资源发包给这些乡村精英，造成“赢者通吃”的局面，项目执行方式异化，多数资源被基层精英俘获，沦为其谋求政治表现及个人利益的工具，违背了项目制公共资源均等化的初衷。

8.2.3 项目制扶贫评估阶段的失灵

在项目制贫困治理过程中，压力型绩效考评机制伴随扶贫项目共同落地。在上级政府对基层的政绩考核中，同区域的基层政府间政绩很难拉开差距，但一些亮点项目却能给基层政府带来额外的制度化考评加分，这极大提高了基层政府打造亮点项目的积极性。从另一个层面来讲，在科层官僚制下，上级政府的主观印象和客观考评对于基层政府极为重要，而上级政府对基层政府的政绩评价主要基于实地考察，因此在基层政府的行政情境中，上级政府巡查期间是汇报自身政绩的绝佳机会，基层政府只有展示亮点项目、形象代言项目才能获得上级肯定、赏识，进而获得更多政治资本、项目资源。对于基层政府而言，相比产业扶贫风险大、周期长、难度高等缺点，基础设施建设项目因其工程周期短、运作成熟、效果直观等优点而备受青睐。因此，多数基层政府倾向于优先审批基础设施建设项目。但其风险不容忽视，长此以往，绩效考评的局限性将间接导致扶贫项目的片面性倾向，重基础、轻产业使地方经济缺乏后生动力，不利于基层良性、健康、可持续扶贫格局的构建。

除此之外，县级政府的政绩考核更多取决于市级政府，项目权限“四到县”后，省扶贫办对县级政府的管束力有所减弱。以产业扶贫为例，省扶贫办曾一度要求县级政府合理配置产业扶贫项目资金的比例，但县级政府往往阳奉阴违、自行其是，省扶贫办对县级政府却无太多制约措施或手段，只能告诫县级政府若不执行其意图将减少下年扶贫项目资金的拨放。事实上，在国家大力推进精准扶贫战略，不断加大扶贫项目资金投入的背景下，省扶贫办对县级政府的资金制约往往难以奏效。如何构建多级考核评估机制，以增强上下级政府黏性，提高贫困治理中的政府协同度、形成政府合力是我们值得关注的课题。

8.3　技术理性层面的项目制失灵

所谓技术理性是由西方著名学者哈贝马斯提出，他认为，技术规则作为一种具有目的性的活动系统，是人类追求技术合理性、规范性、有效性和理想性的抽象思维能力，把科学合理性、社会合意性整合到技术原理的可行性和技术规范的有效性中。它贯穿于项目制贫困治理活动的始终，基于自然又面向社会，既追求治理结果的合规性又注重治理过程的价值性，终极目标是实现人与社会的可持续发展。项目制贫困治理根植于技术理性，其本质是追求治理手段的科学合理性、治理过程的技术规范性、治理效果的社会合意性，然而实际运行过程中却会出现诸多失灵现象，基于技术理性层面分析，我们发现其失灵现象源于精细化管理的缺失及项目专项化特征的局限。

8.3.1 精细化管理的缺失

项目“四到县”后，在扶贫项目自下而上的申报过程中，各村根据自身实际需求向乡镇级政府提交项目申请，各乡镇对各村上报项目进行筛选后根据项目类型上报至县级政府各主管部门，县级各主管部门再根据上级主管部门往年项目审批情况进行可行性评估，并对各乡镇项目进行再次筛选，然后报送省市级主管部门进行项目审批。省市级主管部门审批后，县级各主管部门将获批项目纳入县级项目库。但在实际调研中我们发现，县级政府面临着各领域发展不平衡与项目资金有限的矛盾，为了补齐短板，实现均衡发展，县级政府往往会将各项目资金统筹规划、统筹使用。统筹后的项目资金会被用于县级政府认为最具价值的项目上，随后县委批准的项目会被下放到各乡镇，由各乡镇推动项目的具体实施，县级各主管部门负责项目的指导、监督与考核，项目资金在县级政府被统筹使用，项目制专款专用、事本主义的技术特征在县域政府发生了变通与异化。此外，获批项目被下放到乡镇层面负责执行实施，乡镇政府往往不善于项目资金的管理，又缺乏项目实施专业人才，因此，项目在县域自上而下的推动中很难进行精细化管理，粗放式的项目资金使用方式显然违背了项目制可以提高资金使用效率的技术特征。

8.3.2 专项化特征的局限

我国幅员辽阔，从宏观上看，地理位置是制约老少边穷地区脱贫的重要原因，但具体到家户、个体等微观层面，贫困的相关因素则趋于多样化和复杂化。经济结构单一、劳动技能不足、交通出行不便、因病返贫、生育子女过多、社交网络封闭、基础设施和公共服务不足、基层社会保障不到位等，都有可能造成个体陷入贫困状态。多样化、复杂化的贫困因素决定了贫困治理不仅要对扶贫对象或扶贫客体精准识别，更要对项目进行精准安排，这就给项目制贫困治理带来了巨大的挑战。而在实际情况中，贫困群体致贫因素往往是错综复杂的，是多种因素共致的结果，单纯从某一方面或某一领域着手进行贫困治理往往难以帮助贫困群体从根本上摆脱贫困。有学者提出贫困治理需在聚焦贫困治理目标群体的基础上构筑“大扶贫”治理格局，治理手段应从单一化走向多元化。但项目制专款专用、专事专办的事本主义原则显然与此相悖，项目制在技术上原生具有的靶向性、针对性、片面性制约了其居于统领地位构筑“大扶贫”格局的可能性，其专项化特征导致了其在面对多元化、复杂化贫困现象时只能发挥有限作用甚至出现失灵现象。因此，长期以来项目制仅作为国家贫困治理的一种管理技术手段依附于科层体制运行。

8.4　制度理性层面的项目制失灵

制度理性是在集体理性的基础上发展起来的，最早是 20 世纪 60 年代莫里斯·古德里叶在他的《经济学中的理性与非理性》一书中提出来的。制度理性是指通过制度安排和制度内在机制的建立，保证制度的连续和稳定，即通过制度安排，使社会治理的基本制度具有较强的理性空间和理性色彩，既能够使制度与时俱进得到修正，也能防止制度缺乏连续性。国内有学者将制度理性概括为人类社会能在多大程度上以何种方式通过集体努力来选择一个符合社会利益的良好制度，还有学者将制度理性理解为一种纠偏机制，即国家通过制度安排与调整，促进各行为主体的共容性、和谐性。项目制作为贫困治理的一种制度安排，其原意是消解关系理性对科层制的腐蚀，对既有规制进行新形式建构。但在项目制与科层制的互动与交织过程中，产生的一些新的失灵现象不容忽视，通过从制度理性层面对失灵现象进行解构，我们发现其存在协同机制缺失以及组织结构限制两种原因。

8.4.1　科层自身缺陷：协同机制缺失

法国社会学家布迪厄在研究社会阶层品味的差距时曾提出“区隔”理念，主要是指社会不同人群由于身份差异而导致的消费与审美品位的差异，其概念被学者们广泛引用，后来演变为不同行为主体之间的分化与差异。项目制作为一种依附于科层体制的治理机制，在科层体制的治理框架下，科层制把实现组织目标所需的工作以正式的职责分配到每个工作岗位。这种分工体现在横向的扶贫组织体系中，即财政部、发改委、交通、农业、水利等相关职能部门在扶贫资源的分配、管理和使用中具有明显的部门机构边界。这种边界导致了以下现象的产生：一是政府部门之间的区隔，传统贫困治理方式中政府部门之间条块分割、各自为政，难以形成政府合力、构建统筹扶贫格局。二是层级之间的区隔，在项目制扶贫背景下，中央政府与地方政府的分化与博弈日渐明显，国家寄希望于项目制来提高贫困治理的力度和效能，但在项目下放过程中，地方政府的自利性诉求与地方精英的俘获、合谋、变通等使扶贫项目在执行过程中违背了其初衷和本质。上下层级缺乏深度协同机制，进而造成了政府贫困治理的失灵。因此，中国在项目制贫困治理中，构建部门协同机制、上下层级协同机制是今后政府管理的一个重要窗口。

8.4.2 制度内在局限：组织结构交叉

等级权威是科层制的核心要素。科层组织运用等级命令能够减少多次签订契约与讨价还价所带来的交易成本。科层组织体系中的每个职位都必须遵守等级差序原则，各职位负责人都要接受上级的监督和管制。在扶贫组织系统中，其纵向管理体系是从中央到地方各级政府设置的扶贫开发工作领导小组及其办公室。按照《意见》的相关规定，省、市两级扶贫办的主要任务是拟定扶贫规划、项目资金监管、扶贫绩效考核等，原则上不干预县级政府的项目规划与资金使用，县级政府获得了项目制贫困治理的更多权限，但也承担着项目制贫困治理的主要责任。“四到县”后，县级政府需负责扶贫项目论证、项目审批、项目指导、资金监管、项目考评等各项任务。各县均成立了扶贫领导小组以统筹协调精准扶贫工作，一般以县长为组长，副组长通常为县级政府四大班子成员、上级政府下派扶贫专干等，小组成员一般包括县级各职能部门负责人，领导小组办公室主任则由县扶贫办主任担任。在目前的扶贫管理体制之下，县扶贫办同时接受上级扶贫部门和县政府的双重领导，县扶贫办既要接受市级或省级扶贫办的控制与监督，又要服从县级政府的统筹规划；既要融合于市级或省级政府的集中连片扶贫开发战略，又要因地制宜谋求地方特色发展路径；既要遵循科层制下的等级权威，又要追求“政治锦标赛”中的贫困治理政绩。夹杂于科层组织结构下的等级权威与地方个性化、空间化、特色化发展诉求之中，矛盾与冲突的激发倒逼地方政府走向变通、合谋的项目异化之路，间接导致贫困治理失灵现象的滋生。

8.5　项目制贫困治理的路径重构

8.5.1　政府公共性的回归

在我国的政治体系中，政府是公共利益的核心代表主体，公共利益的代表性正是政府的合法性所在。政府利益是政府公共性与组织自利性的结合物，政府要维护公共利益，但也有可能离弃公共利益。只有当政府尽可能地维护其服务主体的利益，才是其公共性的本真体现，规制政府非正当行为，需谋求政府回归公共性。在项目制贫困治理中，政府利益即政府力求利用上级有限的项目投入取得最大的项目成果以彰显政绩，博得上级赏识和认同，同时为自己执政期间争取最小的工作强度与精力投入。公共利益即政府需尽可能为当地争取更多资源以发展地方经济，带领地方走出贫困。政绩导向的政府利益与需求导向的公共利益在政府有限项目资源与无度社会需求的双向掣肘下，既存在利益交叉点，也面临利益分化。因此，要遏制基层政府自利性冲动，在政府与基层社会的利益分化中，唤醒基层政府公共性回归，需从以下方面破题：一是将项目制运作纳入“服务型政府”建设实践，并利用绩效考核等制度化方式切实强化基层政府在项目制运作中的服务功能，创新项目绩效考核方式，将基层民众满意度与基层政府政绩有机结合起来，将基层政府自利性追求与民众公利诉求链接起来，破除“唯 GDP 论”、形式主义、面子工程等不良风气。二是在项目制度安排上，逐步改变“以县为主”的实施模式，探索将项目权限逐步下沉到乡村两级治理机构的治理模式，以权力与责任下放、绩效考核、高压推动等方式激发基层治理组织的公共性，弥合县级政府政绩倾向导致的县域项目扶贫失衡、基层两极分化的治理失灵现象。

8.5.2 区域协同与整体性治理

建立健全的区域协同与部门协同机制是解决技术理性层面项目制失灵的手段之一。众所周知，中国贫困治理的关键区域在基层，而连片困难地区则为重中之重，因而中国项目制贫困治理应注重连片困难地区的协同发展，保证贫困人民共享发展成果，促进整个社会的和谐与健康发展。与此同时，在对现有贫困治理的研究中发现，多数地区在项目选择之前就存在失灵现象，即出现所谓的“选择性平衡”。在选择项目具体实施地时，政府及官员容易考虑“感情因素”，且主要考虑的是要达到每个区域所谓的“均衡”，也就是争取保证每个市都有名额，防止某些区域一个名额都没有，这一做法极大地脱离了“精准识别”的具体目标，导致扶贫资源的极大浪费。基于此，需建立区域协同与部门协同机制，实现区域协同与整体性治理。一方面，建立一套健全的区域协同参与机制，包括建立区域沟通机制和合作组织形式。区域沟通机制可以通过地方政府相互之间进行会晤实现，共同探讨贫困治理的措施，加强区域之间的交流，共享贫困治理信息，实现贫困资源的有效整合，形成多方共赢的局面。合作组织形式必须以区域为基础，形式多样，既可以是政府间的官方合作组织，亦可以为民间非官方合作组织，合作组织可对连片困难地区的某些贫困治理措施进行具体实施，也可对治理效果进行互相评估，加强区域间的紧密合作与交流。另一方面，重构不同部门和上下级协同机制，加强整体性治理，改善科层制中不同部门之间的区隔以及上下层级之间的区隔，形成治理合力，激发各级政府的内生动力，实现项目制贫困治理的政府整体性联动。

8.6 结论与讨论

项目制作为国家治理的一种重要方式，是在财政体制的常规分配渠道和规模之外，按照中央政府意图，自上而下以专项化资金方式进行资源配置的制度安排。随着国家精准扶贫战略的日益深入，运用项目制进行贫困治理的失灵现象逐渐凸显，近两年来学界发生了从关注精准扶贫到项目制扶贫的学术转向。本研究在撰诸现有文献的基础上，对项目制的理论内涵从机制论与体制论两个维度进行了系统概括与区分，通过多方调研并结合现有理论资源，针对项目制贫困治理的顶层设计、政策实施、项目评估三个阶段较有代表性的失灵现象进行具体呈现，将其置于技术理性与制度理性双重分析视角下，我们发现技术理性层面下的项目制失灵的原因主要为扶贫项目在乡镇场域运作中精细化管理的缺失以及专项化项目在应对复杂化贫困时的天然局限，而科层制下的政府协同机制缺失与组织结构交叉共同导致了制度理性层面下的项目制失灵现象。基于此，本研究从政府公共性的回归、区域协同与整体性治理等方面为项目制贫困治理的路径重构提供了新思路。

项目制扶贫是我国打赢脱贫攻坚战，决胜全面建成小康社会的重要抓手。从目前项目制扶贫的推进情况来看，后续研究还应着力关注以下突出现象：一是在中央与地方的项目委托代理关系中，各方不同的利益诉求使扶贫项目在自上而下的传递过程中发生异化与扭曲，地方政府对项目进行“反控制”以此俘获上级政府，间接造成项目制贫困治理功能日渐弱化。二是项目制“短、平、快”的特点能否使贫困治理成效持续下去，项目结项后后续资金、技术、管理的缺位为治理成效的保持埋下了隐患。三是项目制与科层制之间存在张力与合力，如何在二者之间找到契合点促进两者融合，引导项目制优化科层制为贫困治理服务？

第9章

项目制扶贫多元协作机制构建

贫困问题一直是一个世界性难题。习近平总书记在2015年10月召开的减贫与发展高层论坛上指出："消除贫困，自古以来就是人类梦寐以求的理想，是各国人民追求幸福生活的基本权利，是广大发展中国家面临的重要任务。"我国自分税制改革以来，中央的财政收入不断扩大，财权越加集中，但是在资金的分配领域却发生了重要的变化，即财政资金以"条线"的形式直接注入地方政府或者基层，后者则以竞争性的方式即申请项目来获得中央的专项转移支付，项目制扶贫成为政府推进扶贫工作的主要工具。

但项目制扶贫在其运作过程中也出现了诸多问题，项目扶贫的方式往往需要集中大量的资源进行输出，且传统的扶贫方式即以物质与技术的单项输入为主，缺少双方之间的协调沟通，贫困地区仍处于被动接受状态，破坏了基层单位和村庄的自主性；国家"发包"、地方政府"打包"、村级单位"抓包"的扶贫模式极大地削弱了村庄的自主性，往往在项目运行的过程中会出现发展项目吞噬自主性的尴尬。因此，仅仅依靠项目制扶贫远远不能解决实际问题，需要发挥和动员社会各阶层的力量共同完成这一历史性的任务。

一些学者针对项目制扶贫的问题从社会资本的视角做了许多探讨，韩尚稳通过对菏泽市郓城县的扶贫政策研究发现，农村地区的地域交流较少，社会资本匮乏成为农村返贫现象频生的主要原因；折晓叶、陈婴婴以"项目进村"为例进行社会学分析，认为项目的分级运作抑制了村庄发展的自主性，在横向维度上基层民众无法获得参与项目规则制定与实施的权利，而且缺少评估政府绩效的渠道；陈思堂认为在中国的农村发展项目过程中，首先要帮助村庄建立社会资本从而摆脱贫穷；韦革从贫困理论和政府扶贫实践的基础上提出了社会资本不但是扶贫的重要战略资源，也是一种极富成效的治理机制；何炜、刘俊生认为应对中国传统的社会资本进行重构和改造，并推动发展现代化的社会资本，进而创建一种多元主体扶贫机制。通过以上学者的分析，我们从社会资本视域下可以进一步探究社会资本理论与贫困理论之间的逻辑关系，进一步重新探讨构建多元主体协作参与机制、社会资本助力项目制扶贫的思路和方法。

9.1 项目制扶贫与社会资本

9.1.1 项目制的产生背景与内涵

20 世纪 90 年代中后期，中国的国家财政制度发生了本质性变化，由原先的包干制改成分税制，自此开始中央政府与地方政府的财税体制界限更加明晰，原本难以撼动的部分地方财权被收归中央，逐步改变了“地富国弱”的财政收入格局，中央财政逐渐可以对地方财政实行统筹和规划，呈现出中央对财政收入体制的集权控制逻辑。但分税制改革是一把“双刃剑”，虽然极大地增强了中央对财政收入的调控，但同时也造成了地方财源匮乏的不利局面，使得地方发展步履维艰，急需中央政府对地方财政的补贴和支持。因此，财政转移支付制度在分税制改革的背景下诞生了。在财权愈加集中的体制下，中央政府开辟了一种全新的资金分配模式，即依靠“条线”体制进行资金运作，通过将项目与资金进行捆绑来实现资金利用率的最大化。

有关项目的研究，国外学者相较于国内学者起步较早，美国项目管理协会认为，项目是指一种事本主义的动员或组织方式，即发现并依靠事务自身的内在逻辑，在限定时间和限定资源的约束条件下，利用特定的组织形式来完成一种具有明确预期目标的一次性任务。从组织的视角来看，项目组织并不是一个常设性的组织，它遵循了反科层逻辑，即项目组织在目标确定的前提下凭借暂时的组织形式来达到目标预期。国内学者豆书龙、王山等则从项目制的实施主体、资金来源、项目类型和项目目标四个方面对项目制给出了比较细化的释义，认为项目制在实现公共利益、重塑各级政府关系等方面发挥了较大的作用；黄巨臣基于政策过程的分析视角认为，项目制的运作遵循“权力—资本—技术”的三重逻辑，是一种上级政府、基层政府、农民群体多行为主体互动的治理模式。国内外的研究对项目制的一般特征和运作逻辑都进行了阐释，项目制扶贫作为国家贫困治理的重要组成部分，是一种高效的贫困治理模式。

9.1.2　社会资本的概念沿革

社会资本作为近年来热度较高的概念，为各国专家学者提供了新的解析问题的视角。社会资本这一概念涉及的学科研究范围非常广泛，除了社会学外，还有政治学、经济学以及人类学等。20 世纪初，汉尼芬（Hanifan）在对美国郊区学校社区中心的讨论中首次使用社会资本一词，当时他提出的社区中人们相互帮助、善良等带有积极意义的正义观的培养并未受到学界的普遍重视，而后皮埃尔·布尔迪厄、詹姆斯·科尔曼进一步完善了社会资本的理论框架和定义，帕特南则成为社会资本概念的集大成者，他以一本著作《独自打保龄？——美国社区之没落与复兴》，把社会资本这一概念成功地带入政坛中心和公众视野，引起了社会各界的广泛关注和讨论热潮。

基于传统经济理论的考量，社会资分为经济资本、物质资本和人力资本三种类型。帕特南认为，社会资本可以促成多方之间的合作行动，从而提高社会的效率。社会资本具体来说就是将朋友、社区、工作等多方面联系起来的关系网络，社区人民之间的互惠、互信、互联的精神正是社会资本的构成要素。社会资本无论是对个人的发展还是社区凝聚力的提升都具有重要的意义。然而，项目制扶贫在扶贫方式上以传统的资源输入为主，国家掌握着资源分配的权力，地方政府之间则在申请项目时展开激烈的竞争，此时的村民群体则被排除在体制之外，没有获得自主参与的权利，这使得项目制扶贫增加了许多不稳定性。

9.2 社会资本视域下贫困产生的根源分析

社会资本被称为国家与社会各个主体之间的黏合剂，是人们相互发展的必要前提。扶贫工作不仅需要中央专项资金的转移支付，还应该加强贫困人口与其他社会各界人士之间以及地区之间的制度性交流与互动，拓宽贫困地区人口的关系网络，努力培育出优良的社会资本。基于社会资本视角对贫困产生的原因进行分析，我们认为以下三个方面造成了贫困现象的产生：

9.2.1 村庄社会网络相对闭塞

首先是千百年来的封建社会自给自足的小农经济使得村民的居住场所固定化，再加上传统的宗族观念和家族观念对村民思想的束缚，使得村民的活动空间范围局限于特定区域，逐渐加重了村民的自我封闭性；其次，村民之间、村落之间的低流动性也是社会资本匮乏的主要原因之一，且这种流动性缺乏与外界的交流和沟通并不足以产生新的观念和物质资源。较强的封闭性造成中国社会普遍是一个“熟人社会”，大家只在自己的小圈子里相互信任，这虽然加强了村民之间的联系和交流，却对外界呈现出极大的排他性，从而导致了“贫困—封闭—贫困加重”的恶性循环。

9.2.2 “信任塌方”现象严重

“信任”一词早已成为社会资本理论家们推崇备至的核心价值观。信任是社会资本发展的最重要的精神支柱，信任如果缺失，社会将不复存在。社会信任被誉为社会各阶层之间的润滑剂，它是促进社会网络横向拓展与纵向合作的桥梁和枢纽，信任使原本各自独立的行为个体在空间上联结成一张社会关系网，从而推动社会不断向前发展，同时也使社会资本的力量愈加强大。因此，良好互信关系的建立无论是对个人的发展还是整个社会的繁荣都至关重要。然而，当前比较严峻的事实是随着市场经济的建立以及市场化程度的提高，我国社会信任度总体却呈现出较低的水平，且不断恶化，甚至出现“塌方式”的信任缺失。当前中国农村的信任体系绝大部分是以一种“径直型”的信任方式建立起来的。在《乡土中国》中，费孝通提到，乡民之间的信任是在由接触到熟悉再到相互信任的过程中建立起来的。由于长期以来受封建小农经济和家族观念的浸染，我国农村地区存在着封闭性强、人口流动性低等现象，于是形成了众多分散的“小圈子”社会，在这个小圈子中，村民之间相互熟知，不论是茶余饭后的日常谈话还是从事劳动生产的互帮互助以及村民婚丧嫁娶的彼此帮衬，无不体现出村民之间极高的信任度，同时村民对待外来陌生人却“唯恐避之不及”，带有极大的排外性。这虽然促进了农村村民的和谐共存，但也造成了对外交流甚少、社会关系网络狭窄的不利局面，对社会资本的产生及发展具有一定的消极影响。当前中国的城镇化建设正如火如荼地进行，城镇化的进程伴随着房屋的拆迁与重建，原先的邻里关系在地域上出现了分离，长久以来形成的人缘关系网不复存在，使社会资本的流失现象越发严重。

9.2.3　制度保障缺失

村庄社会资本的发展不仅需要良好的社会关系网络的建立、村民之间的相互信任和互惠精神，社会资本保障制度的建构更是必不可少。制度规范包含正式制度和非正式制度两种，其中村民选举、村庄的制度章程等属于正式制度，另外一种制度是内化于村民思想中的，即约定俗成的、在长期生活中总结出来的经验式的非正式约束，也就是我们平常所认同的村风民俗。正式的章程制度建设不仅可以规范村民的日常生活，让村民相互之间遵守共同的规则，而且大幅提高了村级组织的办公效率，但村民却对乡规民约有着独特的偏好，原因在于乡规民约具有强大的灵活性和伸缩性，且极具血缘和地缘特色，村民靠它办事简单明了。近年来，农村传统的民俗规范日益瓦解，村民之间缺乏必要的认同感，邻里之间变得日益陌生，然而新的社会规范并未正式建立，且偏远地区的非法迷信活动日益猖獗，再加上村民的法制观念淡薄，在这个“规范真空期”，法律法规不完善，且约束力不够，使得制度保障陷入无章可循的窘境。社会资本的培育离不开正式和非正式制度，而且前者更需要后者来逐步完善并改进，从而更好地打开社会资本的“门阀”，让村民充分享受社会资本带来的便利。因此，构建完善的制度保障机制是拓展社会资本的先决条件。

9.3 再论项目制扶贫困境

9.3.1 项目制扶贫的精英俘获

精英俘获理论，即精英（村干部或社会精英）获取本不属于自己的公共资源和公共利益的过程。项目制扶贫的政策设计初衷本是遵循反科层制逻辑，采用蜂窝结构理论，即强调国家对地方的渗透，将国家权力延伸到农村基层，使中央政府的专项转移支付资金以“条线”的形式直达贫困地区，从而达到资金利用效率的最大化，克服科层制的低效、官员寻租和资源浪费等弊端。然而，在项目制的实际运行过程中却出现了精英俘获现象。通过项目制扶贫的运作过程我们可以清晰地看到，省级政府单位掌握着丰厚的项目资源，将整块资源以项目的形式向市一级政府分包，接着市政府再把项目继续下移，此时县级政府则需要以竞争性的方式向市级政府申请项目，然而出于本组织利益最大化和政府自利性的行为动机，政府官员为创造政绩，竭力打造“扶贫示范村”，为自己的政治生涯增加政治砝码，往往最贫困、最需要扶贫资金的村落却得不到财政资金的支持，反之基础设施建设比较完善的村庄更易于完成项目制扶贫的指标，资金投入产出比呈现出最大化的优势。因此，项目制扶贫的运行衍生出项目实施客体异化的奇怪现象，这种现象会对创造多元主体扶贫机制的运作环境造成比较大的危害。

9.3.2 项目制扶贫监管的形式化倾向

项目制扶贫的监管在实际运行过程中存在着诸多漏洞，出现了“短板效应”。首先，项目制扶贫的监管方式过于简单化和单一化，扶贫资金的审查方式仅有资金使用核查和财务使用核查，缺乏对具体实施项目的进程监管和质量监管，在国家层面也缺少相应的、科学系统的扶贫项目监管机制。其次，项目扶贫的实时反馈与评估机制不健全，基层政府和乡村党委为了在竞争性的扶贫项目“抓包”中占领主动权，完成上级政府分派的“扶贫示范村”“扶贫典型村”等指标的落实，造成基层官员“溜须拍马走捷径”，在扶贫项目考核和评估过程中与上级领导达成“政治默契”，使多层次的量化指标成为摆设。最后，广大村民的话语权和监督权并未得到充分保证。扶贫资金的流向一旦确定，就成为政府主导、乡村被动全盘接受的不可逆趋向，村民的意见和建议被搁置一旁，而且扶贫资金需要大量地方配套资金给予相应的支持和配合，所以急需扶贫资金的村庄往往因基础设施建设薄弱、资金投入产出效率不成比例而被扶贫项目排斥在外，扶贫资金则倾向于流向“高产出”、相对富裕的村庄，造成项目制扶贫的马太效应。此外，村民在政策执行中的力量相对薄弱，扶贫项目监管的准入门槛较高，造成村民难以对扶贫项目进行有效监管。

9.3.3　项目制扶贫的非连续性和局部性导致扶贫资金的溢出效应

首先，地方政府在拿到项目扶贫资金时，出于彰显政绩和完成上级政府指派指标任务的目的，往往会一次性地将资金投入到考核指标完成度可能性最高的村落。项目制扶贫虽然突破了科层制的束缚，强化了中央政府向下的权力延伸，但由于无法依靠科层制系统完整的规章制度，进而形成了以完成项目目标为导向的集权机制。这种集权逻辑使得政府急于完成任务，只把工作重心放在扶贫项目的局部和表面，忽视了问题的整体性和纵深性，造成扶贫项目的碎片化，扶贫项目之间与各级政府部门之间缺乏相互协调沟通，使得项目制扶贫的效率大打折扣。其次，项目制扶贫的资金输入缺乏连续性，基层政府为了加快通过上级政府绩效评估与考核的速度，将大部分资金投入到核查的重点区域，待考核完毕之后便不再有新的资金流入，于是许多新建的道路、水利工程等基础设施建设由于得不到后续资金的支持而荒废，而且项目建设的日常修理维护资金得不到充足的保障，造成项目制扶贫的效果不可持续，不能真正造福于贫困村民。最后，扶贫项目的执行主体分别由政府各个部门自行进行项目建设，横向之间缺乏相对应的协调与统一协作，且纵向的上下级政府之间也缺乏必要的沟通，造成项目制资金的条块分割现象。项目制的条块分割现象导致的扶贫资金溢出效应，使贫困村的自主性得不到充分发挥，多数贫困村“被强制性扶贫”，从而破坏了原有乡村的生态环境和生活方式，给扶贫工作带来了新的困难和挑战。

因此，项目制扶贫理论更应积极联系实践，在项目制扶贫的实际工作中不断总结经验教训，创新理论观念，从而更好地配合项目制扶贫的高效推进，严格防范项目制减贫出现边际效益递减的内卷化特征，加快构建项目制扶贫的多元主体协作的阶段性与实时动态监测机制已成为扶贫工作不断开拓进取的关键性节点。

9.4 社会资本助力项目制扶贫——构建多元主体协作机制

9.4.1 创造现代化的社会资本，为项目制扶贫多元主体协作机制的构建创造良好的资本基础

中国在其璀璨的历史长河中不断向前发展，不但创造了优秀的历史传统和文化，更积累了丰厚的社会资本。社会资本在中国改革开放以来经济突飞猛进的发展历史中留下了不可磨灭的印记。但新时代的中国仍然保有相当大的消极的社会资本，它们具有极强的排外性，这种社会资本注重“小圈子”，影响范围狭小，且分布不均，各个社会资本相互之间缺乏必要的联系和整合，这对项目制扶贫的工作开展是一个巨大的障碍。本研究认为，要改造传统的社会资本，大力发展现代化社会资本，减少不良社会资本对项目制扶贫的消极作用，首先应贯通村民的社会关系网络，增强社会资本的横向联系和互动。基础道路建设是打破乡村封闭性的物质基础，所以要加强道路、桥梁等基建项目的扶持力度，只有这样，社会资本的互联互通才可能实现；在思想上，需要政府工作人员对村民进行积极的思想道德教育，强化村民的诚信观念和责任意识，破除传统家族观念和血缘关系思想的桎梏，使村民的意识和思想回归公共价值导向，从而使村民之间和村庄之间的沟通渠道更加畅通，使社会资本的流动性增强。其次，重建社

会信任，提高政府工作的透明度。政府应坚持信息公开的原则，让政策在阳光下施行，并接受村民和社会各界人士的监督，只有贫困主体参与到扶贫监督工作中来，才能重建社会信用和互信关系，从而克服传统社会资本的自利性和封闭性，使之真正成为具有较强整合性、可持续性和整体性的现代化社会资本。

9.4.2　拓宽贫困地区关系网络，为项目制扶贫多元主体协作机制的建立畅通渠道

项目制扶贫在纵向上由中央政府的扶贫项目向下延伸直达基层政府，但却缺少横向跨主体的多元参与和协作。因此，在加强纵向权力延伸的基础之上，要倡导政府之外其他主体的广泛参与，政府应运用政治、经济和法律等方式搭建社会扶贫信息交流平台，整合社会企业、NGO 等社会力量，打通贫困地区与外界的信息交流壁垒，不断拓展贫困地区新的社会关系网络，并强化贫困地区村民的自组织关系网络，使两者有效结合起来，从而形成“内部高度联合、外部高度衔接”的社会关系网络。“第一书记”的扶贫政策强化了贫困地区的社会关系网络，“第一书记”在破解交通问题、夯实基层党建、重建社会互信关系、重构制度资本、推行村务公开等方面充分发挥了党员先锋模范带头作用，成为政府联系群众、倾听民情民意、激发村民扶贫参与积极性的关键枢纽。戈德史密斯认为，多元化治理要得以维系和发展，“除按照传统自上而下的层级结构建立纵向的权力线外，还必须依靠各种伙伴关系建立横向的行动线”，所以要大力拓宽贫困地区的社会网络，为项目制扶贫提供持久的动力保障。

9.4.3　加强扶贫项目的监管力度，为构建多元主体协作监管机制提供制度保障

以政府为核心的项目制扶贫的运作主体和运作逻辑决定了贫困主体无法参与到监管当中来，造成贫困群体被边缘化。所以，在扶贫实践中我们要着手构建新型的项目制扶贫的主客体关系，强化贫困群体的主人翁地位，使贫困群体拥有在扶贫项目当中的甄别权、参与决策权、监督权和评

估权，从而让他们真正脱贫致富。

第一，增强贫困群体的主人翁意识。政府应下大力气宣传并贯彻我国扶贫政策的具体实施细则和精神，让广大贫困群体了解他们才是扶贫项目的受益者，所以他们有权利对扶贫项目进行监督；政府应广泛培养并正确引导农村的非正式组织，这个依托血缘关系、宗族观念和传统文化的内生型群体可以增强村民的凝聚力，进而实现对扶贫项目的整体性监管；政府还应倾听贫困群体的利益诉求，在充分了解贫困群体真实需求的前提下开展项目实施，使项目实践与贫困村民的诉求有效地链接起来。

第二，铲除项目制扶贫监管中的形式主义。建立健全项目扶贫的多元协作监管机制，首先应明确政府各个部门的职能定位并使之制度化和规范化。在扶贫项目的展开和运作过程中，要划清政府各部门的权力界限，确保各个单位权责一致，避免互相推诿扯皮，从而推进扶贫项目的高效运转。

第三，构建系统化、科学化和规范化的项目考核与评估体系。根据扶贫项目的客观实施状况，理性创建多元合理的量化评估指标，严格监控扶贫资金的流向和使用情况，确保资金使用效率及扶贫效果的最大化。

第四，加强扶贫项目在申请、立项和结项等各个环节的监管力度。在项目分包过程中要结合当地的实际情况，破除精英俘获的藩篱，将资源的投放区域集中于贫困地区较广、贫困程度较深的村级地区，且对于长期处于贫困状态的村庄应适当减少项目申请过程中的配套资金和设施的标准限制，以期达成贫困地区全体“摘帽”的扶贫效果。在项目结项之后，仍要对扶贫项目进行后续的观察和审查工作，并结合贫困群体对扶贫项目的意见和建议对扶贫项目进行二次考核和评估，严格防止扶贫项目“走样”。

项目制扶贫具有阶段性和持续性的运行特征，只有构建上下级政府之间、政府部门之间以及基层政府与贫困主体之间三种项目制扶贫主客体的新型横向与纵向互动反馈机制，加强上级政府、基层政府和贫困群体的交流互通，并确保贫困群体正当的政治权力和话语权，扶贫的效果才能得到真正的保障。

第10章

精准扶贫背景下项目制的地方性实践

本部分将从河南省鲁山县的产业扶贫现状入手，对该县的产业扶贫模式和项目制在村庄内部的运作逻辑进行研究，通过实地的调研走访，结合相应的项目制扶贫案例，对项目制扶贫过程中存在的问题及原因进行深入分析，以期发现有效的解决措施，探求扶贫成效的可持续性，这对推进河南省乃至全国的扶贫性产业开发工作具有一定的现实意义。

10.1　县情村情简介

10.1.1　鲁山县地理位置概述

鲁山县是国家级贫困县，位于河南省中部偏西，伏牛山东麓，淮河水系的沙河上游，在东经112°14′—113°14′、北纬33°34′—34°00′之间。东西最长处90千米，南北最宽处44千米，总面积2432.32平方千米，其中，山区面积495.63平方千米，占总面积的20.4%；丘陵面积1513.47平方千米，占总面积的62.2%；平原面积423.22平方千米，占总面积的17.4%。鲁山县西通山陕，东连黄淮平原。沙河从西向东贯穿全境。县城在县境中部偏东，焦枝铁路和国道311、207公路及郑尧、二广高速公路在这里交汇。县乡公路交织成网，交通方便快捷。鲁山县地势西高东低，西、南、北三面环山，东与黄淮平原相连，地貌类型多变，有山脉、丘陵、平原、河流、湖泊、盆地等，最高海拔2153.1米，最低海拔90.1米。

10.1.2　Y村贫困现状

Y村位于鲁山县中西部，属于省级贫困村，全村辖5个村民组、5个自然村，351户1452人。村“两委”班子9人，党员25人。帮扶单位是平顶山市统计局，第一书记由市统计局下派。村级责任组9人，驻村工作队3人。耕地面积808亩，人均0.56亩。全村产业结构以种植业为主，外出务工310人。全村建档立卡贫困户154户585人，其中：2016年以前脱贫115户481人，2016年脱贫14户44人，2017年脱贫9户31人；现有贫困户16户29人，贫困发生率为1.99%。现有贫困户中一般贫困户2户8人，低保贫困户8户14人，五保户6户7人。根据主要致贫原因，全村因病致贫10户14人，占贫困户总户数的62.5%；因残致贫6户11人，占贫困户总户数的37.93%；兜底户14户21人，占贫困户总户数的88%。

按照脱贫规划，2018年计划脱贫2户7人，分别是蒋姓村民和韩姓村民。其中，蒋姓村民家庭主要是通过外出务工和发展林果业实现脱贫，韩姓村民家庭主要是通过发展种植业及县内打零工、改造住房生活条件等实现脱贫。2019年，计划脱贫14户21人，确保在2020年以前实现整村脱贫。

10.2 Y村贫困人口致贫原因

10.2.1 地理因素的影响

对于拥有绝大多数农业人口的Y村来说，自然环境、耕地条件以及相应技术应用得好坏，是制约村民收入水平和生活水平的重要条件。Y村位于鲁山县中西部，属于浅山丘陵地带，属半平原半丘陵地形，现有耕地面积808亩，荒山1540亩。相对于可以利用自身地理优势发展相关山区旅游业的西部、北部和南部的村庄来说，Y村村民的经济来源只有依靠种植农作物以及经济果树来维持生计。这种靠天吃饭的生存方式本身就存在极大的不稳定性，地形特征、气候条件、降水多少、病虫灾害都是制约该村发展的重要因素。若不遇灾害，还能保证农作物的收成，若不幸遇上灾害，虽不至于颗粒无收但也是损失巨大。就其地形来说，半平原半丘陵的地势主要特征是地势起伏，适宜耕种的土地少且不连片，多呈现零星分布，无法进行规模化种植；未开发利用的荒山面积约是耕地面积的一倍，人均耕地面积少，土地资源利用率低；再加上从事农业、种植业的力量仍然是人力和畜力，劳动生产力很难提高。

10.2.2　因病或伤残等导致劳动力不足

根据主要致贫原因，全村因病致贫10户14人，占贫困户总户数的62.5%，因残致贫6户11人，占贫困户总户数的37.93%，兜底户14户21人，占贫困户总户数的88%。因病致贫或者大病返贫是贫困发生率最高的因素。有些贫困家庭本就处在贫困状态，若是生病，就会加剧家庭的贫困程度；一场大病来袭（癌症、肿瘤等）或者慢性疾病需长期靠药物治疗足以摧毁一个原本非贫困家庭，使其深陷贫困当中。

留守老人和留守儿童缺乏劳动力是导致贫困的原因之一。村里的贫困户大多是缺乏劳动力的孤寡老人和儿童，他们由于年龄的限制和劳动能力的不足，劳动效率低下，从而易产生贫困问题。

10.2.3　技术和资金缺乏

Y村主要发展种植业和养殖业。一家一户几亩地种植农作物，没有形成大规模的连片种植，单纯依靠农户自身的种植经验，缺乏种植技术，倘若遇上病虫灾害等无法应对的问题时，由于没有相应的资金购买化学肥料或者药剂来抵抗病虫灾害，农作物的产量下降，进而导致收成的减少。对于政府给贫困农户发放的养殖动物，如猪、牛、羊等，每个贫困户大约两三只（头），由于缺乏专业性的养殖技术，若其中一只出现病害就很容易影响其他牲畜的健康，再加上养殖资金的不足，患病牲畜无法得到救治，易给村民造成损失。除此之外，有些贫困农户把发放的牲畜直接卖掉或者作为盘中餐，虽获得一时的资金或享受，但易造成持续性贫困，进而难以脱贫。

10.2.4　主观脱贫思想以及教育的缺失

农村教育程度存在普遍低下的问题，特别是父母辈的农民，有些根本没有受过教育，老一辈的人认为靠干农活可以养家糊口，根本没必要再花钱去上学，这就容易导致贫困的代际传递，致使他们的后代也存在教育程度低下的问题。由于受到的教育有限且深居农村，他们只能从事相应的农业劳动。当贫困成为生活的常态时，那些贫困的村民便接受了贫困的事实，进而缺乏主动脱贫的思想和行动。

我们在调研的途中遇到过这样的事例：一位头发半白的老妇人独自在田间做农活，上前询问得知年纪已七十有余，问及家里的情况，老妇人告诉我们她有个儿子已经三十多的年纪，却从来不问家里的各种事务，整日游手好闲，经常是年迈的老母亲在外干活，儿子却躺在家里睡觉。村扶贫工作队为其儿子在县里的餐馆安排了工作，但没过多久她儿子嫌外出务工辛苦，不愿意付出劳动，就又回到村子里了，因此，家里常年处于贫困的状态。据了解，对于已建档立卡的贫困户，驻村工作人员会送去粮食米面油、猪牛羊鱼肉进行慰问。因此，有些贫困户就会认为不用进行劳作就有粮食吃，跟着政府就有保障，他们大都没有主动脱贫的意识，觉得因为自身贫困就该成为政府的扶贫救助对象，“等、靠、要”思想严重，有些人甚至还会存在“我贫困我骄傲”和“不愿意脱贫”的思想。

10.3 Y村扶贫开发工作概况

10.3.1 相关产业发展概况

10.3.1.1 种植业

村内种植大户许姓村民从北京务工回村后，投资了280多万元注册成立了“全周种植农民专业合作社”，承包村内荒山荒坡面积近300亩种植香梨，并带动全村10多户群众参与到林果业的种植当中，同时吸收了部分贫困户到园内打零工，从而有效地增加了贫困户的收入，为贫困户进一步脱贫提供了帮助。贫困户韩姓村民由村委领导班子协调村内80亩土地供其免费使用，目前其已经种植了品种优质的小香梨，下年即可挂果上市，为进一步脱贫提供了可能性。除此之外，原支部书记程书记从临乡学习了艾叶相关种植技术，不但自己试种3亩，而且还带领全村群众种植面积达50多亩，从而进一步拓宽了群众增收脱贫的渠道。除了Y村农户自身的种植以外，村委领导班子以及扶贫工作小组打通了销售市场，与平顶山市德信泉商贸有限公司签订了合作供销合同，约定村上种植的林果、红薯、花生等农副产品全部以不低于市场价格直销市德信泉超市。

10.3.1.2　养殖业

自2016年至2018年上半年以来，Y村14名贫困户享受到户增收2000元或4000元的补贴，其中养殖业每人补贴4000元，主要养殖种类有牛、猪、羊等。2018年初，市统计局又投入资金3000余元，为16户贫困户发放鸡苗、鹅苗近1000只。

10.3.1.3　基础设施建设

Y村2017年累计投入资金112万元，共上基础建设项目3个，分别是标准化卫生室、生产道路、公共厕所及垃圾池等，目前已全部竣工投入使用，为当地村民提供了生活便利，使村民受益。

10.3.1.4　光伏产业

光伏发电产业能够在相对较短的时期内给贫困户带来可观的收益，有利于实现长期稳定脱贫，具有绿色、清洁、环保、占地小、风险小、投资少、见效快、收益长的特点。Y村申请分布式光伏15户，已落地实施15户，预计年增收至少3000元。

10.3.2　行业扶贫政策落实情况

10.3.2.1　教育扶贫

2018年以来全村18户贫困学生享受教育补助共25人，金额共计约0.98万元。其中，学前教育2人，每人每年补贴1000元；小学生共11人，每人每年享受小学生两免及营养餐补贴1600元；初中生共4人，每人每年享受寄宿补贴2500元；高中及以上学历共2人，每人每年享受补贴1600元。

10.3.2.2　健康扶贫

为落实健康扶贫签约服务，卫生院与所有建档立卡贫困户签订了服务协议，实现每家每户家庭医生签约，发放小药箱。贫困户全部参加新型农村合作医疗，住院治疗实行先住院后付费的制度，切实落实健康扶贫“六道保障线”，实现了贫困户住院一站式结算。为全体贫困户缴纳中原农险每人每年 180 元，缴纳中国人寿保险每人半年 35.6 元，实现医疗保险全覆盖。2018 年 1—7 月，全村贫困户住院治疗 21 人，报销 130461.85 元，享受健康扶贫政策达到 100%。

10.3.2.3 社会保障扶贫

现有贫困户中低保户 8 户，其中：A 级 4 人，B 级 3 人，C 级 1 人；每季度发放低保金 A 级 795 元，B 级 540 元，C 级 330 元；五保户 6 户 6 人，每季度发放五保金 1095 元；现有残疾人 9 人，16 岁至 59 岁每月护理费 100 元，生活补贴 60 元，60 岁及二级以上残疾人，护理和生活补贴分别是 60 元，三四级如是低保残疾人可享受生活补贴 60 元；同时，为大病患者办理大病救助，为全村肢体、智力、眼疾残疾人进行鉴定办理证件，落实补助政策。

10.3.2.4 危房改造

现有需危房改建户 12 户，目前已开工建设并完成 4 户，于 2018 年 9 月底之前完成全部改造任务。

10.3.2.5 产业奖补政策落实情况

根据产业发展现状，为激发贫困户内生动力，鼓励他们发展产业，县里专门出台了产业奖补政策，在种植、养殖、务工和旅游等方面进行产业奖补。全村贫困户中发展种植业 4 户、项目 4 个，已落实奖补资金 4 户 8000 元；发展养殖业 10 户，项目 10 个，已落实奖补资金 10 户 40000 元；外出务工 174 人，实现了产业覆盖率 100%。

10.3.2.6 转移就业情况

全村贫困户中有劳动能力的有 251 户 323 人，累计参加各种劳动技能培训 352 人次，通过培训转移就业 310 人。通过落实交通费补贴、务工收入补贴等激励措施，支持鼓励劳动力较强的贫困户外出务工，贫困户外出务工 161 人，其中县内 34 人，县外省内 25 人，省外 102 人。为使贫困家庭中劳动力较弱者就近务工、增加收入，设置了公益岗位 6 个，其中：保洁员 3 人，每人每月 500 元；护林防火员 1 人，每月 500 元；治安巡逻员 1 人，每月 500 元；社保员 1 人，每月 500 元；转移就业率高达 100%。

10.3.2.7　金融扶贫情况

全村建档立卡贫困户中户贷户用 3 户 10 人，贷款 5 万元，企贷企用企业带贫 30 户 79 人，带贫情况是：鑫润投资发展有限公司带贫 7 户 8 人，收益分别不低于 1000 元；鲁山县润鲁投资文化发展有限公司，带贫 23 户 71 人，收益分别是 1500 元和 600 元。成立村级金融服务部，全面开展村民信用评级活动，贫困户信用评级全覆盖。

10.3.2.8　社会扶贫情况

全村需“六改一增”共 25 户，其中已改造完成 12 户，其他 13 户于 2018 年底全部改造完成。

10.4　项目制扶贫的运作逻辑与治理困境

10.4.1　项目制扶贫的运作逻辑

项目制扶贫是通过自上而下的项目招标和审批以及自下而上的项目申请与竞争，以“条线”的形式在行政层级体制之外运行。其分级治理逻辑是由上级政府（中央政府）作为项目资金的“发包”方，掌握大量专项资金的支配权，地方政府作为项目的“打包”方，整合各项资源进行项目的捆绑，基层政府（基层村庄自治组织）作为项目的“抓包”方，通过项目的申请来获得国家财政转移支付专项资金，用于贫困村庄的改造与发展，从而达到脱贫致富的目的。这一运作逻辑包括项目的立项与申请、项目的实施与调试、项目的运作与支持以及项目的验收与测评。

10.4.1.1　精准识别：项目的立项与申请

（1）贫困户的精准识别。

贫困户的精准识别是精准扶贫的首要工作，也是精准扶贫工作成败的关键因素。习近平总书记 2015 年 6 月在贵州考察期间提出了“六个精准”

问题，其中“扶持对象要精准”排在第一位。扶贫对象识别严格执行国家标准，即农民人均纯收入以上一年度国家农村扶贫标准为基本依据，对符合条件的农户整户识别。我国2014年底、2015年底、2016年底识别标准分别为年人均纯收入2800元、2855元、3026元以下。识别农户家庭成员以户口簿登记户口为准。

识别方法坚持公开、公正、透明的原则，推行“一进二看三算四比五议六定”工作法。“一进”：村级脱贫攻坚责任组成员或包村干部、村支部书记、村委会主任对全村农户逐户调查走访，填写《精准识别入户普查表》，摸清底数。“二看”：看房子、家具等基本生活设施状况。拥有家用轿车、大型农机具、高档家电的，不得识别或慎重识别。“三算”：按照标准逐户测算收入和支出，算出人均纯收入数，算支出大账，找致贫原因，对贫富情况有本明白账。“四比”：和全村左邻右舍比较生活质量。家庭成员有财政供养人员、有担任村干部的，家庭成员作为法人或股东在工商部门注册有企业的，在城镇拥有门市房、商品房的，不得识别或慎重识别。“五议”：对照标准，综合考量，逐户评议。拟正式推荐为扶贫对象的，必须向村民公示公告，获得绝大多数村民认可。“六定”：正式确定为扶贫对象的，由村“两委”推荐确定，乡（镇）党委政府核定。

识别程序主要分三步走。第一步：初选对象。在农户本人申请的基础上，对拟推荐的扶贫对象，按照党支部会提议、村“两委”会商议、党员大会审议、村民代表会议或村民会议决议的程序，形成初选名单，由村委会和驻村工作队核实后在村扶贫开发专栏进行第一次公示，时间不少于7天。第二步：乡镇审核。经第一次公示无异议后，乡镇政府对初选对象进行审核。乡镇对初选对象必须逐户核查，做到不错不漏。对确定的扶贫对象名单，必须有驻村第一书记或驻村工作队长、包村干部、村委会主任、村党组织书记、乡镇长、乡镇党委书记“六签字”，并在各行政村扶贫开发专栏进行第二次公示。第三步：县级复审。经第二次公示无异议后，报县（市、区）扶贫办复审，复审结束后在各行政村扶贫开发专栏内公告。

（2）扶贫项目的识别。

为争取国家财政项目的资金支持，基层的乡镇或村庄积极整合自身现有的资源，突出自身的特色，打造村庄亮点，通过层层向上的项目申请获得项目的审批，从而获得国家扶贫项目资金，以外来资源输入的方式，通过改造村庄的整体面貌，加强基础设施建设，发展特色产业，由此来实现对贫困户的帮扶，帮助其早日脱贫，从而缩小城乡之间不断拉大的差距，实现国家的发展意图。由中央政府自上而下拨付的财政扶贫项目资金，经由地方财政部门（市财政局）的管理与分配，对申请扶贫项目的基层村庄进行考察与核实，最终实现项目资金的拨付与落实。在项目进行审批的过程中，往往也掺杂着人为努力和人际关系的因素。Y 村申请的扶贫项目主要是浅山丘陵地带的林果种植产业、光伏发电产业以及整村基础设施建设工作。Y 村驻村的第一书记杨书记是由市统计局下派到 Y 村，担任扶贫工作已三年有余。经了解后发现，五十多岁的杨书记是国家恢复高考后第一批考上大学的知识分子，从小在农村长大，见证了村庄的发展，有着浓厚的乡土情结，能够很好地与村民相处，也能够顺利地开展扶贫工作，还拥有强大的人际关系网络，与市财政局、统计局、林业局等政府部门联系密切。鲁山县是国家级贫困县，Y 村是省级贫困村，国家财政资金重点针对国家级贫困县，省级扶贫资金侧重于支持省级贫困村，再加上驻村第一书记的人际关系网，Y 村拿到扶贫项目资金水到渠成。

10.4.1.2　精准帮扶：项目的实施与调试

习近平总书记说过："扶贫、脱贫的措施和工作一定要精准，要因户施策、因人施策，扶到点上，扶到根上，不能大而化之。"

新中国成立至今，我国经历了不同的扶贫模式，从扶贫开发的发展历程来看，扶贫单位从"大水漫灌式"扶贫演变为"精准滴灌式"扶贫；从扶贫开发的场域来看，经历了区域扶贫、连片扶贫、贫困县扶贫、贫困村扶贫到最后的贫困户扶贫。由于贫困人口致贫原因的复杂性、多样性，因此应坚持"靶向"原理，在贫困户精准识别的基础上对不同贫困户的致贫原因进行分析，对贫困的程度进行划分，对贫困农户进行彻底的摸底调查，从而更好地了解和分析贫困户的致贫原因和现实状况，明确贫困户的脱贫愿望，因地制宜，因户施策，制定和实行差别化帮扶措施，做到真扶贫、扶真贫。

Y村扶贫驻村工作队对建档立卡的贫困户情况进行深入分析，逐户制定相应的扶贫措施，除了以户为单位开展“一对一”结对帮扶之外，还重点实行产业到户政策。Y村内种植大户组织成立了“全周种植农民专业合作社”，立足以传统农业种植为主的实际情况，承包了近300亩荒山荒坡种植香梨，以合作社为依托，代种代养，托管帮扶，免费吸收贫困户入社，免费给贫困户提供香梨种子，由合作社雇人统一代种代养，与市场对接统一销售，所产生的经济利益，扣除土地租金及日常管理费用，剩余利润归贫困户所有，可带动贫困户均增收1500元以上。Y村还建设了精准扶贫就业基地，基地建成后至少可以安置10名贫困人口就业，实现20余名贫困人口转移就业，带动约13户贫困户，30人左右的贫困人口实现稳定增收。同时，Y村组织开展了“百企帮百村”“十企帮百户”活动，制定了《“百企万户”产业扶贫工程实施方案》，引导企业通过扩建方式参与“百企万户”扶贫工程，鼓励支持社会力量参与精准扶贫。目前，全县申报“百企万户”产业扶贫点的企业已达15家。其中，鲁山县润鲁文化投资发展有限公司与鲁山县鑫润投资发展有限公司作为帮扶企业，对30名贫困农户进行企业带贫的资金支持，每名贫困户享受产业扶持金额分别为600元、1000元和1500元不等，用于发展种植业和养殖业。除此之外，鲁山县充分发挥其涉农龙头企业多的优势，在发展种植基地、安排人员务工时，优先考虑贫困村、贫困户，并积极引导贫困群众通过土地流转、劳动力入股等方式，增加贫困户收入，带动贫困群众脱贫。引导在外务工人员回乡创业，积极提供优惠政策，鼓励归乡务工人员利用自身资源和信息自己创业，增强扶贫造血功能，使贫困群众就近就业，带动贫困家庭脱贫致富。

10.4.1.3 精准管理：项目的运作与支持

扶贫项目在具体运行的过程中应体现“六个精准”的理念，包括“扶持对象精准”“项目安排精准”“资金使用精准”“措施到户精准”“因村派人精准”以及“脱贫成效精准”。其中，项目的安排、资金的管理、人员的派遣、部门的协作等都是精准管理的重要内容。项目的有效运作需要各级政府部门及工作人员的相互协作；项目资金落实到位后，需加强资金的有效管理和使用绩效；安排合适的第一书记以及政府工作人员驻村，为扶贫项目有效运作提供治理保障。

县级党委、政府作为脱贫攻坚第一责任人，承担脱贫攻坚主体责任，制定总体脱贫攻坚实施规划，制定乡、村落实精准扶贫、精准脱贫的指导意见并监督实施，整合各项资源，凝聚各界力量，因地制宜，分类指导，组织落实各项政策措施，做好进度安排、项目落地、资金管理使用、人力调配、推进实施等工作，统筹推进全县脱贫攻坚工作。县级党委、政府每年向市委、市政府报告扶贫脱贫进展情况，确保所辖贫困村如期退出、贫困人口如期脱贫。

市直业务主管部门承担其部门行业扶贫的职责，制定和完善行业扶贫政策，督促政策落实和项目的实施；市直综合部门承担综合协调责任，按照工作职责，制定配套政策并组织实施，抓好牵头协调任务和行业管理工作。市直部门主要负责人是本单位脱贫攻坚、联系贫困村及驻村帮扶工作的第一责任人，分管班子成员是直接责任人。分管市直部门的市领导对该部门脱贫攻坚工作负有领导指导责任。

乡镇党委、政府主要负责人是本乡镇脱贫攻坚工作第一责任人，承担贫困村和贫困户脱贫的具体责任，各乡镇均要在行政村建立脱贫攻坚责任组，由包村乡镇领导任组长，驻村第一书记、村干部、驻村工作队员、经济能人等为成员，对贫困人口精准识别、动态管理、增收脱贫、精准退出和群众帮扶工作满意度负包干责任，做好人力、财力、物力的统筹保障和项目的组织实施与管理等工作。

有扶贫任务的行政村承担贫困户脱贫的直接责任，要做好精准识贫、精准扶贫、精准脱贫相关数据的采集和统计，实施扶持对象动态管理，并对数据的真实性、准确性、有效性承担直接责任。做好脱贫攻坚档案建设管理工作，促进扶贫开发痕迹化管理，推进脱贫攻坚规范化建设，制定贫困户帮扶计划。要做好扶贫项目筛选申报工作，推进扶贫开发项目库建设；对贫困识别和退出、资金使用、项目实施等情况实行公告公示；大力发展集体经济，激发内生动力，促进农村发展，带动贫困户如期脱贫，发挥战斗堡垒作用。

联系贫困村的驻村帮扶单位发挥驻村工作队驻村扶贫后盾作用，选派作风正、能力强的驻村工作队队员开展驻村帮扶工作。贫困户帮扶责任人要经常与贫困户对接帮扶，帮助制定贫困户脱贫计划，落实帮扶措施，定期到贫困户家中展开对接活动。驻村第一书记应当按照有关要求，认真履行建强基层组织、推动精准扶贫、落实基础制度、办好惠民实事的职责任务。

驻村工作队负责协助村“两委”摸清贫困底数、分析致贫原因、制订帮扶计划、协调帮扶资源、统筹安排使用帮扶资金、监督帮扶项目实施，落实“干部当代表，单位做后盾，领导负总责，全员搞帮扶”工作机制，紧盯建档立卡贫困人口，细化实化帮扶措施，切实做到扶真贫、真扶贫，积极参与扶贫开发各项工作，帮助贫困村、贫困户脱贫致富。

10.4.1.4 精准考核：项目的验收与测评

脱贫成效关键看考核的结果，成效是检验扶贫项目的标尺，扶贫项目是否落实到位，是否令最广大贫困户满意并如期脱贫，是否能够取得预期的效果，都需要依靠考核验收的结果来评估。扶贫项目的相关考核机制、贫困户退出机制是考核扶贫结果的主要路径，是由政府部门制定并实施，而第三方评估机制则主要是由社会组织或者相关科研机构组成，能够对扶贫项目的运行成效以及对扶贫工作人员的工作绩效进行有效的考核评估，并进行反馈。

考核工作分为5个步骤，包括县级总结、第三方评估、数据汇总、综合评价以及沟通反馈。在深入推进各项扶贫开发项目的同时，Y村逐步形成并完善贫困户相关的评估考核办法以及管理的相关规定，坚持边排查边整改，对问题一项一项查找，对档卡一户一户校准，对帮扶一项一项抓实，对资金一笔一笔审核，对政策一条一条落地，对责任一级一级到人，对驻村帮扶工作人员进行考核，考核其协助村“两委”的贫困户识别工作、建档立卡工作、扶贫计划和发展规划的完成程度和基层自治组织建设的工作。通过集中整改，实现贫困户识别度较高、贫困户退出差错较小、扶贫资金使用明细度较高，精准度有所提高，认同度有所提高，满意度有所提高。Y 村的扶贫项目开发工作取得了一定的成效，贫困户年平均收入达到标准以上，全村建档立卡贫困户 154 户 585 人，其中：2016 年以前脱贫 115 户 481 人，2016 年脱贫 14 户 44 人，2017 年脱贫 9 户 31 人；现有贫困户 16 户 29 人，贫困发生率为 1.99%。能够脱贫的贫困户通过参与企业带贫帮扶 30 人，产业奖补帮扶、光伏产业帮扶 15 人，危房改造帮扶 12 人，技能培训帮扶 49 人以及到户增收受益 14 人等项目，改善了基本生活状况，提升了自身收入水平，而至今还没有脱贫的贫困户则是难啃的“硬骨头”，扶贫开发的工作任务仍然艰巨，还有很长的路要走。

10.4.2　项目制扶贫的治理困境

10.4.2.1　精准识别的形式化：选择性平衡与目标瞄准的偏离

（1）目标瞄准偏离。

贫困户的精准识别以及扶贫项目的精准识别都需要找出最符合政策条件，最急需扶持的个人或者产业项目，从而达到扶贫瞄准目标准确性的要求。扶贫项目的识别是首先由贫困村分析自身的发展情况，归纳整理出自身发展最需要被支持和帮助的项目，整合之后上报到基层乡镇政府，乡镇政府根据各个村庄的发展需求，统一整合后上报到县级政府进行备案。而在自下而上的项目上报和申请过程中，由于上级政府对基层村庄的了解程度比较低，对村庄的项目发展情况以及项目上报信息并未进行准确的调查与核实，所以并不知晓基层村庄具体需要什么，在这种情况下由于信息的不对称，基层村庄或政府就拥有了相对的“主动权”。村庄上报的项目多是产业的发展和村内基础设施的建设，基层乡镇政府由于财权的上收，并没有直接的选择权和决定权，所以在向上级申请项目的过程中会加入自身的发展意图或将其他分散的需要资金支持的碎片项目进行整合，将单一的扶贫项目巧妙转化成为综合性的扶贫项目，导致扶贫目标的置换和瞄准偏离。

（2）精英俘获的影响。

在扶贫项目的识别过程中，精英俘获现象是扶贫项目精准识别的一大障碍。精英，简单概括来说就是村庄内相对有能力的人，如与村干部关系来往较密切的人、村内的种植大户或者养殖大户、拥有相当财产的创业返乡人员、在村庄内较有威望的人。他们相对于普通村民来说更具有话语权或拥有更多的知情权、发言权。当扶贫项目的申请需要村民提供相应的配套资金时，没有经济能力的贫困户就成为边缘人员，被项目排除在外。就拿Y村的光伏发电项目来说，Y村共有351户，全村建档立卡贫困户154户，2016年至今，全村光伏发电产业参与15户，仅占建档立卡贫困户的10%，剩余没有配套资金能力的贫困户则被排除在外，没有参与光伏产业的增收，受益机会减少。

（3）选择性平衡的制约。

在基层上报和申请项目之后，上级政府会根据自身对项目村庄的了解程度、重视程度、是否有能力完成、完成效果如何、能否靠产业如期脱贫等因素进行考量，还要对贫困村的性质，即是否是国家级贫困村或省级贫困村，是否有相关的发展经验，是否有有能力带领脱贫的政府工作人员等进行分析，进行选择性平衡。除此之外，有时为获得项目，村干部需要"跑部向钱"，利用自身人脉关系网为村庄争取项目发展资金，这时候如果能够挤进"两头村"——"亮点村"或"贫困村"，无疑会获得更多的项目资源。这种识别的程序违背了公平公正的原则，扶贫的资源并没有被"均分"而是有选择性地分配，这使得有发展能力的村庄能够获得更多资金和资源的支持，拉大了村庄与村庄间的差距，造成贫者愈贫的现象。

10.4.2.2　精准帮扶的错位化：资源分配的失衡与帮扶对接的错位

（1）帮扶对接错位。

精准帮扶是在精准识别的基础上进行的，是要根据贫困户的具体需求因户施策，对口帮扶。帮扶对接不到位会导致帮扶工作效果不够好，存在帮而不扶的情况。个别村虽然有派驻单位，也结成了“一对一”帮扶对子，但帮扶责任人由于本职工作忙或其他原因，不能经常入户，无法因户施策，精准帮扶。例如 Y 村隔壁村帮扶工作队原为民族宗教局，因第一书记患病长期不到位，直到 2017 年 8 月调换为县广电局，帮扶工作才得以开展起来。虽然形成并实施了结对帮扶，但在具体帮扶的过程中，帮扶人员不了解具体的帮扶路径，致使出现帮扶措施的形式化，如采取直接给钱或者送粮食等方法，虽解决了贫困户一时的需求问题，但临时性特征明显。

（2）行业帮扶缺乏合力。

在扶贫政策的落实上，行业扶贫各自为政，没有形成合力。例如，各行业在对已脱贫户是否继续给予帮扶政策的问题上没有统一的标准，教育行业对于已脱贫户的学生是可以继续享受政策的，而医疗行业对该类型贫困户已不再进行帮扶救助，中原农业保险也对已脱贫户不再承保人身意外伤害保险、疾病医疗补充救助保险等。

（3）资源分配的失衡。

帮扶措施的精准与否，还在于资源的分配是否合理。有些村干部秉承“不出事”逻辑，在千方百计争取到扶贫项目资源的同时还要注重维护与村民的人际关系。在利益的驱使下，有些非贫困的村民也想要分享项目资源，村内精英利用自身优势俘获一部分项目资源，在上级监督和村内人情关系的双重压力下，村干部往往会选择“不作为”，即使知道贫困户的需求也未必能够均衡分配项目资源，致使到人到户脱贫措施落实不力，资源分配失衡。

（4）帮扶措施单一。

调查发现乡村干部、驻村工作队找脱贫门路、想脱贫办法的主动性不够，多依靠产业项目分红或到户增收分红收益脱贫，产业扶贫方面缺乏长期有效举措，贫困户入股企业参与分红期限短、收益低，因户因人施策，做不到一人一策、多策并举。针对 Y 村 2016 年的脱贫人口，除低保、五保社会兜底外，脱贫政策还存在帮扶措施单一，帮扶的针对性、有效性不强等问题。如贫困户田姓村民，48 岁，其妻子常年有病，儿子 4 岁，除去合作社的股金和分红外，无其他帮扶措施，目前靠他自己就近打零工、修民房维持生活。村内建档立卡户 154 户，仅有 20 户加入全周种植合作社入股分红，19 户兜底保障，没有其他有效脱贫措施。贫困户马姓村民，其丈夫出车祸去世，22 岁的儿子带着赔偿款不知去向，女儿 10 岁上六年级，除去产业脱贫外没有其他措施，平时靠 4 亩半地的承包费和在本村自己找零活谋生。贫困户李姓村民，妻子有慢性病、女儿上研究生，本人务农就近打零工，除此之外没有其他脱贫措施，难以脱贫。同时村内主要负责人对脱贫产业如何发展、产业如何扶持思路不清且没有切实有效的措施办法。

（5）基础设施建设项目论证不够科学。

一是项目建设不平衡，扶贫基础设施建设资金仅能用于贫困村，非贫困村发展滞后。二是项目结构不合理，修路项目占比较高，缺乏统筹规划，不注重村容村貌相协调，项目资金也不能用于贫困户家庭基础设施建设。三是项目建设审批程序烦琐、时间长，项目出现跨年现象，如 2017 年项目施工全部集中在第四季度，目前，Y 村 2017 年新增政府债券项目还没完工，已建设的工程也出现部分霜冻现象。

10.4.2.3 精准管理的碎片化：科层体制内的行为选择与执行逻辑

（1）村集体的弱化。

农业税费取消以前，村干部的工资来源于国家财政，由于国家赋予了村干部合法性权力，他们在村民当中的威信和威望很高，村内人际关系熟络，因此村民遇事就找村干部，信任村干部。由于宗族、血缘、地缘文化等认同度较高，村民更加关注村内发生的大事，将村庄集体利益放在首位，集体利益高于个人利益，村里的大事由村民共同探讨，村干部拥有最终决定权，村集体作用极大，村庄能够形成强大的合力。分税制改革以后，农村取消了农业税，村干部的地位与之前大不相同，村干部可能没有工资，也可能单纯依靠村集体的项目资金红利，这导致村干部失去处理村内公共事务或个人问题的动力，村干部的威信和威望也逐渐消减。在村内产业项目实施的过程中，村干部需要按时完成上级政府下达的指标要求，在其中只起到协调的作用，由于熟人社会的影响和上级的压力，村干部的积极性被严重削弱，加之不断出现的村庄空巢现象，导致村集体逐渐萎缩并弱化，村集体力量的匮乏使其难以形成发展合力。

（2）扶贫工作人员的不足。

部分扶贫工作人员对脱贫攻坚工作认识不到位。绝大多数村庄和干部同志都能够高度重视，狠抓各项工作任务的落实，但仍有部分干部对脱贫攻坚工作认识不到位，存在上紧下松、上热下冷的现象，全乡各村工作进展不平衡，突出表现为在精准识别、档卡规范化建设、政策宣传、帮扶措施落实等方面贫困村比非贫困村做得相对较好。少数定点帮扶单位没有认识到脱贫工作的重要性、必要性，把社会帮扶工作看成一般的捐资、捐物等慰问式活动，没有从改善基础设施、产业发展、农民增收等方面下功夫，缺乏长远且切合实际的帮扶规划和目标计划，没有形成扶贫合力。另外，部分干部工作责任心不够强。对脱贫政策学习不够，政策宣讲不到位，个别干部思想认识不清，脱贫政策掌握不够，不能主动想办法、出点子，对工作中出现的问题解决慢，存在等、靠、要资金的现象，直接影响脱贫效果。由于认识模糊、不负责任，工作标准不高，省市县督查巡查时发现了一些不容忽视的问题。例如，Y 村贫困户丁姓村民担心脱贫后不能享受国家政策而不愿脱贫，乡、村干部不知道“脱贫不脱政策”等国家政策方针；个别公司驻鲁山县工作队仅仅在逢年过节时对所帮扶村贫困户进行慰问，几乎没有开展实质性帮扶；省第八督导组在 Y 村督导中发现贫困户明白卡收支填写错误；省督导组在 Y 村发现，贫困户王姓村民为 2017 年脱贫户，家庭人口 2 人，育有 2 子 1 女，家住草房，属老人户，收入低于贫困线标准，而评定为脱贫户；市第三方评估在 Y 村发现贫困户郝姓村民家庭收入有 4000 元务工收入，但实际上他家并没有外出务工人员。

（3）产业发展带动脱贫缺少支撑。

随着社会的不断发展进步，贫困地区有能力外出务工的青壮年大批量进驻到城市中，依靠自身的劳动能力打工赚钱，致使留在农村的多为老人和儿童，村庄空巢化严重，这是城市化发展不可避免的结果。留守在村内的老人，大多劳动能力低下、年迈且体弱多病，甚至缺乏劳动能力，而留守在村内的未成年儿童无法参与产业发展。村庄内产业的发展需要劳动力的支撑，由劳动力不足导致的产业发展缓慢也是制约贫困户脱贫的重要原因。就 Y 村申请的果树种植业项目来说，种植前期需要劳动力下地松土、种子或树苗的栽种、引水灌溉、喷洒农药、土地施肥等劳作，种植后期梨树结果时还需要安置捕鸟网防止鸟类破坏果实，等到该采摘的时候更需要充足的劳动力，果实采摘的季节大约在每年的7—10 月，在这期间室外温度较高，一般的老弱病残是无法承受的。我们在 Y 村调研的时间正值暑期 7 月底，有幸同当地的村民一起采摘香梨，一棵梨子树大约能采摘大半箱的量，并且高处无法触及的果实还有很多，总体下来工作量很大，我们一直等到下午五点才去采摘，不一会儿汗水就湿透整个衣衫，亲身体验了劳作的强度，更能体会到劳动力对产业发展的支撑作用。

除了劳动力对产业发展形成制约外，相关专业技术的缺乏和专业技术利用的不足也是制约产业发展的重要因素。相关种植技术对于 Y 村贫困户来说也是一大需求，相对于简单的课程培训来说，他们更倾向于相关技术人员的亲身实践教学和具体操作指导。由于专业技术人员的短缺难以满足贫困户的需求，贫困户对于突发的自然灾害、市场风险以及种植技术的缺乏难以应对，再加上虽有专业技术但贫困户接受能力和学习能力较弱，导致技术利用率不足。尽管县农林部门安排了项目技术的指导，但全县参与种植项目的村庄与贫困农户太多，相关技术人员与资金支持有限，难以满足需求，从而使相关技术的支持很难得到有效保障。

（4）非贫困村与贫困村之间发展不平衡。

贫困村与非贫困村之间，由于上级政策倾向于贫困村，对非贫困村的基础设施和公共服务项目帮扶支持不够，所以出现了个别非贫困村基础设施比贫困村落后的现象。特别是 2014 年、2015 年已脱贫的村庄，由于当初仅限于搞一次整村推进项目使其脱贫，对贫困发生率、“六通四有”等条件要求不高，全村贫困户除兜底人员以外全部脱贫，但实际上大多已脱贫户从未享受到相关的扶贫政策，所以满意度不高。

10.4.2.4　精准考核的单一化：考核标准的数字化与扶贫效果的非持续性

（1）考核标准数字化。

项目考核是衡量扶贫项目运行效果的重要手段，扶贫项目的运行情况、给贫困户带来多少收益，是否能够助力贫困户脱贫，是否能够带动整村发展，是否能够令贫困户满意，在多大程度上提高贫困户生活标准等，都是需要一一进行考核的问题。然而实际上由于扶贫项目开发难度大、扶贫效果的长期性、上级政府的财政复杂性、贫困地区的偏远程度以及县级政府的考核压力等都制约了相关考核机制。为了便于考核工作的开展，地方政府大多追求单一的数字化考核，衡量贫困户是否脱贫的标准只看年收入是否达到国家最低标准贫困线以上，2014 年底只要达到人均纯收入 2800 元以上标准、2015 年只要达到年人均纯收入 2855 元以上标准，2016 年底只要达到年人均纯收入 3026 元以上标准就表示已经脱贫。而衡量地方政府或扶贫工作队扶贫工作成效的标准也是数字化标准，包括基础设施的建设情况（Y 村的标准化卫生室、垃圾池等基建项目）、建档立卡人数与每年脱贫人数、产业扶贫的帮扶人数与创造的收益等，对地方官员的政绩进行量化考核，并通过脱贫数字化指标在最终考核中能够获得好评，以此强化政府部门的责任制。但是过于单一的评价考核标准无法突出非量化的指标，对于贫困户的真实需求、脱贫满意度以及到达贫困线时的其他需求则无法衡量。

（2）扶贫效果的非持续性。

项目制扶贫的运作以“一事一议”的模式进行，其特点是追求短期效益的最大化，以短、平、快的实践逻辑进行。项目的执行主体，包括项目“打包”的地方政府及项目“抓包”的基层乡镇，都希望扶贫项目能够以最快的速度发挥最大的优势，让贫困村、贫困户从中受益，快速脱贫，以达到预期的脱贫目标，从而追求短期政绩最大化。协助扶贫项目执行的驻村工作队都是临时从各个政府部门下派的工作人员，驻村扶贫两到三年，扶贫工作完成之后就可以返回原来的岗位，凸显了相关管理人员的临时性。对于帮扶企业来说，它们只注重前期投入大量的资金和结对帮扶措施协助扶贫项目的展开，而后期的项目及人员维护则难以持续进行。Y 村发展的梨树种植是一个长期的过程，从项目申请到项目运行再到项目的最终完成需要很长时间，从栽种到收获至少也要两年以上，难以一蹴而就，效果显现缓慢，而扶贫项目资金注入合作社之后，后续的管理、技术以及资金的运行与维护则有始无终。

10.5 项目制扶贫的实践反思与总结

10.5.1 项目制扶贫的实践反思

10.5.1.1 信息传递的差序格局导致信息不对称

财政专项扶贫资金的下拨需要上级政府自上而下的层层审批和筛选，也需要基层乡镇政府与当地村委干部整合项目资源，自下而上进行层层申请。村扶贫项目的申请是在村干部审视整合村内资源和收集民意的基础上进行的，依据国家扶贫对象的识别标准，综合考量贫困对象的生活现状、家庭收入与致贫原因，进行建档立卡。在这个过程中，贫困户的瞄准问题将影响识别的精准性，贫困户的参与问题将影响信息的传递。村干部处于信息的核心位置，与村干部关系较好的村民或村庄精英优先享有知情权，知道扶贫项目的下拨资金以及能够享受的优惠，这意味着掌握了相关的信息就拥有了优先享受项目资金的机会。而一些弱势的村民由于不关心或者与村干部交往少，村内扶贫项目的落实都是从其他村民那里听说得来的，就难以获得准确的政策相关信息，处在信息的边缘，因此很容易被排除在外。由于信息不对称，那些被边缘化的村民则难以获得扶贫项目，进而失去脱贫的机会。

10.5.1.2 地方政府追求政绩最大化的自利行为

在扶贫项目落地实施的过程中，不同行为主体的利益诉求不同。中央政府作为项目资源主体，追求的是基层村庄能够通过扶贫项目的有效落实带动贫困户有效脱贫，走上致富道路。而基层政府在项目的实施过程中，相比于项目的落实效果，更追求自身政绩的最大化。地方政府在“压力型”体制下出于对政绩的考虑，在项目分配的时候优先选择能够如期脱贫的村庄，这些村庄的共同特点不外乎有一定的脱贫配套财力、有亮点产业、在争取项目时表现突出、有能有效带领村民发展产业有作为的村干部、相对“听话”的村庄，形成了利益共同体。就 Y 村的扶贫项目而言，地方政府通过利用扶贫项目的有序发展、项目成果的良好展现，作为自身政绩考核的依据，在“不出事”的维稳逻辑下将项目打造成“亮点”，在上级政府面前维护良好的形象，以此作为自身政治生涯升迁的砝码。这种利益至上的政绩导向，使得地方政府只对上级负责，忽视了基层真实的发展要求和利益诉求。

10. 5. 1. 3　乡镇政府“悬浮型”政权的权力真空

税费改革之后，基层乡镇政府财权事权上收，变为“乡财县管”，基层的发展主要依靠自上而下的财政专项资金，基层政府因不再自下而上收取农业税费而出现“空壳化”，无法从税收中获取财政，缺少了获取利润的动机，工作也就逐渐失去了积极性，不再有主动和村民交流与倾听民意的意愿，也没有转变职能服务于民的动力，造成政权的“悬浮”，出现权力真空。由于农业税的取消、村庄空巢化严重、基层事权的上收，出现了精简机构、合村并乡、撤乡并镇的趋势，将分散的村庄合并起来，削减村干部的数量，弱化了村庄的权力。而村庄合并之后，乡镇政府更多地成为摆设，不再如同以前一样下村走访，对于新合并村庄的各种情况并不了解，村民对于新的乡镇政府也不熟悉，更不愿意与其进行交流，有事也不愿反映，造成乡镇政府地位大不如从前。乡镇政府手中没有实权，财政的申请等各种事项都要上报县级主管部门批准，因此出现权力真空，给扶贫项目的有效实施带来影响。

10. 5. 1. 4　扶贫工作部门间缺乏有效配合

项目制扶贫是一项繁杂的工作，需要各个部门进行协调和配合。但县域机构改革后，部门间合作松散，使得与扶贫相关的大量工作没有固定的人员对接，各部门各自为政，缺少沟通协调，以至于经常出现人事不对等的情况，对扶贫项目的有效落实、项目资金的管理与审批以及最终的监督考核环节造成极大的影响。随着项目扶贫力度的逐渐加大，扶贫项目的类型逐渐增多，各扶贫相关部门工作量加大且日益繁重，迫切需要财政、农业、林业、畜牧、水利、科技等部门的分工协作，这些部门分别负责财政资金的监管与批复、相关技术指导、各环节的监督检查与最终的审计评估等工作，任何一项工作出现纰漏或问题都会影响整个综合性扶贫项目的进行。另外，项目扶贫中的大部分产业发展难度大，见效慢且多为长期性项目，项目资金的管理和审批程序复杂、扶贫责任重、扶贫工作难度大、各部门相互推诿、存在不同的利益诉求，造成层级利益的分化，使得扶贫的积极性逐渐减弱，扶贫工作应付了事，最终影响扶贫整体工作。

10.5.1.5 事本主义逻辑下社会责任的缺失

“一事一议”与事本主义逻辑下追求项目落实短、平、快的思想使部分地区重视基础设施建设与社会保障兜底，轻视转移就业与产业脱贫。扶贫工作队和村“两委”没有做到因户因人施策，帮扶措施形式化、表面化，扶贫项目短期化、单一化，对贫困户发钱发物和简单入股分红的现象比较普遍，贫困群众缺乏稳定增收的渠道，稳定脱贫缺乏保障。这突显了相关工作人员缺乏责任意识，导致扶贫政策的运行与实施脱离了贫困群体的真实诉求，只做表面工作而未能落实具体的责任，缺乏社会责任感。

10.5.1.6 贫困户主体性地位的缺失

权威主导下的项目扶贫实施的过程是由拥有强势地位和决定权的村“两委”与乡镇政府以及地方政府共同决议的，他们手中握有扶贫资源，依靠其自身的发展诉求，进行相关项目的政策制定、资源配置与落地实施。而贫困群体无法真正参与到多数的发展环节中，只是进行形式上的参与，且处于弱势地位的贫困户很少能够对村庄原有的权力结构进行挑战，也未获得真正的发言权与决定权，处于客体地位，其根本利益和主体性地位被完全忽视，最终导致贫困者参与发展的权利与自由被剥夺，扶贫的结果偏离扶贫项目的初衷。

10. 5. 1. 7　“思想贫困”制约扶贫

久居农村的贫困群体很少能接触外面纷繁的社会，衣不露体、食能果腹是其最基本的追求，对生活标准没有过高的要求，对国家扶贫政策知之甚少，对扶贫项目的关心度与参与度不高，思想贫困现象突出，脱贫动力不足。在 Y 村开展了“五送五有”等多种形式的走访慰问活动，为贫困户送去米、面、油等生活必需品，解决了贫困户一时的生活困难，但没有把精神扶贫作为重点去抓。一些贫困户脱贫的内生动力不足，自我发展意识不强，“等、靠、要”思想依然存在；一些已脱贫户，看到未脱贫户享受到了更多的扶贫政策，心理上产生了不平衡；更有甚者，因脱贫前后享受的政策有差异，所以出现了能脱贫但不愿脱贫的不良倾向。

10. 5. 2　项目制扶贫的实践总结

10. 5. 2. 1　加强上级领导，做好产业扶贫的顶层设计

为切实加快推进产业扶贫工作，市里进一步调整了脱贫攻坚工作指挥部成员，并成立了产业项目资金推进组，具体负责项目库建设以及风险补偿金项目储备和评审论证，负责加快推进项目实施和资金拨付，并定期对各县（市、区）资金安排使用情况进行通报。各县（市、区）要按照省脱贫攻坚的战略部署，切实加强产业项目和管理的组织领导，以贫困地区为主战场，以建档立卡贫困人口为对象，因地制宜，突出特色，围绕增强贫困人口就业增收能力，积极发展投资少、风险小、带动大、发展快的脱贫产业。

（1）精准选配带头人。

以县（市、区）为单位，对所有村党支部书记履职尽责情况进行一次集中摸底、分析研究，明确“五星、四星、三星、二星、一星”村党支部书记标准，开展村党支部书记“星级评定”。统筹抓好选、育、管、用四个环节，做好村党支部书记培养和选配工作，对于不胜任的及时予以调整，大力选拔“产业型、市场型、创业型”带头人担任贫困村书记；本村

确实没有合适人选的，选派机关优秀干部到贫困村任党支部书记，确保贫困村党支部书记全部选优配强、个个过硬。

（2）组织开展脱贫攻坚培训。

实施贫困乡村党员干部全覆盖培训计划，定期对贫困乡村党支部书记、党员开展以脱贫攻坚为主要内容的专题培训。紧紧围绕农村脱贫攻坚需要、农民创业致富需求，重点加强扶贫政策、现代农业、种养殖技术、乡村旅游等方面业务知识培训，进一步提高农村党员干部带领贫困群众脱贫致富的能力。运用好先进群体教育基地、黄河干部学院、现代远程教育等平台，切实增强培训效果。

（3）规范资金管理。

市、县、乡三级政府要进一步加大扶贫资金投入力度，解决好贫困人口生产发展、饮水安全、住房保障、教育保障、医疗救助等方面遇到的实际困难。加强资金监管，加快资金拨付，坚决杜绝挤占、挪用、套取、骗取扶贫资金的现象，切实提高资金使用安全和效益。各县（市、区）财政要拿出一定资金支持非贫困县脱贫攻坚工作，各非贫困县要进一步调整支出结构，根据脱贫攻坚需要列支财政扶贫资金。

（4）加大国家扶贫政策宣传力度。

组织帮扶人员和村组干部每月都要入户宣传国家扶贫政策，并在每户张贴国家扶贫政策宣传纸，在各个自然村显著位置印刷国家扶贫政策宣传标语，同时通过网络、广播、宣传车等多种形式进行宣传，确保每个贫困户都能知晓并理解国家扶贫政策。充分发挥新闻媒体作用，大力宣传抓党建促脱贫攻坚的重要意义、目标要求和经验做法，营造良好的舆论氛围。深入挖掘、广泛宣传基层党组织和党员干部带领群众脱贫攻坚的鲜活典型、生动事迹，教育引导贫困地区党员干部群众自力更生、艰苦奋斗，充分发挥脱贫攻坚的主体作用。

（5）强化基础设施建设和产业扶贫。

把路、水、电、房等制约乡村发展的瓶颈问题作为扶贫攻坚的关键抓手，不断加大村基础设施建设力度，完善各村“两室一场”的建设工作。

一是持续推动产业发展。依托林果业种植进一步扩大群众种植规模，优化品种结构，拉长产业链条。抓好艾叶种植，充分利用丘陵浅山区土地资源优势鼓励群众种植艾叶，以户带片，以片促村。鼓励群众继续加大养殖业发展，力争在三年内出现 3 ~ 5 家规模养殖户。二是着力优化社会服务。强化村党群服务站建设，提升服务质量，拓宽服务渠道，着力提高党员干部服务群众的本领。三是大力发展社会事业。加大对文化、教育、卫生等社会事业的建设覆盖面，持续完善村文化设施建设，不断改善活动条件，支持教育事业发展，治理好学校周边环境，完善村文化室标准化建设。四是扩大实施金融扶持。着力协助为群众解决小额贷款、“雨露帮扶”计划补助等金融扶持。提供技术信息服务，发挥驻村第一书理论扎实、信息宽广等方面的优势特长，竭力为群众提供增收致富信息。五是严格落实扶危济困。在全面精准识别的基础上，切实摸清孤寡老人、单亲家庭等困难人群的底子，着力发挥社会关爱作用，积极发挥党员和致富能手结对帮扶作用，落实政策兜底不留死角、无盲区。六是加强电力基础设施升级改造。加大村组电网升级改造力度，加快解决因电力需求增长出现供电能力不足的电网设施升级改造，重点解决村级低电压、超负荷、容量不足等“卡脖子”供电问题，为村级经济社会发展提供更可靠、更安全、更经济的用电保障。七是大力实施危房改造工程。组织人员逐户摸排贫困户住房安全问题，对贫困户存在危房问题的全部纳入危房改造工程。

（6）加强考核评议。

把抓党建促脱贫攻坚作为县、乡党委书记基层党建述职考核评议的重要内容，杜绝单一化、数字化考核机制，重点考核县、乡党委领导核心作用、领导干部骨干带头作用、基层党组织战斗堡垒作用、广大党员先锋模范作用发挥情况，真正使基层党建工作融入扶贫、服务扶贫、推动扶贫。

10.5.2.2　加强基层组织，筑牢脱贫攻坚的战斗堡垒

（1）强化扶贫作风建设。

以作风攻坚促脱贫攻坚，落实各级脱贫责任，以必胜勇气和决胜的信心，坚决打赢脱贫攻坚战。开展党员示范行动，组织农村党员积极参与结

对帮扶工作，每名有帮带能力的党员至少帮扶一户贫困户，确保党员结对帮扶全覆盖。组织开展为民服务代理代办、党员志愿服务等活动，促进党员在脱贫攻坚中发挥先锋模范作用。

（2）加强和改进基层党组织设置。

坚持把支部建在产业基地、产业协会、专业合作社和农产品加工企业中，构建以基层党组织为核心，以龙头公司、产业基地、合作组织等为支撑的“一核多元”精准扶贫组织体系，推动党组织服务活动与精准扶贫深度融合，互促共进，不断放大党组织和党员在产业链上的富民效应。

（3）做好贫困户项目谋划、实施工作。

针对贫困户的致贫原因、实际需求和脱贫标准来谋划近几年扶贫项目，并严格按照贫困户个人申请——村级上报——乡审核——县级审批的程序做好项目推进工作。做好贫困户的小额信贷政策宣传和发放工作。加强对贫困户的小额信贷政策宣传工作，引导贫困户充分利用小额贷款进行产业发展。

（4）加强相关部门行政工作的协调。

随着项目制扶贫力度的加大，越来越多的政府部门都参与进来，成为扶贫的中坚力量。为了保障扶贫措施的有效进行，应明晰各部门的职责权限，规范岗位职责，使各项流程工作的展开都能找到匹配的工作人员，不同部门之间在各司其职的基础上应加强相互间的交流与协作，在资金的管理、项目的审批、人员的安排以及考核监督等方面协调有序，从而为扶贫项目的开展提供人员保障。

10.5.2.3 注重农民参与，激活农村内生发展动力

（1）加强“精神脱贫”工作力度。

为推动实现“物质脱贫”与“精神脱贫”同步推进、同步完成的目标，在实施文明乡风宣教行动，实施志愿服务帮扶行动，实施文化服务惠民行动，实施环境卫生整治行动，实施先进典型选树行动，实施教育、技能培训提升行动等六个方面开展工作，并成立“精神脱贫”志愿服务队，对贫困户从思想上、精神上进行帮扶，帮助他们摆脱思想观念上的贫困，

并采取多种措施充分调动他们干事创业的热情，不断激发贫困群众脱贫致富的信心和共建美好家园的愿望。

（2）恢复和重建贫困者的主体地位。

项目制扶贫的出发点和最终落脚点都是帮助农村贫困群体或贫困农户，通过各项扶贫措施的有效实施摆脱贫困的困扰，改善生活条件，走上致富道路。然而，在扶贫项目的申请、运行以及监督考核的过程中，贫困群体的主体性地位被悄然置换，变为扶贫的客体和被利用的工具，在项目的实施过程中没有绝对的发言权，听从村组织以及县乡政府的工作安排，无权决定产业发展项目，被排斥在项目建设之外，丧失了主体地位。因此，要恢复和重建农村贫困群体的主体性地位，赋予村民应有的权力，使其有更多的权力参与到项目建设发展中去，充分表达自身的发展意愿，并监督项目的实施，使其享受应有的决策权、执行权和参与权，做扶贫真正的受益者。

（3）注重村庄内部内生性组织的建设。

村庄内部内生性组织是村庄共同体基于血缘、宗族、地缘、文化、邻里关系以及共同价值观等情感自然形成的乡村组织，是连接村民与政府、村民与村民、村民与社会之间的重要发展纽带。注重村庄内部内生性组织建设，切实发挥村民自治制度，规范村委会组织召开村民大会或者村民代表会议，动员更多村民主动参与本区域公共品的供给决策，力争实现社区主体与资源主体的直接对接。为有效动员村民积极加入，依据受益范围灵活确定议事片区，可将其分为全体村民受益、部分村民受益等，充分尊重村民意愿有区别地选用相应议事机制。还可以积极培育农村公共品供给的村民议事小组、项目维护管理小组，让村民主动参与到农村公共品供给的实践中去，加强其话语权，进一步凝聚村民力量，形成村民自觉处理公共事务的传统合力。

第11章

河南省产业扶贫理论与案例

11.1　产业扶贫概论

11.1.1　概念与内涵

自20世纪80年代大规模实施扶贫开发战略以来，工业产业拉动贫困地区和贫困农户增收致富发展的工作手段就已经显现，2001年，《中国农村扶贫开发纲要（2001—2010年）》提出产业化扶贫，被当作同时期“一体两翼”（“一体”：整村推进扶贫开发，“两翼”：产业化扶贫和劳动力转移培训）扶贫模式中的重要内容。

产业扶贫是以经济效益为中心、市场为导向和特有产业发展为杠杆的扶贫开发过程，是内生机制和扶贫开发的主要内容、战略重点，目的是协同发展个体（家庭）和贫困域，根植发展基因并激活动力，阻遏贫困发生的动因。产业扶贫是贫困户、企业和政府间互相衔接协调形成的重要扶贫道路，是主体不仅为政府，还包括企业和个人等非政府组织在内的多元化发展。贫困地区收入来源是产业扶贫主要解决的问题，途径是特色产业的建设和关联。因此，产业扶贫建设重点如下：通过实地调研明确区域经济发展优势；通过对相关产业的现实和潜在市场进行研究，确定重点产业发展定位；通过对外招商引资，把当地产业规模做强做大；产业集群化发展；政府要加强对企业资金和人才等方面的大力支持，使产品方向朝着创新化与品牌化方向发展。

11.1.2　理论基础

11.1.2.1　涓滴理论

涓滴理论是指由优先发展起来的群体或地区通过消费、就业等方面惠及贫困阶层或地区，带动其发展和富裕，而不是救济。涓滴理论的核心是通过经济社会发展，提升地区整体经济水平，使优先发展起来的群体或地区在消费、就业等方面惠及贫困阶层生活地区，带动贫困户、贫困人口脱贫，即政府财政津贴路线：大型企业——小型企业——个人，也就是所谓的先富带动后富的模式。涓滴理论认为，经济社会发展中的不平衡状态是正常的，不平等的收入分配可以增加人力资本和物质资本的流向，增加投资效益。政府不应该直接为贫困户脱贫买单，而是通过政策和投资去促进一个地区的经济社会发展，扩大就业、提升整体收入水平，进而实现脱贫。这一理论对于贫困地区脱贫具有较好的效果，可以迅速使一个地区摆脱贫困，如针对贫困村，可以通过企业、产业帮扶实现脱贫。

11.1.2.2 资源禀赋理论

一国拥有劳动力、资本、土地、技术、管理等生产要素的数量就是资源禀赋。两国相同要素禀赋进行比较，假如一国某种要素供给量大于其他国家，而价格相对较低，则说明该国的要素相对比较丰富；相反，如果某种要素供给量少而价格相对较高，则说明该国要素相对稀缺。因生产中存在供给数量和供给比例差异，所以会出现成本的绝对差异，进而导致商品价格的绝对差异。

河南省某些贫困山区，资源虽然丰富但交通不便利，基础设施更是相对落后，而且当地人民文化素质普遍较低、就业能力差。充分利用当地现有资源优势，一方面可以降低当地失业率，提高劳动力利用率；另一方面，对降低生产成本也有很大好处，使贫困人群的收入得到大大提升；与此同时，还可以实现多赢局面，让当地的基建和交通得到更好的改善。

11.1.2.3 产业化减贫理论

农业产业化（牛若峰，2002）是指将农业再生产领域中生产、供应和销售三个环节相互结合，实现产供销一体化、规模化，通过现代农业技术改造传统农业生产，逐步实现农业现代化、市场化、效益化的现代化经营体系，使农业产业进入良性发展轨道。

产业化减贫具体包括四个方面：第一，将分散的自给自足的农业生产转变成市场导向的盈利产品的有经济规模的商业化生产，以增加收入；采用改进的农业技术，生产更高品质的产品，争取高价；引进新作物品种和家畜品种。第二，对政府农业基础设施改进方案的补充，重点放在改善农场和乡村灌溉及道路系统，以支持农业生产、促进价值链发展以及提高适应气候变化的能力。第三，对农民和企业进行能力建设，了解签订供应合同中供应量、质量、认证等义务，认识到承担信贷相关的农业预算和义务的需求及发展，增强其管理水平和业务能力，提高盈利水平，同时增强企业、农村贫困家庭和合作社之间的价值链联系。第四，培育农民合作社等农业新型经营主体，通过在采购、供应、加工、质量控制、成本核算/产品定价、市场营销等相关管理能力方面提供扶持，强化其在产业中的作用。

11.2　河南省产业扶贫现状及成就

11.2.1　河南省产业扶贫现状分析

2015 年 11 月，产业扶贫工作自从中央扶贫开发工作会议召开以后得到大力支持，各地方开始根据自身优势培育产业并编制发展规划，不断培育新型经营主体并推动体制机制的创新，产业扶贫攻坚战在全国打响。2015 年 12 月 28 日，河南省委扶贫办公室在郑州召开了河南省委扶贫开发工作会议，时任省委书记、省人大常委会主任郭庚茂在讲话中指出，打赢河南省脱贫攻坚战，必须贯彻落实好中央决策部署，把握好以下总体要求：一是明确主要目标，到 2020 年实现“两准确、两不愁、三保障”；二是把握坚持精准扶贫、精准脱贫的基本方略；三是抓住产业扶贫这个关键环节，同时坚持“五条途径”，加快精准脱贫步伐，要让实施精准扶贫“五个一批”工程的原则和要求在河南进行本土具体化，坚持“转、扶、搬、保、救”五条途径，在精准脱贫上出实招、见真效。

河南省有 53 个贫困县，其中包括国定扶贫开发工作重点县 38 个，共

8103个贫困村。在扶贫致富的过程中，河南省采取了相应的措施以摆脱当前贫困局面。最近几年，由于实施了产业扶贫发展模式，河南省生产总值从2010年的23092.36亿元增加到了2016年的40471.79亿元，将近翻了一番。本章将对其产业发展现状进行分析，统计了河南省以及相邻几个省2010—2016年的生产总值、三次产业增加值和就业人数变化等情况，通过对比，进而说明河南省扶贫政策实施后的成果。之后又对河南省在农业、工业、高新技术产业及文化旅游产业方面取得的成果进行了分析，说明河南省近年来取得的成绩。

11.2.1.1 河南省与相邻省份生产总值变化

表11－1给出了2010—2016年以来河南省与相邻省份的生产总值情况，我们可以看出各个省份生产总值一直保持快速的增长。

表11－1 河南省与相邻省份2010—2016年生产总值 单位：元

年份	河南省	河北省	陕西省	湖北省	安徽省	山西省
2010	23092.36	20394.26	10123.48	15967.61	12359.33	9200.86
2011	26931.03	24515.76	12512.30	19632.26	15300.65	11237.55
2012	29599.31	26575.01	14453.68	22250.45	17212.05	12112.83
2013	32191.30	28442.95	16205.45	24791.83	19229.34	12665.25
2014	34938.24	29421.15	17689.94	27379.22	20848.75	12761.49
2015	37002.16	29806.11	18021.86	29550.19	22005.63	12766.49
2016	40471.79	32070.45	19399.59	32665.38	24407.62	13050.41

数据来源：国家统计局。

虽然各省份生产总值整体增长趋势都为正，但其增速却存在较大差异。为了更直观地显示各省份生产总值的增长速度，我们绘制了这几个省份2010—2016年生产总值的折线图，如图11－1所示。从图中我们可以看出，河南省生产总值的总增长速度高于其他省份，2015年前后的增长速度比较快，2010—2014年其生产总值的增长速度明显低于2015—2016年，且河南省生产总值的增长速度一直保持上升趋势。其次是河北省和湖北省，河北省的增速在2014年以后趋于平缓，湖北省在2014年与其持平且有赶超之势。最后是安徽省、陕西省和山西省的增长趋势相似。河南省之所以能取得现在的成绩，与其实施的产业扶贫政策是分不开的。

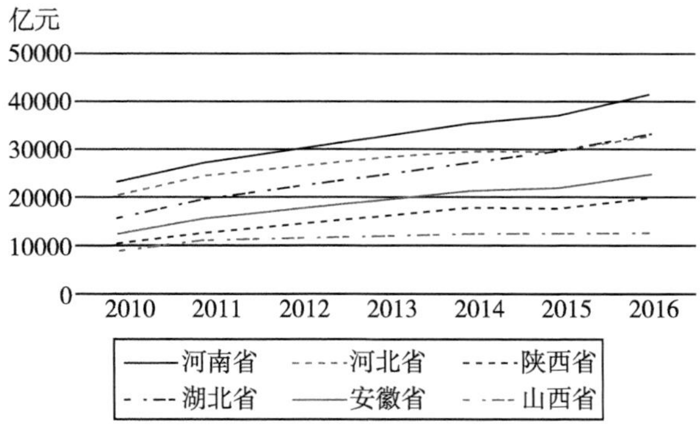

图 11 - 1　河南省与相邻省份 2010—2016 年生产总值增长趋势图

11.2.1.2　河南省三次产业增加值及各自比重变化

表 11 - 2 给出了 2010—2016 年河南省三次产业增加值，总的来看河南省产业结构仍不太合理。通过表 11 - 2 我们可以看出，河南省三次产业的增加值都保持上升的趋势，但在 2012 年前后，第三产业的增长速率却出现了较大波动，为了能更直观地观察其变化速率的不同，我们做出了折线图，如图 11 - 2 所示。通过图 11 - 2 可以看出，河南省第三产业保持逐渐上升的发展趋势，但其变化速率却在 2012 年出现了较大幅度的上升，这说明河南省产业扶贫政策发挥了作用，并且之后一直保持高速增长。通过观察我们发现，河南省第一产业发展比较均衡，而第二产业增加值变化却存在不同，可以看出，2012 年河南省第二产业增加值的增长速度逐渐放缓，2016 年增速稍有上升，这说明河南省 2012 年之后实施的产业政策重点在发展第三产业，同时保持第一和第二产业的发展。

表 11 - 2　2010—2016 年河南省三次产业增加值　　单位：亿元

年份	第一产业	第二产业	第三产业
2010	3258.09	13226.38	6607.89
2011	3512.24	15427.08	7991.72
2012	3769.54	16672.20	9157.57
2013	3972.70	16742.90	11475.70

续表

年份	第一产业	第二产业	第三产业
2014	4160.01	17816.56	12961.67
2015	4209.56	17917.37	14875.23
2016	4286.21	19275.82	16909.76

数据来源：《河南省国民经济和社会发展统计公报》。

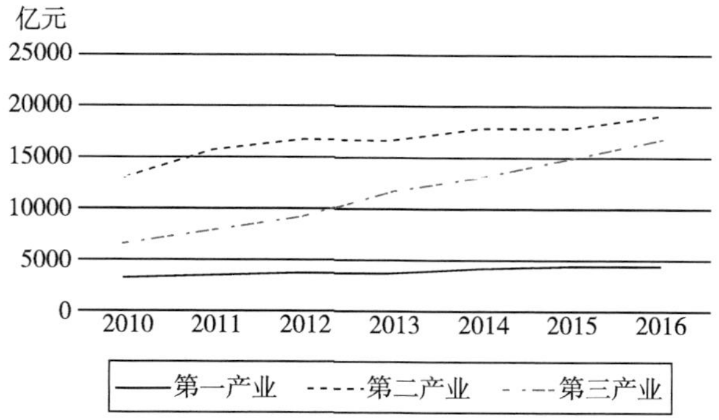

图 11－2　2010—2016 年河南省三次产业增加值走势图

虽然，三次产业的增加值能够说明河南省产业结构的变化，但这不足以说明各产业增加值对河南省地区生产总值贡献的变化。为了进一步反映河南省产业结构变化情况，我们计算出了 2010—2016 年河南省三次产业增加值所占的比重，如表 11－3 所示。为了能更直观地观察近几年来三次产业增加值比重的变化，我们做了图 11－3 所示的折线图。图 11－3 能够直观地显示 2013 年是产业比重变化的转折点，这说明河南省产业扶贫政策实施后其产业结构发生了极大的变化，总体来看，河南省第一产业的比重在 2013 年以后出现了较明显的下降趋势，2014 年之后缓慢平稳增长，结合表 11－2 得出，其第一产业增加值整体趋势保持平稳。如图 11－3 显示，河南省第三产业增值比重一直保持上升趋势，且在 2013 年之前增速相对缓慢，2013 之后增长速度急速提升，2014 年比第二产业增加值比重略高，说明最近几年河南省更加注重第三产业的发展，政府扶持政策整体逐步向第三产业倾斜。图 11－3 还显示河南省第二产业增加值比重在 2013 年之前保持平稳增长，但在 2013 年之后却出现了下降的趋势，这说明河南省从

2013 年之后对第二产业重视不够，政府把工作重点逐步转向了第一产业和第三产业。通过以上分析可以看出，河南省充分发挥了自己的地理优势，以农业为基础，带动了第三产业的发展，但是其对第二产业的重视程度仍有待提升。

表 11－3　2010—2016 年三次产业增加值比重（%）

年份	第一产业	第二产业	第三产业
2010	14.2	57.7	28.1
2011	12.9	58.3	28.8
2012	12.7	57.1	30.3
2013	12.6	55.4	32.0
2014	9.2	42.6	48.2
2015	11.4	49.1	39.5
2016	10.7	47.4	41.9

数据来源：根据《河南省国民经济和社会发展统计公报》计算而得。

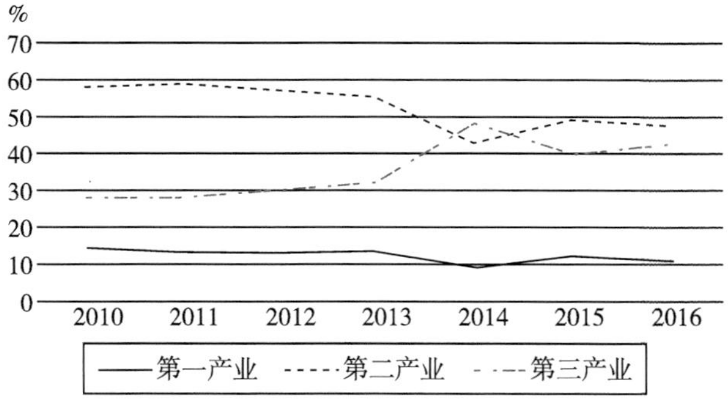

图 11－3　2010—2016 年河南省三次产业增加值比重走势图

11.2.2　河南省产业扶贫取得的成效

产业扶贫发展的优势在于通过扶持贫困地区产业发展，有效改造贫困地区经济运作模式，促进当地贫困居民从“靠天吃饭”的传统种植转为以稳定就业为基础的农产品加工业，提高扶贫效率。贫困地区主导（特色）产业的利用和发掘能有效适应当地实际，发展并壮大贫困地区特色优势产业链条，增强地区产业规模和竞争力。河南省政府依托产业集群、服务业

“两区”和各类专业园区，积极承接产业转移，加快发展高成长制造业，转型升级传统支柱产业，大力发展现代服务业，形成了一批具有竞争优势的突出产业集群，成为促进经济增长和就业的主要支撑。河南省2018年将开始新一轮招商引资，总投资额高达1.4万亿元，主要围绕现代服务业和农业、电子信息产业、高新技术产业、先进制造业、现代物流业、旅游业等多个行业展开；同时河南省政府还加快推进与长三角、珠三角、京津冀等国家重点城市群的经济产业合作，区域间交流互动进一步深化，有效吸引各界资本在河南落地投产。

11.2.2.1 农业产业发展势头良好

河南省自然资源丰富，围绕农林、果林、中草药、菌类以及花卉苗木等特色优势产业，各地建立了属于自己的优势产业。如新乡市封丘县应举镇的河南嘉联农林有限公司建设的嘉联生态园，用地2200亩，集苗木种植、林下养殖、经济农作物（油用牡丹）种植与产品加工等于一体，是“林业产业化省重点龙头企业”“农业部休闲农业示范点”“国家林业局绿色产业扶贫示范基地”。洛宁县光照充足，适合种植果树，并着重发展林果1.86万亩，其中苹果1.1万亩、金珠沙梨5130亩。社旗县郝寨镇十里井村千亩中药材产业扶贫，发展白芷、板蓝根、白术、杭白菊和艾草等中药材1万余亩。三门峡卢氏县气候温和资源丰富，具有食用菌生产的有利条件，总投资3亿元占地257万亩，12个车间建筑总面积达10万平方米的食用菌产业园已经正式投产，配套装袋、拌料、灭菌、接种、养菌等设备，年产菌棒3000万棒，将显著提高全县食用菌产业工厂化、自动化、多元化水平。

河南省天然地理环境、自然资源优势为其农业发展与农产品增收提供了有利条件，由图11－4可以看出，近五年河南省农林牧渔业总产值整体呈上升趋势，农林牧业发展状况良好。河南省以优质的粮食家禽养殖资源为基础，进一步发展绿色食品加工业，鲁花、金龙鱼、福临门（中粮集团）、牧原、二仙坡绿色果业、生命有机食品等企业在优质林果优势区建设加工基地，进行生产经营，产业发展势头良好。

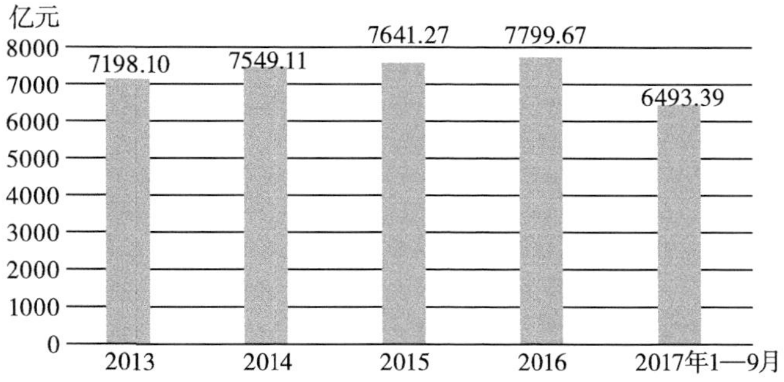

图 11－4　河南省农林牧渔业生产总值

11.2.2.2　工业产业取得长足进展

河南省地质构造复杂，成矿条件良好，各类矿产资源丰富。华北地块的基础结构相对复杂，小秦岭—熊耳山地区的太华群形成变质核杂岩，其发展控制着金、银、钼、铅和锌矿床的分布；太行隆起，滇池—确山构造带发展的矿藏包括铝土矿、耐火粘土、煤炭等；卢氏—栾川构造带是中国钼矿床最大的集中区，伴有钨、铅、锌、金、银矿床；伏牛山—大别山是秦岭造山带旋回型演化带，形成了金、银、钼、铅、锌、铜等重要成矿带。在河南省东部的凹陷区，盆地内有石油、天然气、天然生物碱、岩盐等矿藏。截至 2017 年底，全省共发现 127 种矿产，包括未确认的资源储量。全省已确定资源储量 1085 个，其中大型 150 个，中型 259 个，小型 492 个，小矿以及未知规模的 184 个。这些矿产资源为河南省金属矿产加工业的发展提供了一定的资源基础。

随着河南省改革与发展，工业生产经营取得长足进展。2017 年，河南省完成工业增加值 18807.16 亿元，是上年增加值的 107.4%。规模以上工业增加值比上年增长 8.0%。在规模以上工业中，从经济类型角度划分，国有控股企业增加值比上年增长 5.6%，集体企业增加值比上年增长 7.3%，股份制企业比上年增长 8.6%，外商及港澳台商投资企业比上年增长 7.6%，私营企业比上年增长 6.0%。在清洁能源方面，中建材光伏发电、山东鲁能光伏大棚发电、大鱼沟抽水蓄能电站、中硅高科太阳能发电等项目相继引进开展；在生物医药方面，河南省拥有板蓝根、黄芪、丹参、冬凌草、金银花等四十余种中草药，以兰斯利甘草多糖提取、普网药博园、龙门药业为主的生物医药产业项目先后投入建设；在电子信息设备等方面，福瑞电子、嘉盛电源等企业入驻河南，为电子行业发展奠定了基础。此外，涵盖生产、精深加工、存储、运输、销售、研发、培训等多个环节的现代园区建设发展也为河南省产业扶贫创造了有利条件。河南商务电子产业园、三门峡电子产业园、亿辉光电科技产业园等高新技术产业园区相继投入建设，为河南省高新技术产业发展形成良好助力，使其科技水平有效提升，产业结构进一步优化。

11.2.2.3　旅游产业迎来战略机遇

河南省旅游资源丰富，具有13个国家级旅游景区，郑州市登封市嵩山少林寺景区、洛阳市洛龙区龙门石窟景区、焦作市云台山、安阳市林州市红旗渠太行大峡谷旅游景区等，同时还有有“九寨沟”之称的神灵寨国家级地质公园，历史传说的闯王坡、龙头山、祖师墓等。自2010年开始，河南省共投入22.52亿元支持乡村旅游发展，其他社会多元主体对乡村旅游投资87.11亿元。2015年，河南省旅游局专项投资1580万元，改善乡村旅游基础设施。2017年，河南省共接待境内外游客6611万人次，比上年增长14.1%。其中，入境游客307.32万人次，增长4.5%，旅游总收入6751亿元，增长17.1%。年末有159处AAAA级以上景区，532个星级酒店，1199家旅行社。

关于河南省旅游业发展情况，人民政府办公厅发布了关于河南省“十三五”期间旅游业发展规划通知，该省旅游业发展将迎来新一轮战略机遇和发展黄金期。此外，“一带一路”倡议为跨区域和跨国界政策融合、基础设施互操作性、旅游合作创造了难得的机遇。郑州航空港经济综合实验区、郑洛新国家自主创新示范区、中国（河南）自由贸易试验区（自贸试验区）、中原城市群等“三区一群”战略的实施为该省旅游业发展提供了新的发展空间。

11.3　河南省产业扶贫模式：几个典型案例

产业扶贫是以经济效益为中心、市场为导向、特有产业发展为杠杆的扶贫开发过程，同时也需要政府扶持政策的背景环境，以市场需求为导向，核心和主要目标分别是产业发展与贫困人群脱贫增收。在推动资源配置的同时进行产业布局，经过龙头企业等的带领，产业链条得到延伸，专业化分工得到加强，经营一体化水平得以提升，对推动农户参与脱贫和新农村建设等具有积极作用，是推动河南省各地方注重可持续发展长期造血扶贫的重要手段。河南省产业扶贫通过政府部门引导，结合银行、信贷公司等金融机构支持，企业、园区基地、农民合作社和贫困户等多元主体间相互协作，逐步发展形成了“贫困户 + 政府 + 企业”“贫困户 + 龙头企业 + 合作社”“贫困户 + 农民专业合作社 + 企业”“贫困户 + 能人大户 + 企业”等以贫困户为中心的“1 + N”多边配合扶贫模式，有效推动了企业发展、平台构建与产业链建设，实现了贫困户增收创收、农村经济效益快速增长的重要目标。

本文从河南省贫困村中选取三个模式和案例，分析并总结其产业扶贫做法、比较成功的经验与不足之处，对河南省产业扶贫起到参考作用，从而加快河南省扶贫攻坚步伐，早日实现全面小康社会，为中华民族繁荣富强贡献力量。

11.3.1　信阳光山“互联网 +”扶贫模式

“互联网 +”是指依托互联网信息技术实现互联网与传统产业的联合，即“互联网 + 各个传统行业”，它既是新的经济形态，也是一种新的社会形态，在社会资源配置中发挥优化和集成作用，将互联网创新成果和经济社会等领域进行深度融合，使社会生产力和创新力得到大幅提升，使与互联网相关的经济发展新形态更具广泛性。“互联网 +”即电商扶贫，是被中央列入扶贫举措之一的在新形势和新技术条件下的扶贫模式，应让它发挥应有的作用，打赢脱贫攻坚战。

位于河南省南部，北临淮河，南临大别山，在湖北、河南和安徽三省间边界地带的光山县，人口 90 万，总面积 1835 平方公里。光山县是国家扶贫开发工作重点县，在自然资源和扶贫的基础上，积极探索和实施“多彩田园”产业扶贫模式，坚持以市场需求为导向，以带动产业发展为动力，激发贫困家庭自主融入产业链，充分发挥资源优势，建立稳定的贫困人口产业发展和收入增长的利益联结机制，促使贫困户多渠道融入产业发展，形成产业类型、脱贫模式以及收入渠道多样性的扶贫格局。

11. 3. 1. 1　进行产业转型

羽绒产业是光山县传统支柱产业，该县是全国著名羽绒材料集散地、羽绒服装加工基地和羽绒制品销售中心。但随着国内消费升级，线下羽绒产业已出现萎落。在此背景下，光山县借助互联网推动传统产业转型，成立了羽绒产业发展领导组织，建立县委、县政府领导分工联系制度，并专门设有电商发展办公室，对羽绒产业和电商规划、招商引资、产业政策等进行协调；同时成立了电商发展办公室、供货联盟协会、速递物流协会等组织，形成了完善的工作推动机制。

光山县借助互联网趋势使羽绒服装业发展继续保持强劲势头，主要表现在：一是销售渠道由线下转为线上。光山县在阿里巴巴淘宝平台开设 1.5 万多家网店，从 2014 年到 2016 年连续三年网销额分别突破 10 亿元、20 亿元和 30 亿元。二是市场由国内转向国际。光山羽绒服装营销模式由“前店后厂”或“店厂合一”转为电子商务销往世界各地。三是品质由低端转向中高端。四是生产方式由小作坊向规模化加工转型，更为全面。同时，农副产品、旅游产品和工艺品等行业也都实现了全方位转型。

11. 3. 1. 2　人才培养与吸纳就业

光山电商扶贫的关键是电商人才的培训。首先，对识别登记的贫困户进行电商相关培训。自 2014 年以来举办为期 1 个月、规模 50 人的培训班 14 期，累计培训 700 名学员，其中 90% 的学员均通过网店实现月收入达 1500 元以上，顺利实现脱贫。其次，通过电商产业配套培训助力电商扶贫。如视觉培训班、客服培训班、产品开发班等，一共举办超过 100 期的各种培训，共有各类电商扶贫 1.2 万多人。最后，还举办各类电商创业班和成立电商工作室。残疾人、各类合作社主体、羽绒转型电商班；电商扶贫干部班和返乡农民工电商培训班等。经过培训以后成立电商工作室，如繁星工作室是政府出资为残疾人创立的工作室，考虑到其特殊人群的特殊情况，免费提供工作场所和技术支持。注重贫困人口的参与效率，突出脱贫主题，助推扶贫攻坚。

电商扶贫的重要方式之一是扩大就业人数，形式是通过各类电商企业以及由其本身带动的其他产业发展。主要方式有：一是网店企业吸纳就业。全县有 1.5 万多家网点，需配套大量客服与仓配人员，同时电商协会面向贫困人口进行了 6 场招聘活动，累计招募 678 名贫困人口在网店就业，人均月收入达 2000 元以上，高者月收入 5000 元以上。二是物流企业吸纳就业。全县 49 家物流公司帮助 245 名贫困人口就业。三是生产加工企业吸纳就业。全县 1.2 万家小微企业解决了大量贫困人口的就业问题。

11.3.1.3　扶贫模式创新

电商扶贫工作的发展动力是创新。光山县成立“光山县晏河电商公社”，有自己公社的相关公众号，130 多户贫困人口在群里进行互动交流。光山政府还建立了电商扶贫服务中心，这不仅是贫困户的购物中心，还是网店，该中心不但提供扫码支付功能，而且可以实行网上代购代缴。此外，老百姓也有自己的手机电商平台，使当地产品售卖渠道进一步拓宽。光山政府已累计举办 7 期农民手机应用培训班，使贫困户使用互联网的水平进一步提升。定期开展节庆活动，通过展销会或产业现场会，如西瓜节、板栗节、糍粑节、中秋节、年货节等，集中推动农副产品上城上线并销往外地。在电商的发展道路上，光山县不仅探索出了“电商 + 一产”模式，而且还有“电商 + 二产”和“电商 + 三产”模式，扶贫效果更是不可估量。

11.3.1.4　产品品牌打造

电商可持续能力的重要保障和扶贫带动能力提升靠的是品牌竞争力。

光山县在此方面做得比较到位，每年拿出100万元支持羽绒服新款开发，作为专项资金使用，对于企业设计新款给予每款3000～5000元奖励；农副产品近三年已奖励近百万元（10000元/款）；对于网上年销售量达到一定额度的农特产品，政府按政策给予5万～10万元奖励。在提升品牌竞争力的同时，着力运用品牌溢价推动贫困户的发展。政府将补贴贫困户免费使用创新产品，对生产加工企业尤其是像"光山十宝"这种带有扶贫能力的生产加工基地，奖励20万～100万元。在电子商务扶贫终端方面，将重点发展平台开发、运营推广、智能仓储、智能物流、售后服务的技术，努力构建电商强大的扶贫产业链。

光山县通过电商扶贫的探索与实践，形成了具有自身特色的产业扶贫模式。2014年，光山县成为河南省第一批国家级电子商务进农村综合示范县。2015年，光山县网络销售额超20亿元，2016年超30亿元，2017年"双十一"当天网销1.5亿元。由于在"电商+扶贫"中所做的突出贡献，光山连续两年（2015年和2016年）被评为"电商消贫十佳县"。2016—2017年光山计划电商脱贫15000人，一抓培训带动5000人脱贫，二抓网店带动4000人脱贫，三抓链条带动4000人脱贫。有了一定成效后，光山接下来的任务就是更加深入地对电商扶贫进行思考，从不同方面继续进行创新，把光山打造成全国知名电商示范县。

11.3.2 南阳淅川县"千企帮千村"

企业与贫困村直接结对帮扶机制是河南南阳市脱贫攻坚探索的有效途径。在派驻第一书记（驻村工作队）力度不降、压实县乡主体责任不减、落实"三带三帮三扶一兜底"工作责任制不变的基础上，从2017年4月开始到2020年12月，在全市范围内广泛开展"千企帮千村、万名干部助脱贫"活动，用时4年，目的是扶持脱贫人口增强内生动力，为贫困地区发展脱贫产业提供帮助。到2019年实现三个目标：现行标准下贫困人口稳定扶贫、贫困村退出贫困序列、7个国家和省定贫困县全部脱贫，决战决胜脱贫攻坚战。

"千企帮千村"即将企业作为帮扶责任主体，把全市713个建档立卡贫困村和 292 个非贫困村（60 户以上贫困户）作为帮扶对象，其主要内容为“签约结对，村企共建”，动员全市 1000 家以上具有社会责任感并有一定经济实力的企业参与到帮扶工作中，确定每个帮扶对象村都有一家企业帮扶，不脱贫不脱钩。此外，当地政府依据企业帮助的贫困人口数量还给予一定比例的财政支持；帮扶企业拥有县级信贷“资金池”资金的优先使用权；落实在贫困人口就业企业的税收优惠、公益扶贫捐赠所得税税前扣除、职业培训补贴等支持政策。到 2017 年 12 月，南阳市已有 1087 家企业和帮扶村建立了对口联系，其中，700 多家工业企业，专业合作社和家庭农场等 300 多家，实施 700 余个帮扶项目，5. 9 万余人成为帮扶贫困人口。

淅川县位于豫西南边陲，是豫、鄂和陕三省的交界黄金地带，因淅水纵贯境内形成百里冲积平原而得名。南水北调中线工程的源头丹江水库，渠首就在南阳市淅川县，被誉为“天下第一渠首”。由于南水北调工程，为了保证水质，淅川最好的三川 400 多亩土地被淹没，这就使以种植玉米和小麦的传统农业县淅川陷入极度贫困，同时淅川县也是河南省 4 个深度贫困县之一，整个淅川县有贫困人口 6 万多人，贫困发生率超过 10%，是急需脱贫致富的贫困县。淅川县在“千企帮千村”的基础上，实施“百企帮百村”，本文选取淅川县九重镇唐王桥村为例，采用“政企联动公司 + 基地 + 农户”的模式，结合当地实际情况进行适合自身情况的生态发展。

11. 3. 2. 1　产业选取及政策

由于地理位置特殊，临近南水北调，淅川县坚决拥护南水北调中线工程的实施，为了让沿线人民喝上放心水，各县村庄加强生态保护，建设绿色南阳。政府一共关停“十五小”污染严重的 100 余家企业，年废水排放量减少 2000 多万吨，COD 减少 2. 5 万吨；累计投入超过 3 亿元资金进行综合治理废水污染源近 300 家，确保 90% 以上水源区的地表水功能区断面水质达到标准。淅川县以农田水利基建为载体，工程和生物措施相结合，大力发展果药草立体种植，实行山、水、林、田、路综合治理。由于九重镇位处南水北调中线渠首，所以保护水质头等重要。以此为背景，九重镇以“农业生态化、生态产业化”为方向，以农业龙头企业为带领，走生态发展的农业发展之路。

九重镇唐王桥村属于典型的农业型村庄，以种植玉米和小麦为主，基本上靠天吃饭，全村有2/3的人外出打工，400多亩土地大多种植传统农作物，要想打破贫困村的现状，光靠年均收入两三千元的农作物种植是绝对行不通的。因此，2011年，经当地政府牵头，村委会慎重考虑后决定把土地流转出去，种植金银花。由于金银花具有清热解毒功效，所以被老百姓称为“环保花”“致富花”和“健康花”。之所以叫“环保花”，是因为金银花防止水土（流失）的作用非常明显，是常年多年生的植物，保护环境的效果、保护水质的效果特别好；说它是“致富花”，因为金银花品质优良，保证了福森药业生产的双黄连注射液和口服液产品质量稳定可靠，为其抢占市场奠定了良好的基础，所以，它也被称为“健康花”“效益花”。作为百企之一，福森药业经过全方位的考察以及相关政策的支持，大力发展金银花种植产业，进行就业结对帮扶。

11.3.2.2　产业模式“公司+基地+农户”

经过实地考察以及对相关情况的考虑，福森药业在唐王桥村采用“公司+基地+农户”模式进行产业扶贫。示范带动全镇农业走集约化、规模化和产业化发展道路，在满足药业生产需要、解决库区农民就业、增加农民收入的同时，建起了环丹江水库生态屏障，实现了经济、生态和社会效益共赢局面，确保移民在土地只减不增和考虑生态效益的情况下实现经济效益最大化。

2010年，河南福森药业利用移民搬迁后的土地和劳动力，最终建成以优质金银花种植为主的15000亩GAP基地。金银花产业采用“基地+农户”的方式，村民将自家的土地进行流转，与福森集团签订土地流转合同，以此租金作为村民的资金收入；对于具有管理能力的村民，福森集团把一定规模的土地管理权下放给村民，同时给村民相应的管理费用。在财政补助下，福森集团不仅与农户签订种植合同，还提供相关产业的一条龙服务，实行保底价收购，农户按合同要求给公司交售金银花并享有相关优惠政策，进而形成金银花种植、收购与加工一体化的产业链。具体来说，把金银花种植技术传授给贫困人口，种植期间关于金银花的管理，公司也会统一安排，如统一安排打药、施肥，剂量由技术人员经过研究分析后科学制定，目的是减少污染并避免农药和化肥施用的盲目性。在金银花剪枝摘花期间，对村民进行培训上岗，形成人力资本参与工作获取酬劳。在金银花的收获季节，公司统一进行收购分配，保证参与管理的贫困人口有稳定的收入。

11.3.2.3　扶贫成效

淅川县唐王桥村有 384 户约 3100 人，原来是以靠天吃饭的传统种植业谋生，人均年收入两三千元，参加福森集团金银花项目后，全村 384 户全部进行土地流转种植金银花。村民经过流转土地有三部分收入：第一，土地流转租赁费用。每户以每亩 600 元的价格进行土地流转，构成贫困人群的租金收入。第二，金银花的管理费用。具有管理能力的村民可以承包一定规模的土地自己进行管理，企业以一亩 433 元的管理费进行支付，构成贫困人口的管理收入。第三，贫困人口的劳动所得。每年的五六月份是金银花的摘花时期，由于大面积金银花的种植期需要大量的劳动力，此时也是带动贫困户最多的时期，除了唐王桥村的村民，还辐射带动周边 20 多个村庄 10000 多人参与。通过金银花的种植，唐王桥村人均年收入达到 20000 元，被村民称作解决了“三八六一九九部队”（留守妇女和老人）的增收问题，成功摆脱贫困进入致富奔小康阶段。凭借唐王桥村金银花项目的成功实施，福森集团继续扩大种植面积，目前，淅川县连片种植金银花已达 8 万亩，年产值超过 8 亿元，是我国最大的金银花种植基地县。金银花种植既是淅川的支柱产业之一，也是渠首保水质促民富的示范项目。

淅川县依据自身特殊地理位置，发展生态农业，积极响应市委号召，由农业龙头企业带领，走生态发展的农业发展之路。为了推进高效生态农业发展，淅川县舍弃传统做法，通过出台扶持政策、制定奖补措施等，利用市场机制刺激产业发展。2012 年 1 月，淅川县出台了《关于加快推进茶产业发展的实施意见》等一系列文件，大力支持发展金银花、竹柳等生态产业，并从资金扶持、品牌认证、基地建设等方面给出了一系列优惠政策。整个过程形成短、中、长三线来提高扶贫质量：①短线抓就业。淅川每年争取退耕还林、生态公益林等扶贫项目资金超过3600万元，引导贫困人口成为护林员，并鼓励造林专业队对贫困群众进行就业安置。②中线抓产业。以特色林果业为重点，该县九重镇、西簧乡、金河镇等地种植10万余亩的特色林果，引进65家企业投资生态农业，3万人以上贫困人口捧起“生态碗”，吃上“生态饭”。③长线抓旅游。坚持全域旅游思路，自2016年起，淅川在丹江沿线建成泓森植物园等32个精品生态示范园，帮助超过2000名贫困群众就业。短线促增收，中线强基础，长线谋发展，淅川县以提高脱贫质量为目标，让贫困群众既能摘掉穷帽子，还能过上好日子。

11.3.3 信阳新县红色旅游扶贫

新县位于河南省最南端，地处大别山腹地，是典型的深山区县，是全国著名的革命老区。新县有6736户20305名贫困人口，为此，该县扬长避短，充分发挥红色旅游的政治、文化、富民、民生综合功能，坚持“红色引领，绿色发展”基本理念，以“红色旅游+”助力脱贫攻坚。本文以新县周河乡西河湾村为例，分析红色旅游扶贫。

11.3.3.1 产业确定及规划

周河乡西河湾村始建于清朝康熙年间，整个村落布局合理，建筑工艺精湛，与周围自然环境紧密结合，山、水和田园风光相得益彰，文化底蕴丰富，是豫南古村落的典型代表。但是西河湾地处大山深处，基础设施条件非常差，陷入“外边人进不来、里边人出不去”的困境，大部分年轻人都出去务工，劳动输出很大，导致一个个“空心村”，是远近皆知的省级贫困村。自身环境问题成为西河湾脱贫致富的一个短板。认识到当地问题所在，结合国家市区以及当地所属县区的各项政策，联系自身实际情况，确定走乡村旅游道路，通过“红色旅游+扶贫”的道路来带领自己的家乡脱贫致富。所以，新县依据“修旧如旧”的原则，将古村落开发保护与发展乡村旅游结合起来，对西河湾进行全面规划设计，打造古村落休闲度假胜地。新县从整合旅游资源开始，由于人才流失严重，因此如何发挥就业创业政策在精准扶贫、精准脱贫中的重要作用，实现贫困劳动力就业有保障，创业有政策、载体和环境，成为当前就业创业工作的重要内容，需要各方不断去实践、研究和思考。

11. 3. 3. 2　扶贫模式创新

利用各项政策，鼓励回乡创业，是西河湾村采取的重要举措。在走美丽乡村旅游路线的同时，发展与旅游相关的衍生产业，在返乡创业带头人张思恩的带领下，成立农耕园种植农民合作社，从村容村貌开始整理，采用“合作社 + 农户”“红色旅游 + ”模式并举的形式，加大回乡创业人数和力度，主要以餐饮、住宿和旅游为主，形成有西河湾特色的“一城三线”：“一城”指新县西河湾，“三线”指红色文化旅游线路、绿色生态旅游线路和古色乡村旅游线路。

西河湾大力推广“贫困户 + 专业合作社 + 旅游管理公司”的扶贫创新模式，将乡村游客形成的消费市场转化为农户共享的红利，引导景区周边村镇发展农家乐、民宿、生态养殖、农特产品加工与销售等相关产业 20 多种，通过合作社入股股金、就业薪金和资产租金增加收入。首先，西河湾村村民与合作社签订合同进行土地流转，赚取土地租金，同时入社社员也是其股东，年底参与股份分红，还可以在社区工作，以当地的特色小吃为主，进行创业扶贫。其次是与旅游相关的其他产业，如餐饮、住宿和旅游。采用当地特色农家与餐饮相结合模式，与上海蔓香旅游投资公司合作，打造了全省第一个“创客小镇”，以创新、创意、创客、创业为主题，为返乡大学生和农民工创业提供平台。引进不同形式的住宿，其中比较有特色的是星空帐篷酒店、集装箱酒店等，用不同思路的文化创意进行大胆创新。接下来的重点会放在旅游扶贫新的模式中，将红色旅游景区（点）与周边山地、步道等体育健身资源整合起来，打造集红色教育、休闲度假、运动体验、康体养生和赛事观赏于一体的体育旅游线路。

11. 3. 3. 3　考核机制及扶贫成效

西河湾扶贫考核机制是一种长效机制，它建立了定单位和人员不脱贫就不脱钩的约束，同时采用“谁先完成脱贫任务就重用谁”的政策，采取“三评”“五看”的考核方法，包括驻村单位与所驻村、帮扶责任人与贫困户和社会考核与群众满意度互评，看基础设施是否配套、环境卫生改善情况、生活条件状况、增收能力是否提升与实际脱贫成效。建立第三方考察制度，共有 A、B、C、D 四个程度等级，对考察期结果是前两个等级的乡镇适当增加新一个年度的扶贫资金，并进行公开表扬，而结果是后两个等级的乡镇则直接实施一票否决权，对最后一等级的乡镇党政主职进行降职处理，同时实行乡镇、县直帮扶单位和第一书记考核结果连带责任，实行“贫困帽”与“乌纱帽”捆绑政策。

通过扶贫考核机制的运行，西河湾对于扶贫的成效更加放心。但重要的还有市场与贫困人口的利益联结机制，西河湾贫困人口有稳定的“三金”收入——土地流转租金、合作社务工工资所得和作为合作社股份的年底分红，来保证贫困群体的实际利益。通过旅游扶贫模式，已有 329 户参与合作社，2014 年以来接待游客数量已达 150 多万人，进行旅游及相关产业收益达 1200 多万元，使村里贫困人员收入得到很大改善。截至目前，村里农家乐数量为 27 个，辐射周边村庄 23 家，但随着农家乐数量的增加，也要避免同质化竞争，鼓励广大创业人员进行创新，结合文化创意，让产品和景区形成更多买点来吸引顾客。整个新县通过实施旅游扶贫模式，使贫困率由 14. 6% 降到 7. 83%，22 个村 2297 户 7683 名贫困人员通过旅游及相关产业实现稳定脱贫。

11. 3. 4　案例比较分析及启示

我们从农民人均收入增长率、经济增长情况和脱贫人口数三个方面对上述三个案例进行对比，分析各个模式下贫困人群的脱贫情况。

11. 3. 4. 1　案例比较分析

（1）农民人均收入增长率。

从图 11 －5 我们可以看到近三年三个县城的农民人均收入增长率，考虑到产业扶贫政策开始年份以及同步性比较，本文选取了近三年的人均收入增长率。2015 年和 2016 年，相对而言，新县的农民人均收入增长率较高，超过 10%；2017 年，三个县比较平均，增长率速度基本持平；从连续三年整体来看，淅川县相较其他两县增长率较低，而新县的农民增长率较高，但是在 2017 年，三个县的农民人均收入增长率均有所下降，但对于 2016 年来讲，仍然是增加的，只是增长速度稍有下降，原因是实施产业扶贫政策后，农民收入已经大幅增加，所以在农民收入基数增加以后，增长率有所下降，实质上到农民手里的钱与上年相比并没有减少。

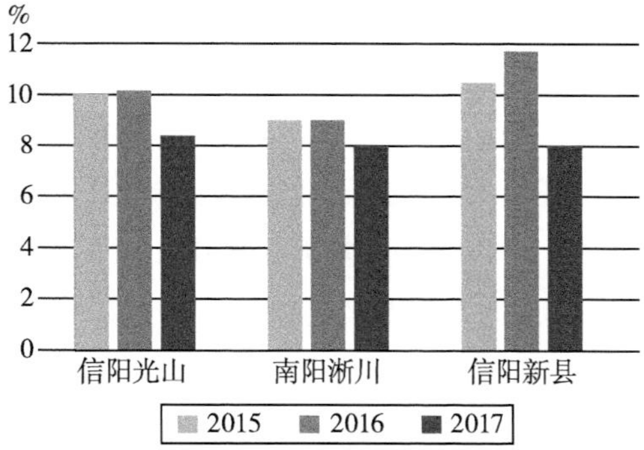

图 11 -5　三县农民人均收入增长率

数据来源：河南省政府工作报告。

（2）经济增长情况。

由图 11 -6 和图 11 -7 可以看出三个县近三年地方 GDP 增长率和人均 GDP 增长率，其中人均 GDP 用 GDP 总量与常住人口数之比表示，为了尽量使常住人口数标准一致，采用的是第六次人口普查数据。从图 11 -6 可以看出，按照县域分析，近三年光山县、新县和淅川县从 2015 年到 2017 年 GDP 增长率有所下降，但是从实际情况来看，每年的 GDP 总量仍是增长的，只是在近几年河南省经济稳中求进，所以增长率处在合适的增长范围内。按年份分析，2015 年，新县的 GDP 增长率最高，光山县次之；2016 年，淅川县 GDP 增长率超过了光山县，但仍在新县之后；2017 年，随着产业扶贫政策的稳定推进，各县都在合理范围内增长。由图 11 -7 可以看出，2015 年人均 GDP 增长率相对于其他年份处于高峰状态，原因可能是产业扶贫开展前期，人们的收入相对于贫困时的收入增加较多，所以把增长率拉得较高，随着产业扶贫慢慢形成收益不断增加，贫困人群的收入基数变化较大，所以增长率相对较低。整体来看，新县三年来人均 GDP 增长率高于其他两个县。光山县的增长率波动幅度较大，2016 年和 2017 年新县和淅川县的增长率较平稳。

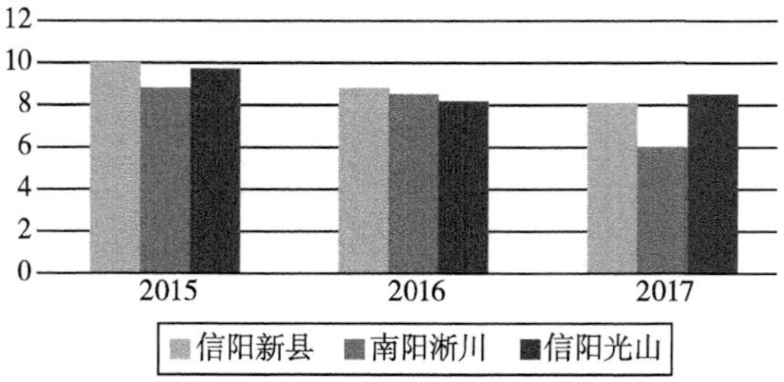

图 11 -6　2015—2017 年三县 GDP 增长率

数据来源：据河南省政府工作报告相关数据计算而得。

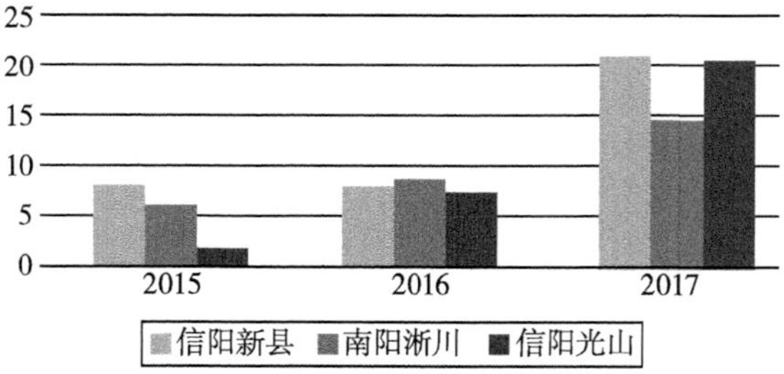

图 11 -7　2015—2017 年三县人均 GDP 增长率

数据来源：据河南省政府工作报告相关数据计算而得。

（3）脱贫人口数。

光山、淅川和新县通过产业扶贫，实现贫困人员相继脱贫致富。由于数据来源的局限性，我们使用截至 2017 年三个县通过各自的扶贫模式带动的脱贫人数，来从侧面反映各种模式的扶贫效果。光山县到 2017 年底，通过电商扶贫，使从事网店经营数量达 2 万多家，3 万多人从业，1.5 万多人就业创业，实现稳定脱贫。淅川县通过金银花种植，采用“公司 + 基地 + 贫困户”模式进行生态农业脱贫，截至 2017 年底，福森集团已经把金银花规模扩大到 800 户 3 万多亩，人均收入增加 1 万元以上，每年 5—10 月份，可以带动 1 万人以上的务工人员就业。新县通过“红色旅游 +”扶贫模式，截至 2017 年底，已经有 3247 户 11147 名贫困人口通过旅游及相关产业脱贫。不同的产业模式都有一致的目标，即河南省贫困人群稳定脱贫，从此走上致富发家之路，为我国实现全面小康社会贡献力量。

11. 3. 4. 2　启示

发展特色产业。贫困地区主要目的是改善贫困人口整体收入，以发展特色农业产业、提升居民认知和发展能力为重点。各个地区在发展特点和限制因素上存在巨大的差异和特点，地方政府要发展特色产业，因地制宜，不应盲目跟风其他成功做法，而是深入实际研究本地区自然、生产、土地、位置等因素，找出本区域发展缓慢的根本原因。例如光山的电商扶贫，在合理的规划下进行产业升级，勇于突破自我。电商参与人员广，与当地各个农副产品以及传统行业相结合，并在此基础上发展出“光山十宝”等属于自己商标的本地特色，以主导和优势产业来大力扶持发展经济，从而在平稳过渡中实现产业的转型与贫困人口的脱贫。

政府和企业等共同发挥带头作用。依据正在开展的供给侧改革，由龙头企业和政府模范发挥带头作用，加强产业的宣传指导，充分利用人、财、物的合理优势来帮助那些贫苦家庭。鼓励龙头企业加入到扶贫工作当中来，采用“公司 + 基地 + 贫困农户”等模式，在提升自身经济效益的同时，有效增强辐射带动能力。例如淅川县根据自身条件，在政府相关政策的支持下，选择与自己最适合的产业进行带动，采用“企业 + 基地 + 贫困户”的模式，进行产销一体化并与贫困户建立利益机制。

转变扶贫方式。贫困农户作为扶贫产业的主导力量，能力素质的进步关系到整个精准扶贫产业发展。近年来，许多地方通过提高贫困人口素质要求，增强贫困居民的职业能力和创新技能，真正实现贫困地区的脱贫致富，全面的技能培训服务能为企业与农村贫困人口实现双赢目标。例如新县进行的旅游及招商引资等规划、实施，鼓励有劳动能力的贫困人口到合作社进行咨询报名，根据双方意愿对合适人选进行就业培训。此外，通过能人回归、项目建设等举措扩大旅游项目规模，以吸引更多贫困人员到此培训、就业。

11.4　河南省产业扶贫存在的问题

尽管河南省产业扶贫成效比较明显，但通过对上述三个案例的分析研究，我们发现在实际产业扶贫过程中还存在一些问题。

11.4.1　扶贫产业趋同化

在特定区域范围内有特色的各种资源，如放在各省以及全国的大范围空间内，区域特色则具有相似性，进而对产业发展和贫困农户产生了不利影响：产业发展持续性效果不好，未起到带领群众致富的作用；贫困农户利益受损甚至赔钱，导致贫困加深，所以农户的积极性大大降低。造成产业趋同的因素主要有：首先，政府主导的产业规划忽视了市场规律。在需要短期实现扶贫效果的前提下，一个地区往往有很多产业可供选择，但是其中盈利性高的产业会被政府作为重点发展项目。重点发展项目达到一定数量以后，市场的规律性就会被打破，不能协调配合发展，引起产业趋同现象。其次，区域政府间协调不足。由于地方政府间有一定的利益竞争关系，所以地方政府会忽略产业间的协调发展，从而导致客观性、可行性、执行性的区域性产业发展规划很难进行，最终形成地方产业在区域内协调发展艰难的现象。最后，产业同构化严重，同质资源竞争加剧、替代风险增加。相近区域的资源、时代背景、发展机遇、观点理念和利益等相似甚至相同，会使产业同构化，导致同质资源的相关风险增高。2016 年“两会”期间，全国人大代表蒋秋桃在接受采访时呼吁，要谨防扶贫产业趋同。在对口帮扶过程中，一些部门选择的扶贫项目多为农林经济作物、养殖业和初级加工业等。如果相邻村镇发展相同或相近产业，可能会带来不少问题。“似我者死，学我者活”对扶贫产业的科学规划具有警示和启迪的作用。

11.4.2　扶贫规划缺乏科学性

通过对比成功产业扶贫的典型案例，我们可以发现，整体来看，河南省一些贫困地区产业发展未能切合当地实际情况，同时缺乏合理科学的战略规划。尽管政府在困难地区发展特色产业上起主导扶持的作用，但大部分贫困农村仍未选择适当的主导产业和优势产业，导致贫困地区扶贫产业的盲目发展和薄弱的凝聚力。

产业发展缺乏科学合理的定位及规划主要表现在两个方面：没有选准主导产业和特色优势产业；缺乏科学合理的产业规划，对产业发展中的问题和障碍认识不足。在具体运行过程中，当地政府为了获得上级政府的支持和认可，在项目的规划和发展上缺乏长期战略，往往是匆匆发起，最后却因各种因素无疾而终，即使有部门、地区制定了长期规划，但在具体落实上，个别地方政府往往因为各种经验主义或重视不足导致产业发展不断遇到阻碍，很难取得实质性进展。同样，在扶贫过程中，几乎都是按照“脱贫摘帽时间表”进行部署，在脱贫攻坚关键时期，往往只看到眼前的产业扶贫状况，没有长远打算。对于具体的贫困户，即使通过帮扶措施获得某种程度上的暂时性脱贫，也很难取得长期效果，只顾眼前利益，缺乏长远规划。

11.4.3　扶贫过程的动态管理有待改善

动态管理是发展与贫困地区要素禀赋实际状况相适应的产业扶贫项目，根据市场的反馈在实施过程中做出相应的调整，帮助贫困人口早日摆脱贫困。动态管理机制包括贫困人口识别与管理、产业扶贫机制和资源整合机制等。最常见的产业扶贫模式是“龙头企业 + 农户”，以合作社为中间环节保护农户的基本利益。农民把土地租赁给企业得到租赁费；有些农民参与种植和养殖相关产业，和企业建立了合作的关系。但这些都是产业发展过程中的组织模式，在面对市场等产业链后端时，以为产品种植出来就没问题了，把问题都留给了龙头企业。

很多企业和农户之间依然是一种很松散的买断关系，在合同签订上是缺乏履行和保证能力的，如果只是依靠产品购销合同来维系这种关系，则很难形成利益共享、风险共担的共同体。一方面，从农户的角度考虑，如果市场上出现很大的冲击力，那么就会很容易导致购销合同终止或解除；另一方面，从政府掌握着的项目选择的权利角度考虑，政府会习惯性地忽略当地发展中具有发展潜力的长期产业项目，倾向于选择那些风险较低、见效较快的建设项目；在项目的选择上，为了满足自身政绩的需要，地方政府往往会做出有利于自己的决定，通常的做法就是偏爱并选择“短、平、快”的项目，但是如果政府本身所选择的项目不具有或严重缺乏持续发展能力，则会导致当地的经济发展非常不顺，不能创造出能够大力保障扶贫社会的各种效益。政府在运行项目的过程中，本身不具有多元化的互动平台，这使自己的行为最终由于缺乏监督与建议不能得到及时完善，浪费了国家本来就不充裕的扶贫资源。应该关注的一点是，要想使因地制宜的产业扶贫项目得到实施，不仅要求政府各部门的大力支持与更好的衔接，同时也要求把信息与技术引入到充分的市场竞争环境中，但在目前看来是不容易实现的。因此，产业扶贫机制不仅建不起来，而且地区扶贫效果也不能放大。

11.4.4 农户主体性较差

在项目实施中，贫困农户作为主体参与者缺乏足够的知情权和话语权。扶贫开发作为使贫困人群脱贫致富的系统工程，贫困农户的参与是产业扶贫成功的关键。主动参与与被动参与是贫困农户加入产业扶贫项目的一般形式，而当前贫困地区实际情况多数偏向于被动参与，即农户在参与当地政府主导的产业扶贫项目过程中，大多数人都不是主动参与。

农户主体性差的原因有两个方面：一是贫困农户长时间处在较差的生存环境中，文化教育程度不高，且思想观念由于和外界沟通交流较少而比较落后，安于现状的思想严重，很难有主动脱贫致富的意识，目光甚是短浅，短期利益是他们在目前生产经营中比较看重的。二是当地政府和企业等不重视、不关心贫困农户的知情权与话语权，单方面认为他们没有必需的素质和能力，这使得当地的政府、企业和合作社对于项目资源分配和具体执行的“自由裁量权”过大，虽然在决策过程中有征求农户建议的程序，但是他们的建议在一定程度上并未得到采纳和落实，致使贫困农户的参与积极性很低。

11.5　河南省产业扶贫对策建议

相对于其他省份，河南省产业扶贫发展较晚，建设过程中会遇到很多的困难和问题。为顺利实现 2020 年的脱贫目标，充分发挥产业扶贫在扶贫开发中的带动作用，在综合比较河南省较为成功的扶贫开发区域经验和模式经验基础上，本文提出以下发展建议：

11.5.1　注重政策规划对产业发展的协调作用

结合精准扶贫理念，需要政策规划与各方协调实现精准。政府要自上而下制订产业计划，从分布设想到实施执行要有合理的产业发展规划，精准地将各方资源整合在一起。为实现政策规划对产业发展的协调作用，需要做好以下几点：首先，尽可能精准协调地区间有效产业布局及其结构间的关系，避免彼此间因过度集中、紧密导致产业回报率下降，同样，区域间的产业结构关系和分布需要利用政策规划进行有效调整，防止恶意竞争。其次，要准确规划整体和局部产业链条的建设和延伸，以谋求产业利益最大化，拓宽产业效益的覆盖范围，促进产业与产业之间的相互融合。如台前县羽绒产业在规划的过程中即做到了产销结合，与龙头企业进行对接，谋求开展深度合作，产品销售遍布全国各地，有 8 家企业具有自营进出口权，很好地解决了生产的后顾之忧，节约了时间成本，调动了积极性。最后，政策规划要结合长短期、分时段、有依据、有安排，实行产销结合，并精密准确地对产业发展规划进行实施，在满足贫困户短期尽快脱贫要求的同时，还可以达到长期致富并抵御返贫风险的持久目标。

11.5.2　选准主导产业，健全产业规划

贫困地区的产业选择需要以下条件：其一，选择产业应当因地制宜。因地制宜发展与产业相关的农副产品能够最大限度地适应当地自然和社会条件，实现可持续发展。其二，对于主导性产业的选择应首先考虑富有当地特色的农副产品，如果在该地区此类农副产品更具市场竞争优势，那么

其扶贫产业的发展才能更有效。此外，在选择地区主导产业时，还要擅于整合地区资源，积极寻求区域内部和外部双重发展机会，在充分利用优势资源的前提下，调动社会多元力量共同参与产业发展，形成产业互补。其三，要积极研究成功地区的先进经验，在选择主导产业时进行开拓创新。绝大多数贫困地区大多种植传统粮食作物，缺乏在区域优势下种植特殊农产品的条件，然而，一些地区积极借鉴外部成功经验并引进其他地区优良品种，进行本地化改进以延伸产业链，不仅发展了经济，而且也会实现致富的理想。

在选取主导产业后，应根据贫困地区实际情况制定合理的短期和中长期产业规划，避免因缺乏计划盲目进行导致半途终止的现象。另外，制定产业规划时要注意以下几个方面：一是要科学合理地立足当前实际。产业发展本身是一项长期而复杂的工程，因此要顺应产业发展的客观规律，避免因盲从而给贫困者造成进一步的损失。二是发展过程以长期目标为主，详细分析产业情况及其发展趋势，在把扶贫作为首要目标的基础上以可持续发展为长期目标，如通过农业种植、农产品加工和深加工等可利用项目逐步辐射到其他行业，以此指导产业发展。

11.5.3 完善产业扶贫联结与管理模式

产业扶贫的联结与管理是地区进行产业脱贫的有效选择。首先，建立扶贫绩效的动态监测评估机制。扶贫项目实施周期较长，且短时间内并不会出现明显效果，因此建立长期的可持续性的绩效监测评估系统成为切实选择，同时要善于及时发现项目在实施过程中出现的问题，为建立有效的信息反馈机制奠定基础。建议政府引导并逐步建立扶贫绩效评估专业组织，负责扶贫绩效监测评估工作并起到监督绩效的作用。其次，要注重制度化信息反馈和沟通机制的建立。扶贫项目在往下宣传和接受的途中效率非常差，主要原因就是各部门主体间信息不共享，造成信息不对称。因此，在项目的实施过程中，需要多方主体主动进行沟通和反馈。依据监测数据形成的具有实效性的定期报告，需要各级扶贫机构通过扶贫信息网络平台支持社会及其他资源，帮助扶贫对象及各主体参与到扶贫工作中去。最后，产业扶贫交流互动平台的建立需要有电子政务的推动才能加快发展速度。在全社会范围内公开宣传建立扶贫互动平台渠道的消息，借助这个公开的互动平台，让参与到扶贫工作中的各方全方位了解扶贫工作的进程，让扶贫工作中的政府与所有参与其中的多元主体随时进行交流沟通和反馈，根据实际情况制定出对项目有利的措施；借助这个平台，社会公众行使其监督权和建议权，使扶贫工作在阳光下进行，增加社会监督的群众基础，促进扶贫开发朝着满足贫困人口的需求和该地区协调发展的方向发展。此外，还要真正体现为人民服务的基本宗旨，发挥民主力量，让科学的建议成为提高产业扶贫绩效的基础。

11.5.4　建立利益联结机制，确保参与者利益

根据目前的管理程序，产业扶贫项目必须经过批准后逐项实施。虽然县政府及有关部门在产业扶贫项目运营中发挥主导作用，但是乡镇政府对产业扶贫却没有足够的工作权限。虽然乡镇级相关部门更精确地掌握着当地实际情况，但在项目推进落实和遇到突发事件时，根据当地情况灵活调整方案的权限却非常有限。部分项目由于方案不切实际，在具体操作过程中问题不断，但由于乡镇政府权力有限，上级审批程序冗长复杂，往往错失了解决问题的最佳时机，最后导致项目被搁置。因此，应适当地下放权限，使乡镇政府能高效利用有限经费实现项目功效，修正调整实施过程中的突发状况。

促进农户对项目的参与是乡政府进一步下放权限的根本目的，使农户对项目的获得感得以提升，更好地维持项目输入地区的稳定。上级财政相应的工作经费匹配非常重要，因为运作农村产业扶贫工程的成本压力削减了基层政府参与的积极性。一部分财权事权被上级下放给乡镇政府后，有效规避了传统压力型体制的缺陷。乡镇政府与相关部门依据当地实际情况对项目进行调整，使以形象工程和面子工程为代表的忽视实际情况和农民利益的现象大为减少。

在龙头企业与农户的合作中，要保证农户的实际利益，不能抑制企业推动产业扶贫的积极性，因此合作必须以创新的方式进行。例如，对于无

致富能力、没有生产项目但有贷款意愿的农民，可以以“农民 + 致富能人”“农民 + 合作社”等方式与之签订合作协议集中使用贷款，并建立约束机制，以一定的现金回报获利。这样既可以实现有限资金的作用，又可以保证双方参与者的利益，达到风险防控目的。

第12章

贫困治理绩效的价值理性与工具理性

12.1 问题与评析

12.1.1 问题的提出

反贫困工作是中国当前社会治理的重中之重，贫困问题是中国走向社会主义现代化和实现全面小康乃至共同富裕过程中必须解决的问题。中华人民共和国成立以来，特别是改革开放以来，中国反贫困工作取得了举世瞩目的成就，贫困人口数量迅速下降，人民生活水平不断提高。随着在不同时期不同情况下中国政府各项贫困治理政策的实施，有关贫困治理绩效评估的问题成为贫困治理工作中不可或缺的一环。在实践过程中，贫困治理绩效评估在很长的一段时间内并不受太多人关注，相关的研究和成果也并不如贫困治理其他环节那么多，但是其重要性却是毋庸置疑的。换言之，贫困治理之所以成为一个世界性难题，其中一个很重要的原因就是缺乏行之有效的评价，包括对贫困程度的测量评价、反贫困政策实施过程的评价以及反贫困成果的绩效评价等，这些评价在不同程度上的缺失造成了诸多问题。

目前中国的反贫困工作主要是在政府大量的财政投入基础上进行的，但财政资金在投入过程中缺乏必要和精准的绩效评价，导致财政资金的扶贫效果边际效应不断减弱。具体而言，一是绩效评价的缺失和不准确造成财政投资资金及资源的大量浪费，影响财政资金的使用效率；二是绩效评价指标的偏向性（过分注重收入而忽视能力培养）导致扶贫工作表面化和不可持续性；三是绩效评价的不透明导致政府在扶贫工作中缺乏公信力，引致某些地区官员的号召力下降，扶贫工作难以开展；四是绩效评价理论研究和现实实践不足导致政府反贫困工作无法全面系统运转，扶贫工作规范化程度低。

解决上述问题的根本办法在于充分重视绩效评价在贫困治理中的作用，建立完备的绩效评价系统。中国的贫困治理绩效评价虽然起步较早，但是比较系统的绩效评价却始于2012年1月6日，国务院扶贫开发小组发布《扶贫开发工作考核办法（试行)》，用以贯彻落实《中国农村扶贫开发纲要（2011—2020年)》，其后中共中央办公厅和国务院办公厅于2016年2月9日颁布实施了《省级党委和政府扶贫开发工作成效考核办法》，相应的《扶贫开发工作考核办法（试行)》同时废止。根据这项纲领性的考核办法的内容及实施现状，我们发现上述四个问题并没有得到完全解决，这就要求中国政府必须在正确的扶贫价值导向下采用合适的技术工具进行更深层次的贫困治理，同时建立科学有效的绩效评价体系，从而在根本上促进社会稳定和谐，使人民群众共享发展成果。

12.1.2 文献简析

贫困治理作为中国社会综合治理的重要组成部分，关系国计民生，是一个非常复杂的社会问题。通过对国内近几年的文献梳理，我们发现国内学者主要从两个方面研究贫困治理：

一些学者从实证分析的角度对贫困治理问题进行研究，认为中国当前阶段的贫困治理在取得重大成就的同时还有诸多问题亟待解决。“山西财政支农和减贫政策效应研究”课题组（2011）对山西省扶贫项目进行研究，运用倾向评分匹配方法（PSM）对山西省扶贫项目的效果进行评价，发现扶贫项目对贫困地区尤其是农村地区的减贫效果最为明显。陈小丽（2015）分析了湖北民族地区反贫困现状，对湖北10个民族县市数据进行定量研究，发现在相同财政投入状况下，经济落后的县市扶贫效果差于经济较为发达的县市，多数民族地区扶贫效果并不理想。焦克源和徐彦平（2015）也研究了少数民族贫困县的扶贫现状，运用时序主成分分析法对少数民族贫困县扶贫开发绩效进行实证分析，发现少数民族地区的扶贫效果较为明显地体现在生存环境的改善上，扶贫效果与全国其他地区相比尚有差距。综合这类学者的研究，我们认为中国现阶段财政扶贫效应出现边际减弱的现象，这在经济不发达的地区体现得尤为明显。

另一些学者从规范分析的角度对贫困治理进行研究，认为中国当前阶段贫困治理绩效考核机制不完善，评价标准和评价指标不能真实反映群众诉求。李兴江和陈怀叶（2008）从参与式扶贫模式的角度分析了中国扶贫开发取得的成就以及遭遇的困境，他们认为参与式扶贫作为一种交互型的扶贫模式，能够解决传统扶贫模式中出现的效率低下和积极性差等问题，但是关键要做好真正意义上的贯彻，不能流于表面。郑志龙（2009）从制度理论的角度分析了中国绩效评估标准以及扶贫开发制度，认为当前中国的扶贫绩效标准存在忽视公平正义的现象，中国的扶贫开发制度存在内部绩效偏低的现象，同时他建议政府部门之间应该建立更完善的协调机制，扶贫过程中应更注重多方主体参与，以提高内部绩效。王善平和周盈（2011）从扶贫导向的角度分析了反贫能力导向下扶贫资金综合绩效，认为传统扶贫模式有可能造成贫困人员只能短期脱离贫困而不能从根本上解决贫困难题，只有通过提高贫困人口的反贫能力才能从根本上解决问题。向德平（2013）通过对 20 世纪 80 年代以来中国扶贫模式的研究，认为中国的扶贫模式经历了自上而下、自下而上和整合型三个阶段，他进一步分析了三个阶段的扶贫绩效，进而得出新阶段应该采取自上而下和自下而上相结合的扶贫模式的结论。

尽管众多学者在贫困治理绩效评价领域进行了卓有成效的研究，涌现了很多值得借鉴的成果，但是通过分析我们发现，这些研究成果无论是基于贫困治理绩效评价的实证研究还是规范分析，都是在总结历史或分析现状的基础上进行的，缺乏理性视角的研究。为此，考虑到中国对建立科学有效的贫困治理绩效评价体系的迫切要求，我们从贫困治理绩效评价理性的视角对其进行研究。

12.2 贫困治理绩效评价内涵及必要性

12.2.1 贫困治理绩效评价的内涵

贫困治理绩效评价作为绩效评价的细分区域，既有绩效评价的普遍性，又有其特殊性。绩效评价是对主体活动效率和效果的一种实证分析，包括绩效测量和评价分析。传统理论认为贫困治理的主体是政府，随着参与式贫困治理模式的出现，贫困治理主体逐渐多元化，但是政府作为统筹各方的领导者，在贫困治理中的地位和作用是无可替代的，学术界研究贫困治理的绩效评价也多以政府作为评价对象。贫困治理的绩效测量主要指的是监测与报告政府在贫困治理中的绩效信息。学者们在对贫困治理进行绩效测量时多以政府公布的数据为准，通过知网检索贫困治理绩效的实证分析，发现学者们获取绩效信息的路径主要包括国家统计局官网、各级政府数据统计官网以及各地资料室等，路径较为单一。贫困治理评价分析主要是通过分析测量所得数据，以预期目标为标准对贫困治理进行打分评级等，之后根据评价结果总结经验教训。评价分析的最终目的是为了改善财政扶贫资金的管理和使用效果，所以要根据实际情况制定合理的奖惩和激励机制。

12.2.2 贫困治理绩效评价的必要性

贫困治理绩效评价贯穿于贫困治理的始终，具有逻辑上的必要性和现实意义上的迫切性，是中国政府做好反贫困工作的必要工具和重要抓手。贫困治理绩效评价是贫困治理过程中不可或缺的一环。贫困治理政策制定得是否得当，过程是否合理合法，结果是否达到预期目标，都需要政府及第三方进行测量和评价。贫困治理绩效评价和贫困治理是部分与整体的关系，有效的绩效评价可以促进贫困治理工作的推进和结果的优化，而无效的绩效评价则会导致贫困治理工作的低效甚至失败。随着中国公民意识的觉醒，贫困治理绩效评价已经不仅仅是政府关心的问题，更成为全体公民的关注焦点。尤其是近年来，社会对政府提出了更高要求，“政府的钱花到哪了，效果怎么样”已成为公民关心的热点问题。贫困治理绩效评价做得好，不仅能有效提高贫困治理工作效率，优化治理结果，还能加快建设“阳光政府”的进程。贫困治理绩效评价强调的共享性、公平性等导向为政府贫困治理提供了价值规范和要求。在中国经济的飞速发展过程中，收入分配方式的调整造成富人群体和穷人群体的出现，标志着我国人民内部矛盾出现了新特点。这种因分配不公造成的贫富差距，越来越成为当前中国严重的社会问题。在这种背景下，贫困治理就承担了调解社会矛盾，促进社会健康发展的作用。贫困治理绩效评价的内在价值在于追求社会公平正义，在于强调把共享发展作为扶贫攻坚的价值取向。贫困治理绩效评价不仅在物质标准上为治理工作提出了要求，还在贫困人群精神感知方面提出了要求。中共中央办公厅、国务院办公厅 2016 年 2 月联合下发的《省级党委和政府扶贫开发工作成效考核办法》明确规定要将群众满意不满意、认可不认可作为贫困治理考核指标，这意味着让贫困人群也在绩效评价中做出评价，实质上就是让贫困人群作为社会发展主体，共享发展成果。目前中国贫困治理边际效应减弱，贫困治理绩效评价成为改善贫困治理现状的切入点和突破口。随着中国经济的发展和贫困治理工作的推进，贫困问题得到很大改善，根据《中国扶贫开发报告（2016）》，截至 2015 年中国贫困人口为 5575 万人，在党和政府以及社会群体的努力下，2016 年实现了减贫 1000 万人的目标。但是正如学者安树伟所说，当一国绝对贫困人口下降到总人口的 10% 以下时，这部分人口将难以在短时间内依靠他们的努力脱离贫困。也就是说中国现在面临这样的问题，即现阶段贫困人口已经难以自我实现脱贫，只能依靠政府和社会的力量实现脱贫，这对政府和社会而言，无疑是极大的挑战。从历史上来看，绩效评价最早起源于西方国家，目的是解决文官系统冗员充斥、效率低下的问题，实践证明，绩效评价是提高工作效率和质量的最佳工具。从现实来看，绩效评价应用在贫困治理中，可以更为精确、高质量地完成治理任务，这也和当前的精准扶贫战略相一致。

12.3 贫困治理绩效评价的理性分析

贫困治理作为一种社会治理行为，其绩效评价具有政府绩效评价的特点。马克斯·韦伯将人的理性分为两种：价值理性和工具理性。我国贫困治理绩效评价发展较晚，在价值导向阶段划分上不如西方行政那么清楚，但在内在价值导向上也有对应关系。通过分析西方公共行政价值取向的发展历程，我们发现其经历了效率行政阶段、民主行政阶段、绩效管理阶段以及社会治理阶段，分别对应效率至上、公平至上、管理主义和价值调和。传统的贫困治理绩效评价强调工具理性，价值理性只作为其附属物，并未得到重视，由此导致在社会治理过程中出现政府本位、效率至上、工具导向以及政绩驱动等与实际价值不符的现象。进入社会治理阶段后，伴随着贫困治理成效的提升和政府绩效评价的价值再定位，贫困治理绩效评价越来越多地体现了科学发展、公民价值、民主治理等属性。

12.3.1 公共行政视野下贫困治理绩效评价研究

12.3.1.1 公共行政的理性取向研究

在公共行政确立和发展的早期，公共行政的重心和导向是效率和效益。伍德罗·威尔逊在其著作《行政学研究》中直接将“政府如何高效率的做”作为政府行政的两大目标之一。怀特也指出，公共行政的目的就是最有效地处置资源，最迅速最经济地完成任务。这些理论奠定了古典公共行政“效率至上”的地位。20 世纪 60 年代后，以沃尔多为首的行政学家建立了“新公共行政学”，强调社会公平。这一时期公共行政的核心就在于公平公正。20 世纪 70 年代以来，西方福利国家弊病凸显，传统公共行政的价值导向难以解决复杂的社会问题，由此行政学界提出了“绩效管理”的概念，并将其引入社会管理。虽然这一时期的“绩效管理”看似同时强调工具理性和价值理性，但是实质上却被称为“新工具主义”，是“效率至上”的回归。

12.3.1.2　工具理性主导下的传统贫困治理绩效评价

工具理性是指行动只追求功利，行动借助理性达到自己需要的预期目的，行动者纯粹从效果最大化的角度考虑，而漠视人的情感和精神价值。传统的政府治理和社会治理重视工具理性，轻视甚至忽视价值理性，导致很多偏离轨道的片面的高效率，反而事与愿违，造成了更大的损失和恶劣的社会影响。行政学一开始就追求效率和经济，以区别于政治学母体，建立自身的合法性。贫困治理绩效评价价值导向的发展也是如此。将绩效评价引入贫困治理，最主要的目的就是提高治理效率，节约治理成本。众所周知，效率是贫困治理的目标之一。长久以来，政府都在专注于怎样才能以尽可能高的效率和在费用或能源方面尽可能少的成本完成贫困治理，这在过去很长一段时间内都是合理的。在国家经济发展缓慢的时期，政府没有足够的财政用于贫困治理，在这一阶段政府比较注重贫困治理的效率，只有贫困治理效率高，才能使更多人免于饥饿和困苦。但是从价值合理性的观点上看，纯粹工具合理性是实质上的非理性。绩效评价的工具属性决定着其在贫困治理实践过程中有着辅助决策、提供方法论和驱动等功能。较为单一的工具理性导致贫困治理中出现很多问题，集中表现为帮扶一部分群体的同时伤害了另一部分群体、官员扶贫政绩驱动、贫困治理不彻底返贫率高等。

12.3.2　社会治理视野下贫困治理绩效评价的理念嬗变

12.3.2.1　价值理性与工具理性的互动融合

新时期贫困治理绩效评价的理性呼唤社会治理模式是公共行政发展到现阶段的产物，社会治理模式不仅强调经济、效率和对工具理性的追求，也关注政府治理过程中政策制定、执行及结果中的公平、合作等价值理性。社会治理模式反对将过多的资源和关注点集中在效率、结果等工具理性方面，强调社会治理的根本价值和治理目的，追求社会公共精神和公共利益。随着贫困治理的推进和社会经济的发展，现阶段的贫困治理在价值导向上已经逐渐由纯粹的工具理性或以工具理性为主导的阶段转化为强调价值理性和工具理性互动融合的阶段。

12.3.2.2 贫困治理绩效评价以共享发展为价值导向

党的十八届五中全会提出创新、协调、绿色、开放和共享的发展理念，把共享作为发展的出发点和落脚点，这与中国实现全面小康和共同富裕在价值导向上是一致的。随着经济的发展，现阶段中国已经初步实现小康社会，单纯追求效率式的扶贫显然不能满足当下的需要。《省级党委和政府扶贫开发工作成效考核办法》中对于贫困治理绩效评价的内容做了明确的指示，贫困治理绩效评价指标要多元化，不能仅仅以贫困群体收入增加、生存环境改善为评价指标，也要加入贫困群体满意度等软指标，尤为重要的是强调在绩效评估中要坚持以民为本、发展成果人民共享的理念。对于共享发展，习近平总书记在省部级主要领导干部学习贯彻党的十八届五中全会精神专题研讨班开班式上已经做了精确定义。所谓共享发展，就是全民共享、全面共享、共建共享和渐进共享。全民共享就是发展成果惠及全民，全面共享就是共享各方面的发展成果，共建共享就是人人参与、人人享有，渐进共享就是强调在发展进程中努力奋斗。

12.3.2.3 贫困治理绩效评价作为共享发展的技术工具

随着公众意识的觉醒和政府社会治理的创新，政府更加注重融合社会治理方式的规制性与伦理性，发挥工具理性与价值理性在国家社会治理中的双重作用。共享发展作为贫困治理绩效评价的价值导向，在实际操作中需要绩效评价这样的技术工具来实现。绩效评价作为一种技术手段，服务于某项特定目标的完成，置于当前中国贫困治理的背景下有着特殊的含义。首先，绩效评价的工具理性决定了贫困治理绩效评价的具体功能和方法，贫困治理绩效评价的目的是顺利提高贫困治理的效率，改善贫困治理的结果。贫困治理绩效评价通过构建评价体系，对贫困治理中的各个阶段进行量化考核，并且根据实际情况给出合理化建议。其次，贫困治理绩效评价是解决贫困治理过程中遇到的问题的“金钥匙”。贫困治理作为中国政府的一项综合性民生举措，涉及国际、国家、社会等层面的方方面面，正是因为问题的复杂性，导致出现了一些难以避免的失误。例如，产业扶贫过程中出现的“精英俘获”问题让本来雪中送炭的项目成为发达地区的锦上添花，以及精准扶贫过程中的部分基层干部挪用专款等问题，这都需要在绩效评价的过程中发现和处理。最后，贫困治理绩效评价有利于打破当前贫困治理绩效提升的瓶颈。国际经验表明，随着人均收入的不断上升，贫困人口的减少，贫困发生率的下降，收入的边际效果越来越少，反贫困的难度越来越大。从 2016 年到 2020 年中国需要以每年减贫 1000 万人的速度才能在 2020 年实现全面脱贫，难度可想而知。绩效评价不仅能在贫困治理过程中发现具体问题并给出解决建议，更能根据政策的实施状况及时反馈，帮助政府因时因地进行制度顶层设计。

12.4　贫困治理绩效评价体系构成

绩效评价是指运用一定的评价方法、量化指标及评价标准对工作任务进行的一种综合性评价，在这项系统性工作中构建合理的评价体系尤为重要。绩效评价指标体系是由一系列与之相关的评价制度、评价方法、评价标准以及评价机构和对象等形成的有机整体。在这个有机整体中，评价主体与对象、评价内容与指标体系是最不可或缺的。

12.4.1　评价主体与对象

绩效评价的主体是绩效考核的评价方，合格的评价主体应该足够了解评价对象，拥有足够的能力对所评价的对象进行评价，最重要的一点是评价主体必须具备一定资质，是有公信力的组织或个人。对贫困治理的评价主体而言，主要包括政府自评、第三方评估组织和社会舆论评价等。

政府自评包括从评价对象的组织管理体系内部产生的评价主体和外部（同属政府内部）产生的评价主体。组织管理体系内部产生的评价主体包括行业绩效评价，如教育部对各个贫困地区教育发展状况的评价等；上级政府对下级部门的监督，如省级部门对其管辖范围内贫困县市贫困治理状况的评价等；同级部门之间的监督，如政府内部各部门间就对方在贫困治理方面的绩效进行评价等；贫困治理主体自我进行评价，如在每个年度各贫困县市都要对自我治理状况进行评价等。组织管理体系外部产生的评价主体包括：权力机关对政府贫困治理行为的评价，包括各级人大对各级政府贫困治理效果的评价；司法机关对评价对象治理过程中的合法性进行评价，包括各级司法机关对贫困治理的司法评价；审计部门对同级政府部门的独立审计，包括各级审计机关对政府贫困治理的绩效审计；政协部门对政府贫困治理效果的评价，包括各级政协对政府贫困治理效果的协商、监督。

第三方评估即由独立于政府部门的社会组织和机构对政府绩效进行评价。在贫困治理中的第三方评估主体主要包括四种，第一种是专家学者组成的高校智库，如兰州大学最早成立的中国地方政府绩效评价中心等，是国内应用最多、作用最广泛的第三方评价主体；第二种是专业公司，如审计部门外包贫困治理中的部分审计工作等，但是这种在中国尚属少见；第三种是社会代表，如政府在进行贫困治理绩效评价的过程中邀请社会代表进行听证和监督评价等；第四种是普通群众，如现在的《省级党委和政府扶贫开发工作成效考核办法》要求将群众的满意度等软指标加入贫困治理绩效评价指标体系。

社会舆论评价是由社会各界通过微博、新闻报道等方式对贫困治理进程及结果进行舆论监督，进而通过对结果的评价来影响贫困治理政策的走向。社会舆论评价在贫困治理过程中应用广泛，普通民众依据自身掌握的情况通过媒体等途径对政府贫困治理行为进行评价，如对政府官员的一些失职行为进行评价等。尊重社会舆论评价意味着尊重社情和民意，政府在贫困治理中的权威性和治理政策的合法性、有效性才能得到提升。

绩效评价的对象也就是需要评价的客体，是和评价主体相对应的概念。评估主体应该视委托方所要达成的目标、实施方案、主要任务等因素来确定具体的评价对象。由于贫困治理是国家进行的一项综合性社会治理活动，所以绩效评价主体在进行绩效评价时要将所有影响贫困治理绩效的责任主体全部视为评价对象。总而言之，评价对象包括参与贫困治理行为的各行政机关、政党组织、企事业单位和社会团体等组织，贫困治理中人、财、物等资源的利用效率，贫困治理的社会影响等。贫困治理这项复杂工程的特殊性决定了绩效评价对象的特殊性，在具体的评价过程中评价主体常以贫困治理的阶段为“评价对象”。根据《国家八七扶贫攻坚计划》《中国农村扶贫开发纲要（2001—2010 年）》《中国农村扶贫开发纲要（2011—2020 年）》等国家颁布的纲领性文件，中国贫困治理一般包括贫困测量阶段、财政拨款阶段、项目开发实施阶段（惠民工程阶段）、效果验收阶段。在这几个阶段中绩效评价的侧重点不同，在贫困测量阶段的绩效评价注重公平公正、尊重事实，在财政投入阶段注重效率和严谨性，在项目开发实施阶段注重合法性和效率性，在效果验收阶段注重尊重事实和可持续性，这是由贫困治理绩效评价共享发展的价值导向决定的。

12. 4. 2　评价内容与指标体系

贫困治理绩效评价的内容体现为公共部门绩效评价的 4E 评价结构维度，即经济（Economy）、效率（Efficiency）、效能（Effectiveness）和公平（Equity）。综合国内贫困治理绩效指标体系研究的成果，我们发现贫困治理绩效在 4E 评价维度的指导下，具体分为经济发展水平、社会发展水平、生态发展水平、贫困治理直接成果、满意度、扶贫投入水平 6 个二级指标，在这 6 个二级指标下又具体细分为若干个三级指标。经过研究我们总结出这 6 个二级指标下的 18 个常见三级指标，即贫困治理直接成果下分为贫困人口、扶贫情况，经济发展水平下分为收入水平、经济总值、财政收入和投资水平，社会发展水平下分为教育水平、医疗保险水平和城镇化，生态发展水平下分为自然环境水平、资源水平和生态意识，扶贫投入水平下分为财政专项扶贫资金、整村推进和扶贫搬迁，满意度下分为移民搬迁满意度、扶贫培训满意度和产业扶贫满意度。二级指标及三级指标的划分和权重的赋值都需要结合实际情况进行大批量的数据分析和一致性检验。

在分析方法上，很多学者选取美国运筹学家萨泰教授于 20 世纪 70 年代提出的层次分析法（AHP）进行指标选取和权重赋值。AHP 是一种综合定性和定量分析的方法，因为其简单易操作并且具有一定合理性，所以在绩效评价领域应用广泛。但是 AHP 作为一种主观赋权法对使用者的个人能力及信息获取量都有较高要求，在实际应用中，可能因为研究人员能力不够或信息获取不完全而导致指标选取不合理或赋权不当。此外，满意度属于软指标，需要进行大量的社会调查，主要是采取问卷调查和访问调查等方法，在实际操作中还存在大量无法具体衡量的变量和数据，这对满意度的最终结果也有很大影响。

12.5 精准扶贫绩效下的第三方评估

党的十八大以来，我国在扶贫方面采取了一系列举措，脱贫成效显著。在肯定成果的同时，精准扶贫工作仍存在一些问题。由于扶贫攻坚工作的重要性，对精准扶贫工作进行成效评估成为必然。精准扶贫成效评估工作面广点多，在之前的扶贫工作中，政府部门同时充当“运动员”“裁判员”“监督员”等多个角色，造成一些干部在政策制定上“照葫芦画瓢”，在政策落实上“自导自演”等。在这种背景下，中央明确要求各级政府引入第三方评估。第三方评估有利于客观、公正地考核各级政府的扶贫成效，其结果成为客观评判党委和政府扶贫开发工作精准度、群众满意度的重要依据。2014 年，国务院发展研究中心受国务院委托就“实行精准扶贫，今年再减少贫困人口 1000 万以上”政策措施落实情况开展第三方评估工作。2016 年 2 月，中共中央办公厅、国务院办公厅印发《省级党委和政府扶贫开发工作成效考核办法》（厅字〔2016〕6 号），要求由国务院扶贫开发领导小组委托有关科研机构开展精准扶贫工作成效第三方评估，并从 2016 年到 2020 年每年开展一次。在国务院扶贫办和中国科学院的指导下，由中国科学院地理科学与资源研究所为主持单位，围绕精准识别与精准帮扶“两个方面，三项内容”开展第三方评估，并于 2016 年 6 月进行了首次全国精准扶贫绩效第三方评估。与此同时，各地方政府也依自身需要开展精准扶第三方评估。

当前的贫困形势和精准扶贫政策对第三方评估工作提出了更高的要求。如何保证第三方评估的准确性、客观性和公正性？如何完善第三方评估的流程？如何使第三方评估的结果更加有利于精准扶贫工作的进一步展开？如何使第三方评估的效用充分发挥？这些问题值得进一步研究。学术界对于第三方评估的研究多集中于政府绩效考核层面，近两年对精准扶贫第三方评估的研究有所增加，但对于精准扶贫绩效第三方评估的研究却较少。

12. 5. 1　国内的研究

12. 5. 1. 1　第三方评估

第三方评估作为一种政府绩效管理方式，历来受到政治学、公共管理学等学科的关注，学者们分别从不同的角度做出了各自的解读。关于第三方评估主体研究，有学者进行了长期的跟踪。徐双敏（2011）分别以第三方组织成分为依据对第三方评估进行模式划分并指出其适用性，以利益相关者理论对不同形式评估主体进行效应分析，用制度经济学的相关理论分析第三方评估主体的制度环境，从而为完善政府绩效的第三方评估提供对策建议。关于第三方评估的影响制约因素，段红梅（2009）认为由于受到体制不完善和相关利益主体的排斥等因素影响，第三方评估的作用发挥还存在一定障碍，需要借鉴域外经验，发展与我国国情相适应的政府绩效评估模式。周建国（2009）则认为第三方评估独立性的最大制约因素是政府的自闭性，因此必须增进政府管理的透明度，完善政策评估中第三方的行业规制，推进公民社会的发展。孟惠南（2012）从第三方评估的可行性角度出发，认为其有助于提高政府绩效考核的合法性，发挥民众监督功能，在政府与社会之间构建信息循环机制，为此需要从思想上、体制上、制度上和专业化程度上加强和改进第三方评估工作。关于第三方评估的发展趋势，尚虎平等（2016）对当下第三方评估的泛化使用和对原有“同体评估”的忽视抱以警惕，认为应该以先行国家为标杆探索第三方。除了研究相对集中的政府绩效方面，关于第三方评估的跨学科研究也日益增多，第三方评估多学科研究集群初显。杨小军等（2014）认为从解决第三方参与法治政府评估的问题与困难入手，积极尝试和大力开展法治政府第三方评估，有助于促进与推动我国法治政府建设进程。郭化林等（2014）从高等教育财政投入绩效评估的角度，对当前我国第三方评估规范制定、评估主体确定、监督和管理等问题提出建设性意见。郑泰安等（2015）从前提预设的模糊性、问题类型的多样性、客观中立的失实性等三个影响因素出发，探讨了决策部门对“部门间争议较大的重要立法事项”引入第三方评估的有效性和正当性。除此之外，还有学者研究公共图书馆管理、慈善组织公信力重塑、政府购买养老服务等社会生活领域内的第三方评估。

就目前来看，第三方评估在我国的研究程度不断加深，其发展呈现出全方面、多学科、理论与实践并进的局面。但是相对而言，扶贫领域第三方评估的研究较少，大致可以分为以下几个方面：一是关于作用层面的研究。陈起风（2017）认为第三方评估精准扶贫可以有效弥补政府自评的缺陷，提高评估结果的科学性与公信力。庄天慧等（2017）认为第三方评估不仅有利于客观了解扶贫工作全局，查缺补漏、改进工作，还有利于总结精准扶贫中存在的共性经验教训，深入了解贫困人口的发展需求，从而更好地服务于扶贫工作。唐建兵（2018）对第三方评估在精准扶贫中的作用进行了梳理，认为第三方评估有利于压实扶贫开发主体责任，矫正扶贫开发行为偏差，提高扶贫决策的精准性和有效性。二是关于精准扶贫第三方评估的理论基础研究。多数学者认为公共治理理论、委托代理理论与综合评价理论是第三方评估的有力理论支撑。三是关于精准扶贫第三方评估的实践研究。学者的研究大多集中于当前评估中存在的问题与对策。马旭红等（2018）认为当前的第三方评估存在着制度规范缺失、资金依赖、评估专业化水平与评估结果应用四个方面的问题。黄海棠等（2018）以三明国家扶贫改革试验区为例，通过实践研究，认为当前的第三方评估中，存在着贫困的界定标准较为单一、政府主导下其他扶贫力量不足、贫困户自身缺陷降低了扶贫工作成效、扶贫资金投入仍然不足、扶贫工作队伍体系不够完善等一系列问题。

由于精准扶贫第三方评估提出时间较晚，关于精准扶贫第三方评估的理论研究大多还停留在第三方评估的重要性研究上，且精准扶贫第三方评估的实践研究大都是以某个地方或者某个区域为案例分析，虽然现有研究对精准扶贫第三方评估的困境与优化路径进行了详细阐述，但以上研究更多是针对现状的简单定性分析，对问题的解释尚且缺乏有说服力的证据。

12.5.1.2　精准扶贫绩效

国内关于精准扶贫绩效的研究主要集中在两个方面：

第一，价值层面的理论研究。学者们就如何提高精准扶贫绩效进行理论探索。从技术指导层面来看，莫光辉（2016）研究认为传统扶贫存在诸多发展困境，需要从大数据技术与精准扶贫有机结合的视角来探讨精准扶贫绩效提升机制。也有学者认为应从精准扶贫绩效的考核机制本身入手，考核机制的方法设计要兼顾其公平性与效率性，以此来提高精准扶贫绩效。从路径优化层面来看，有学者认为绿色减贫是精准扶贫战略的生态扶贫价值取向与实现路径，应从构建绿色减贫体系和实现绿色减贫目标两个维度，来提高精准扶贫绩效。陈升和潘虹（2016）构建了精准扶贫绩效影响因素理论模型，以广东、湖北恩施和贵州毕节精准扶贫实践作为研究对象，进一步进行规范的案例研究，并根据研究结论从精准识别、精准帮扶等方面提出提高精准扶贫绩效的政策建议。

第二，精准扶贫绩效的量化研究。贺立龙、左泽等（2016）以贵州省 50 个国家级贫困县为研究对象，构建了包括 5 个主维度 16 项指标的评估体系，对其贫困状况进行测度，实现精准扶贫绩效的多维度评价。田晋、熊哲欣等（2017）从精准帮扶情况、精准脱贫情况、经济子系统、社会子系统、生态子系统、政治子系统 6 个维度构建了一套包括 26 项指标的村级精准扶贫绩效指标体系。从评估方法来看，孙璐（2015）在精准扶贫的视角下，以扶贫开发项目绩效评估为研究对象，借助比较分析法、系统分析法等研究方法构建扶贫项目绩效评估系统研究框架。刘小珉（2016）构建了扶贫工作满意度影响因素及其实现机制的理论框架，利用 2014 年民族地区大调查数据，采用路径分析方法，对民族地区农村扶贫开发绩效进行了实证研究。段妍珺（2016）从扶贫投入与扶贫产出两个维度构建了一套包括 11 项指标的精准扶贫指标体系，以贵州省 15 个国家重点贫困县为研究对象，采用因子分析法与数据包络法实证研究精准扶贫绩效。姜涛（2016）通过对因子分析法、回归分析法、数据包络分析法以及评估指标体系法四种方法之间的比较，认为精准扶贫项目绩效评估方法研究不仅需要多种方法研究相结合，未来更需要开发出具有普遍适用性的新的综合评估方法。对于扶贫政策绩效评估的方法明显倾向于定量研究，建立综合而全面的指标体系。刘冬梅（2001）构建了中央扶贫投资效果指标体系，运用计量模型的相关分析方法从扶贫资金投向和扶贫资金的构成方面来评价专项扶贫资金投入对贫困地区经济发展效应所产生的影响。王良健、侯文力（2005）从对地方政府绩效影响最大的五个方面着手，构建了多层次的地方政府绩效评估指标体系，并建立了综合评估的多目标线性加权函数模型，其评估体系和评估方法具有一定的实际可操作性和推广意义。陈薇、杨春河（2006）提出从经济学的角度在宏观、微观方面评价河北省财政扶贫绩效，利用 DEA 方法中的 C^2R 模型进行分析。庄天慧等（2012）采用模糊评价法，以西南少数民族贫困地区 10 个重点扶贫县为研究对象，对生产生活条件、生态环境、温饱水平和发展能力等四个方面进行了实证研究。张曦（2013）基于 DEA 基本理论与方法在贫困测度基础上考察参与式扶贫绩效评价。张琦、陈伟伟（2014）用灰色关联分析法和多维动态评价理论建立了综合评价模型，对贫困地区扶贫绩效的现状和增长两方面进行评价分析。此外，也有学者对专项精准扶贫绩效进行研究，主要包括财政精准扶贫绩效与教育精准扶贫绩效。

学术界关于精准扶贫绩效的研究尚存在一定局限性，一是评价对象比较有限，目前的研究对象多是一些集中连片特困地区或者民族地区，研究范围有待扩大；二是评价内容较为薄弱，目前学者们大都从经济、社会、生态等准则层进行评估，评估指标有待细化；三是评价方法较为单一，目前的研究大都是采用定性研究或者定量研究，定性与定量相结合的综合性研究少之又少。

12.5.1.3　精准扶贫绩效第三方评估

相较于较少的精准扶贫绩效研究，精准扶贫绩效第三方评估研究就更少。我们对现有的文献进行了归纳：

概念界定与研究价值。汪三贵等（2016）从第三方的角度对扶贫绩效第三方评估进行了界定，认为扶贫开发绩效第三方评估独立于第一方（评估委托方）与第二方（被评估对象）之外的另一方，与其既无隶属关系也无利益关系，并且具有独立性与自主权。杨新玲等（2017）认为精准扶贫绩效第三方评估是指独立于实施扶贫开发工作的政府和作为扶贫开发对象的贫困户两方之外的科研机构或社会组织等第三方机构，对于精准扶贫实施的过程和脱贫情况进行独立、客观、全面的评估过程。唐建兵（2018）认为所谓扶贫成效第三方评估，是指独立于扶贫开发实施主体即政府组织和扶贫开发对象即贫困人口之外的特定机构或社会组织，通过深入扶贫工作一线，规避政绩观和官本位等复杂因素干扰，合理运用不同评估方案和评估指标，采取专项调查、抽样调查、蹲点调研、倾听民意和实地核查等多种方式，从专业角度对扶贫开发实施过程和精准脱贫具体情况进行独立、客观、全面评估的行为。从中不难看出，第三方的独立性与客观性是评估精准扶贫绩效的重要依据。在本研究看来，精准扶贫绩效第三方评估是指通过独立公正的第三方在扶贫开发绩效精准过程中发挥评估咨询作用来推动精准扶贫目标的最终实现的一种评估方式。关于研究价值，杨新玲等（2017）认为扶贫开发绩效考核中引入第三方评估，不仅能够客观、全面地评估政府扶贫开发工作成效，而且有利于提高政府扶贫开发效率，巩固脱贫成效。闫妍（2018）认为与传统的政府部门内部绩效评估方式相比，精准扶贫绩效第三方评估机制具有相对独立性、强化社会监督、畅通利益表达渠道等优势。祁中山（2017）认为第三方评估一方面有利于推进政府治理社会现代化，发挥社会监督功能；另一方面有利于群众自身利益表达，使第三方评估发挥“战斗队”“工作队”和“宣传队”的作用。

精准扶贫绩效第三方评估的理论基础。关于理论基础，现有研究基本上已达成共识。孟志华等（2017）与刘建生等（2017）均认为委托—代理理论、综合评价理论和公共治理理论分别从契约制度建立、专业评估操作和治理体系构建三个角度为精准扶贫工作成效引入第三方评估提供了理论基础。

实践研究与评估方法。汪三桂等（2016）认为扶贫开发绩效第三方评估的基本流程包括制定评估方案、组织实施评估、处理评估数据、形成评估报告和评估结果运用全过程。在评估过程中受托方应充分与委托方沟通协调，密切合作，严格按照基本流程展开评估。刘建生等（2017）提出双SMART框架，SMART运行框架借助制度建设、操作规范、应用专业、属性变革和目标导向五个方面保障了精准扶贫第三方评估的独立运行与客观中立；SMART评估框架包括：Specific指标具体化指标可衡量、指标可达到、指标目标相关、日期明确，使评价能获取真实有效数据，能客观评价对象。吴雄州（2017）通过构建一个由上级扶贫机构、下级扶贫机构和第三方评估机构组成的三方博弈模型，通过一系列的假设设定和博弈阶段解剖，全面探讨精准扶贫绩效第三方评估过程中的委托代理关系、选择路径、约束条件和期望得益，从而进一步提出相关建议。朱晨源等（2017）根据评估过程所采用的手段的差异，认为可以将评估方法划分成为定性评估和定量评估。只简单介绍了因子分析法与指标体系分析法，并没有进行进一步的实践探索求证。陈起风（2018）基于安徽省D镇第三方监测评估实践，认为精准脱贫第三方监测评估有两种基本方法：一是评估数据的获取方法，二是评估数据的分析方法。前者是通过典型调查、重点调查、抽样调查和个案调查等方式获取贫困户、贫困村相关信息，是精准脱贫第三方评估的主要环节；后者是在数据资料的基础上，通过描述性分析、统计推断分析和量化分析等方式发掘现象的成因与本质、验证规律、特征与绩效，是优化精准扶贫政策的关键。

目前评估中存在的问题与优化路径研究。汪三桂等（2016）基于中国人民大学反贫困问题研究中心的实践，认为当前存在制度规范缺失、资金依赖、评估专业化水平与评估结果应用四个方面的问题。祁中山（2017）从第三方评估的特点入手，详细分析了其专业性、客观性、高效性、权威性与公信力的影响因素，在此基础上提出了要进一步完善评估制度设计、加强评估者能力建设、规范评估流程管理和推进评估结果运用。闫妍（2018）综合各地精准扶贫绩效第三方评估实践，总结出当前第三方评估中存在制度规范低、评估主体单一和信息不对称三大问题，并在此基础上提出了要加强法制化进程、优化第三方主体结构和建立扶贫信息公开机制等应对措施。

总的来说，目前关于精准扶贫绩效第三方评估研究大多集中于 2017 年与 2018 年，说明现在的研究尚处于初步阶段，可进行参考的相关文献数量有限，还有很大的研究发展空间。关于精准扶贫绩效第三方评估的研究，我们认为研究大多集中于理论研究，缺少实践性探究；研究方法较为单一，缺少综合性规范的研究方法；研究大多集中于宏观领域，缺少微观层面的深度探究。

12.5.2　国外的研究

第三方评估起源于西方国家。1906 年，Bruere 等人发起成立了纽约市政府研究院，1907 年，该研究院率先开始了对纽约市政府进行初步的绩效评估，它本质上就是由一个外在于政府、以探究政府管理为宗旨的研究机构发起的第三方评估。尼古拉斯·亨利认为“大多数评估专家赞同评估由组织中项目负责的最高层委托和支持，为了制衡起见，由外部机构或者第三方来进行评估也是可取的。”

精准扶贫极具中国特色，国外学者对其研究较少，关于扶贫绩效评估研究，Throat 等（2000）用印度的数据建立了联立方程模型，并用它估计了不同类型的政府支出对农村贫困和生产力增长的直接和间接影响，结果表明为了减少农村贫困，印度政府应该优先增加农村交通、农业相关研究资金投入和教育投资。Piazza 等（2001）认为中国扶贫绩效提升的关键因素不是投入资金的增加，而在于扶贫资金使用效率的提高，提出应从资金的瞄准机制、资金的监督、资金投向教育等方面来提高资金的使用率。Ravallion（2005）认为没有一个合适的评估方法能适用所有的扶贫项目评估，改善评估方可以通过随机事项与数量方法的结合、实验方法和非实验方法的结合来实现。世界银行的项目评估的基础是可持续发展，从社会、经济、环境三个层次来进行评价。亚洲发展银行的绩效评估从经济、社会、环境效益三个方面来分析项目结果与政府战略目标的相关性、产出实现程度、资源资金配置的效率和项目的可持续发展性，并且把生态效益放在了评估优先级。

国外第三方评估发展较为成熟且体制完善，其研究大多集中于政府绩效评估。例如，美国把“市政府管理从烟雾缭绕的房间变成了阳光明媚的场所”，将第三方智慧引入政府内部的“体制内绩效评价模式”，但对于扶贫绩效第三方评估的研究相对匮乏。

12.6 结论与讨论

贫困问题作为一个世界性难题，很难得到彻底解决，其中一个难点就在于难以进行有效的绩效评价。良好的贫困治理绩效评价体系应该既注重脱贫数量，更注重脱贫质量，从多方面、多维度考察贫困治理的各个阶段。现阶段贫困治理绩效评价更多关注贫困治理成果的验收，这种评价是不科学的。绩效评价应该贯彻评价对象的各个阶段、各个方面，及时发现问题或及时进行激励，只有这样才能更快更好地实现既定目标。本书通过研究中国贫困治理绩效评价行为及众多学者有关贫困治理绩效评价的成果，得出以下结论：第一，中国贫困治理的终极目标决定了贫困治理绩效评价的价值导向是共享发展，同时共享发展也需要通过绩效评价这样的工具来实现。第二，目前中国的贫困治理是政府主导的，其绩效评价也是政府主导的，但是合理的绩效评价应该是多方参与。第三，通过分析当前学者和政府建立的贫困治理绩效评价指标体系，我们发现当前的指标体系还有较大的改善空间，需要加入更多元的、更具体的和更多的“软指标”。在 2020 年全面脱贫的目标背景下，下一步的贫困治理将更加具有挑战性。

结合分析结果，本研究提出以下建议：首先，坚持共享发展的核心理念，摒弃效率至上的治理理念。社会治理和企业管理有着本质区别，如果仅仅为了追求脱贫速度，对部分贫困者造成更大的二次伤害，是违背社会主义发展理念的。其次，应进一步明确评价主体和评价对象，明确绩效评价的地位和作用。目前绩效评价主体单一，主要是政府主导下的对自己的评价，在法理上是欠缺理论支撑的。应该在完善组织内部评价体系的基础上进一步扶植好、培育好外部评价主体，最终建立起内部评价和外部第三方评价以及群众参与监督的综合评价体系。再次，应该建立科学且可执行、适应性广的统一贫困治理绩效评价指标体系。现阶段的指标体系不仅指标宽泛，而且缺乏系统的测量体系，只适用于较高位的政府（县级政府及以上）的贫困治理测量，而中国贫困治理的重心是在县级单位以下。因此，需要针对不同层级建立相应的指标体系，并且将指标进一步细化，在指标体系中让贫困户自己发声。最后，贫困治理绩效评价应该随着贫困治理的进程而不断改进。只有使绩效评价适应于当前阶段的贫困治理，不断改进绩效评价，才能切实提高绩效评价的有效性和针对性，贫困治理追求的全面脱贫才能更早到来。

参考文献

[1] Adato Michelle and Meinzen – Dick Ruth. Agriculture Research, Livelihoods and Poverty [M]. The Johns Hopkins University Press, 2007.

[2] Bardhan Pranab. Irrigation and Cooperation:A Empirical Analysis of 48 Irrigation Communities in South India[J]. Economic Development and Cultural Change, 2000, 48(4):847 – 865.

[3] Barro R. J. Economic Growth in a Cross Section of Countries[J]. The Quarterly Journal of Economics, 1991, 106(2):407 – 443.

[4] Chambers Robert. Poverty and livelihood: Whose Reality Counts? [J]. Environment & Urbanization ,1995, 7(1):173 – 204.

[5] Charles Wolf, Jr. A Theory of"Non – Market Failure": Frame – work for Implementation Analysis[M]. California:The Rand Corporation,1978.

[6] Daniel Mazmanian, Paul Sabtier. Implementation and Public Policy[M]. Scott: Foresman and Company,1983.

[7] Dunleavy P., Margetts H., Bastow S., et al. New Public Management Is Dead – Long Live Digital – Era Governance[J]. Journal of Public Administration Research and Theory: J – PART, 2006, 16(3):467 – 494.

[8] Gachassin Marie, Najman Boris, Raball, Gael. The Impact of Roads on Poverty Reduction: A Case Study ofCameroon [J]. Policy Research Working Paper Series,2010, 111(7):895 – 901.

[9] Khandker R. S., Bakht Z., Koolwal G. B. The Poverty Impact of Rural-Roads: Evidence from Bangladesh[J]. Economic Development and Cultural Change, 2006, 57(4):685 – 722.

[10] Kenneth Lieberthal, Lampton David. Bureaucracy Politics and Decision Making

in Post - Mao China[M]. California:University of California Press,1992.

[11] Kenworthy L. Do Social - Welfare Policies Reduce Poverty? A Cross - National Assessment[J]. Social Forces, 1999, 77(3):1119 - 1139.

[12] Perrio, Diana Leat, Kimberly Seltzer, GerryStoker. Towards Holistic Governance: The New Reformagenda[M]. London:Palgrave Press,2002.

[13] Project M. I. A Guide to the Project Management Body of Knowledge[M]. Newtown Square, PA: Project Management Institute, 2004.

[14] Svolik M. W. The Politics of Authoritarian Rule[M]. Cambridge, New York, NY: Cambridge University Press, 2012.

[15]安树伟. 中国农村贫困问题研究:症结与出路[M]. 北京:中国环境科学出版社,1996.

[16]阿玛蒂亚·森. 以自由看待发展[M]. 北京:中国人民大学出版社,2000.

[17]布迪厄·皮埃尔. 实践感[M]. 蒋梓骅,译. 南京:译林出版社,2003.

[18]蔡延东,王法硕. 行政审批制度碎片化及其治理——浙江省级政府行政审批制度的整体化改革[J]. 中共浙江省委党校学报,2017(1).

[19]曹龙虎. 作为国家治理体制的"项目制":一个文献综述[J]. 探索,2016(1).

[20]陈宝胜. 公共管理模式嬗变中的价值理性和工具理性[J]. 江淮论坛,2009(4).

[21]陈华. 西方公共行政价值的变迁及启示[J]. 南京政治学院学报,2007(1).

[22] 陈家建,张琼文,胡俞. 项目制与政府间权责关系演变:机制及其影响[J]. 社会,2015(5).

[23]陈家建,边慧敏,邓湘树. 科层结构与政策执行[J]. 社会学研究,2013(6).

[24] 陈家建. 项目制与基层政府动员——对社会管理项目化运作的社会学考察[J]. 中国社会科学,2013(2).

[25] 陈前恒. 农户动员与贫困村内部发展性扶贫项目分配——来自西北地

区 H 村的实证研究[J]. 中国农村经济,2008(3).

[26] 陈水生. 项目制的执行过程与运作逻辑——对文化惠民工程的政策学考察[J]. 公共行政评论,2014(3).

[27] 陈为雷. 社会服务项目制的建构及其影响研究[M]. 北京:中国社会科学出版社,2015.

[28] 陈小丽. 基于多层次分析法的湖北民族地区扶贫绩效评价[J]. 中南民族大学学报(人文社会科学版),2015(3).

[29] 陈新,沈扬扬. 新时期中国农村贫困状况与政府反贫困政策效果评估——以天津市农村为案例的分析[J]. 南开经济研究,2014(3).

[30] 程璮,郑逸芳,许佳贤,等. 参与式扶贫治理中的精英俘获困境及对策研究[J]. 农村经济,2017(9).

[31] 崔光胜. 政府自利性与行政权力畸变分析[J]. 探索,2000(4).

[32] 戴雪梅. 项目制:国外公共事务管理的有益经验[J]. 法制与经济(下旬刊),2009(12).

[33] 戴维 · 奥斯本,特德 · 盖布勒. 改革政府:企业家精神如何改革着公共部门[M]. 周敦仁,等,译. 上海:译文出版社,2014.

[34] 丁先存,郑飞鸿. 地方政府绩效评估改进研究——基于卓越绩效评价准则的启示[J]. 广西社会科学,2016(1).

[35] 豆书龙,王山,李博. 项目制的复合型碎片化:地方治理的困境——基于宋村项目制的分析[J]. 公共管理学报,2018(1).

[36] 杜春林. 农村公共服务项目制供给"碎片化"研究[D]. 南京:南京农业大学,2016.

[37] 杜辉. 财政支农资金"配套制"探析[J]. 经济体制改革,2014(4).

[38] 段红梅. 我国绩效评价第三方评估的研究[J]. 河南师范大学学报(哲学社会科学版),2009(6).

[39] 范斌,朱媛媛. 从碎片化到无缝隙——基于一个社会工作项目的研究[J]. 湖南社会科学,2017(4).

[40] 范敏汉. 整体性治理视域下的大联动机制研究——以上海市 X 街道为例[D]. 上海:上海师范大学,2016.

[41] 费月.整体性治理:一种新的治理机制[J].中共浙江省委党校学报,2010(1).

[42] 冯猛.项目制下的"政府—农民"共事行为分析——基于东北特拉河镇的长时段观察[J].南京农业大学学报(社会科学版),2015(5).

[43] 付灿亮."精准扶贫"政策执行中的碎片化及其整体性治理研究——以国家级贫困县G县的调查结果为依据[D].武汉:华中师范大学,2017.

[44] 付伟,焦长权."协调型"政权:项目制运作下的乡镇政府[J].社会学研究,2015(2).

[45] 高波,王善平.财政扶贫资金综合绩效评价体系研究[J].云南社会科学,2014(5).

[46] 古学斌,张和清,杨锡聪.地方国家、经济干预和农村贫困:一个中国西南村落的个案分析[J].社会学研究,2004(2).

[47] 郭琳琳,段刚.项目制:一种新的公共治理逻辑[J].学海,2014(5).

[48] 国家统计局《中国城镇居民贫困问题研究》课题组.中国城镇居民贫困问题研究[J].统计研究,1991(6).

[49] 国家统计局《中国农村贫困标准》课题组.中国农村贫困标准[J].统计研究,1990(6).

[50] 韩嘉玲,孙若梅,普红燕,邱爱军.社会发展视角下的中国农村扶贫政策改革30年[J].贵州社会科学,2009(2).

[51] 何值民,陈齐铭.精准扶贫的"碎片化"及其整合:整体性治理的视角[J].中国行政管理,2017(10).

[52] 侯莎莎.精准视阈下的贫困户脱贫绩效评估[J].甘肃社会科学,2017(2).

[53] 胡曾胜.当前我国政策绩效评估存在的问题及解决途径[J].河南社会科学,2012(11).

[54] 胡国恒,王丽华.低保救治制度碎片化问题浅析[J].社会保障研究,2016(4).

[55] 胡联,汪三贵.我国建档立卡面临精英俘获的挑战吗?[J].管理世界,2017(1).

［56］黄文宇. 产业扶贫项目主体行为及其运作机制的优化——基于 P 县“万亩有机菜园”项目的考察［J］. 湖南农业大学学报，2017（1）.

［57］黄宗智，龚为纲. “项目制”的运作机制和效果是“合理化”吗？［J］. 开放时代，2014（5）.

［58］姬生翔. “项目制”研究综述：基本逻辑、经验推进与理论反思［J］. 社会主义研究，2016（4）.

［59］季飞，杨康. 大数据驱动下的反贫困治理模式创新研究［J］. 中国行政管理，2017（5）.

［60］贾生华，陈宏辉. 利益相关者的界定方法述评［J］. 外国经济与管理，2002（5）.

［61］姜爱华. 我国政府开发式扶贫资金使用绩效的评价与思考［J］. 宏观经济研究，2007（6）.

［62］姜晓萍，郭金云. 基于价值取向的公共服务绩效评价体系研究［J］. 行政论坛，2013（6）.

［63］焦克源，徐彦平. 少数民族贫困县扶贫开发绩效评价的实证研究——基于时序主成分分析法的应用［J］. 西北人口，2015（1）.

［64］金太军，张劲松. 政府的自利性及其控制［J］. 江海学刊，2002（2）.

［65］金竹青，王祖康. 中国政府绩效评估主体结构特点及发展建议［J］. 国家行政学院学报，2007（6）.

［66］康晓光. 中国贫困与反贫困理论［M］. 南宁：广西人民出版社，1995.

［67］孔令英，郑涛，刘追. 集中连片民族特困地区精准扶贫项目实践困境与原因阐释——基于南疆地区 S 县 W 村的项目案例［J］. 农业经济问题，2017（10）.

［68］李博，左停. 精准扶贫视角下农业产业化扶贫政策执行逻辑的探讨——以 Y 村大棚蔬菜产业扶贫为例［J］. 西南大学学报，2016（4）.

［69］李博. 项目制扶贫的运作逻辑与地方性实践——以精准扶贫视角看 A 县竞争性扶贫项目［J］. 北京社会科学，2016（3）.

［70］李棉管. 社会结构视野下的中国农村扶贫［J］. 社会主义研究，2007（6）.

[71] 李胜. 超大城市突发环境事件管理碎片化及整体性治理研究[J]. 中国人口·资源与环境,2017(12).

[72] 李祥,孙淑秋. 从碎片化到整体性:我国特大城市社会治理现代化之路[J]. 湖北社会科学,2018(1).

[73] 李兴江,陈怀叶. 参与式扶贫模式的运行机制及绩效评价[J]. 开发研究,2008(2).

[74] 李耀峰. 连片特困地区的"项目进村"碎片化与精准扶贫:研究进展与理论构想[J]. 学术论坛,2016(11).

[75] 李耀锋. 项目制研究的现状和新路径[J]. 重庆大学学报(社会科学版),2016(5).

[76] 李祖佩,曹晋. 精英俘获与基层治理:基于我国中部某村的实证考察[J]. 探索,2012(5).

[77] 李祖佩,钟涨宝. 分级处理与资源依赖——项目制基层实践中矛盾调处与秩序维持[J]. 中国农村观察,2015(2).

[78] 李祖佩,钟涨宝. 项目制实践与基层治理结构——基于中国南部 B 县的调查分析[J]. 中国农村观察,2016(8).

[79] 李祖佩. 项目制的基层解构及其研究拓展——基于某县涉农项目运作的实证分析[J]. 开放时代,2015(2).

[80] 李祖佩. 项目制基层实践困境及其解释——国家自主性的视角[J]. 政治学研究,2015(5).

[81] 梁剑峰,李静. "精英俘获":农民专业合作社成长之困[J]. 宏观经济研究,2015(3).

[82] 林雪霏. 扶贫场域内科层组织的制度弹性——基于广西 L 县扶贫实践的研究[J]. 公共管理学报,2014(1).

[83] 刘坚. 中国农村减贫研究[M]. 北京:中国财政经济出版社,2009.

[84] 刘俊英. 中国政府民生服务及其减贫效应分析[J]. 经济体制探索,2013(9).

[85] 刘升. 精英俘获与扶贫资源资本化研究:基于河北南村的个案研究[J]. 南京农业大学学报(社会科学版),2015(5).

[86] 刘淑影,于芳.我国公共行政政策执行阻碍的制度因素分析及对策探讨[J].江西行政学院学报,2006(8).

[87] 刘小珉.农户满意度视角的民族地区农村扶贫开发绩效评价研究——基于2014年民族地区大调查数据的分析[J].民族研究,2016(2).

[88] 刘永功.参与式扶贫规划与项目管理[M].北京:中国农业大学出版社,2007.

[89] 鲁宁.农村贫困治理创新研究——基于浙江省S县扶贫实践的分析[D].咸阳:西北农林科技大学,2014.

[90] 罗红霞.政府绩效管理的价值追求如何实现——以美国纽约市为例[J].领导科学,2014(14).

[91] 骆洋.以"大扶贫"理念开辟精准扶贫新路径[J].人民论坛,2016(32).

[92] 吕方,梅琳."复杂政策"与国家治理——基于国家连片开发扶贫项目的讨论[J].社会学研究,2017(3).

[93] 马佳铮.政府绩效第三方评估模式的实践探索与优化路径——以中国(上海)自贸区为例[J].上海行政学院学报,2016(4).

[94] 马良灿.农村产业化项目制扶贫运作逻辑与机制的完善[J].湖南农业大学学报(社会科学版),2014(3).

[95] 马良灿.项目制背景下农村扶贫工作及其限度[J].社会科学战线,2013(4).

[96] 毛阿燕,雷海潮.新加坡的健康促进项目[J].中国慢性病预防与控制,2003(2).

[97] 毛劲歌,庞观清.公共政策过程中政策主体的伦理建设途径研究[J].中国行政管理,2015(7).

[98] 苗其,钟甫宁.中国农村贫困的变化与扶贫政策取向[J].中国农村经济,2006(12).

[99] 娜菲沙·麦哈木提.美国"项目引路"项目研究[D].上海:华东师范大学,2014.

[100] 宁亚芳.西部民族地区人口政策缓贫效果检验[J].中国人口科学,

2014(6).

[101]欧文・休斯. 公共管理导论[M]. 北京:中国人民大学出版社,2001.

[102]乔法容. 政府职能公共性的伦理解读[J]. 哲学研究,2015(3).

[103]渠敬东,周飞舟,应星. 从总体支配到技术治理——基于中国30年改革经验的社会学分析[J]. 中国社会科学,2009(6).

[104]渠敬东. 项目制——一种新的国家治理体制[J]. 中国社会科学,2012(5).

[105]山西财政支农和减贫政策效应研究课题组. 山西省扶贫项目的减贫效果评估[J]. 财政研究,2011(6).

[106] 施青军,阿里叶・司康德. 政府绩效评价:一种新的再认识[J]. 中国行政管理,2016(4).

[107] 史普原. 科层为体、项目为用:一个中央项目运作的组织探讨[J]. 社会,2015(5).

[108] 帅传敏,巩冰. 基于学习和参与行为的扶贫项目可持续性的实证研究[J]. 中国地质大学学报(社会科学版),2012(2).

[109] 苏光. 中国社会治理的价值诉求——基于工具理性和价值理性的统一[J]. 理论探讨,2014(3).

[110] 孙新华. "项目进村"的私人化运作与村庄建设困境——基于湘中英村的经验[J]. 现代城市研究,2016(10).

[111] 孙新华. 惠农项目的企业化运作:机制、问题与对策[J]. 安徽师范大学学报(人文社会科学版),2014(1).

[112] 谭诗赞. "项目下乡"中的共谋行为与分利秩序[J]. 探索,2017(3).

[113] 托马斯・C. 谢林. 冲突的策略[M]. 赵华,等,译. 北京:华夏出版社,2006.

[114] 汪锦军. 农村公共服务提供:超越"碎片化"的协同供给之道[J]. 经济体制改革,2011(3).

[115] 马克斯・韦伯. 韦伯作品集(Ⅲ):支配社会学[M]. 康乐,简惠美,译. 桂林:广西师范大学出版社,2004.

[116] 汪三贵,张雁,杨龙,梁晓敏. 连片特困地区扶贫项目到户问题研

究——基于乌蒙山片区三省六县的调研[J]. 中州学刊,2015(3).

[117] 汪三贵. 在发展中战胜贫困——对中国 30 年大规模减贫经验的总结与评价[J]. 管理世界,2008(11).

[118] 王桂云,李涛. 巩固与加强政府合法性基础的路径选择——基于政府自利性和合法性关系视角的思考[J]. 兰州大学学报,2011(1).

[119] 王佳佳,万姝. 美国教师进步项目述评[J]. 外国教育研究,2014(11).

[120] 王介勇. 我国精准扶贫政策及其创新路径研究[J]. 中国科学院院刊,2016(3).

[121] 王善平,周盈. 反贫能力导向的扶贫资金综合绩效问题研究[J]. 求索,2011(5).

[122] 魏后凯,邬晓霞. 中国的反贫困政策:评价与展望[J]. 上海行政学院学报,2009(2).

[123] 魏淑艳,田华文. 我国农村贫困形势与扶贫政策未来取向分析[J]. 社会科学战线,2014(3).

[124] 吴勇,高振扬,武琳. 自利性与公共性之间:地方政府发展高新技术产业的困境及治理[J]. 中国行政管理,2017(11).

[125] 吴愈晓. 家庭背景、体制转型与中国农村精英的代际传承(1978—1996)[J]. 社会学研究,2010(2).

[126] 向德平,高飞. 政策执行模式对于扶贫绩效的影响——以 1980 年代以来中国扶贫模式的变化为例[J]. 华中师范大学学报(人文社会科学版),2013(6).

[127] 向德平. 包容性增长视角下中国扶贫政策的变迁与走向[J]. 华中师范大学学报(人文社会科学版),2011(4).

[128]肖拥军,李必强. 国内利益相关者理论应用研究回顾[J]. 商业研究,2008(7).

[129] 肖勇. 分配不公与新时期人民内部矛盾[J]. 社会主义研究,2002(3).

[130] 邢成举,李小云. 精英俘获与财政扶贫项目目标偏离的研究[J]. 中国行政管理,2013(9).

[131] 徐双敏,李跃. 政府绩效的第三方评估主体及其效应[J]. 重庆社会科学,2011(9).

[132] 徐振华. 县级政府公共政策的执行困境与化解对策[J]. 领导科学,2010(8).

[133] 许汉译,李小云. 精准扶贫视角下扶贫项目的运作困境及其解释——以华北 W 县的竞争性项目为例[J]. 中国农业大学学报(社会科学版),2016(4).

[134] 颜克高,任彬彬. 嵌入冲突:社会组织项目制治理的困境探析[J]. 理论导刊,2017(10).

[135] 杨晶. 新世纪以来我国农村反贫困政策回顾[J]. 商业经济研究,2015(4).

[136] 杨亮承. 扶贫治理的实践逻辑[D]. 北京:中国农业大学,2016.

[137] 杨善华,苏红. 从代理型政权经营者到谋利型政权经营者[J]. 社会学研究,2002(1).

[138] 杨善华. "项目制"运作方式下中西部农村社会治理的马太效应[J]. 学术论坛,2017(1).

[139] 杨晓猛. 制度理性与我国转轨秩序转换问题研究[J]. 哈尔滨市委党校学报,2008(3).

[140] 杨宜勇,吴香雪. 政策法律化视角下农村扶贫开发问题研究[J]. 中共中央党校学报,2016(6).

[141] 殷浩栋,汪三贵,郭子豪. 精准扶贫与基层治理理性——对于 A 省 D 县扶贫项目库建设的解构[J]. 社会学研究,2017(6).

[142] 尹浩. 碎片化社区的多维整合机制研究[J]. 社会主义研究,2015(5).

[143] 尹浩. 整体性社区构建:来自公益创投机制的启示[D]. 武汉:华中师范大学,2015.

[144] 于敏. 财政扶贫资金绩效考评方法及其优化[J]. 重庆社会科学,2010(2).

[145] 余德华. 精神贫困对欠发达地区脱贫的影响[J]. 贵州社会科学,2003(1).

[146] 俞可平. 治理与善治[M]. 北京:社会科学文献出版社,2000.

［147］袁方成，盛元芝. 对新西兰“整体政府”改革的理解［J］. 政治学研究，2011（5）.

［148］约翰·弗里德曼. 再思贫困：赋权与公民权［J］. 国际社会科学杂志，1997（2）.

［149］袁坤. 整体性治理视角下西部农村地区协同扶贫机制研究［D］. 武汉：华中师范大学，2016.

［150］曾凡军，韦彬. 整体性治理：服务型政府的治理逻辑［J］. 广东行政学院学报，2010（1）.

［151］曾凡军. 基于整体性治理的政府组织协调机制研究［M］. 武汉：武汉大学出版社，2013.

［152］张方华. 政府非正当利益与政府公共性的回归［J］. 云南社会科学，2010（4）.

［153］张秀艳，潘云. 贫困理论与反贫困政策研究进展［J］. 经济问题，2017（3）.

［154］张宇. 过渡政治经济学导论［J］. 哈尔滨市委党校学报，2008（3）.

［155］张玉磊，贾振芳. 基于利益相关者理论的重大决策社会稳定风险评估多元主体模式研究［J］. 北京交通大学学报，2017（3）.

［156］张振华. “宏观”集体行动理论视野下的跨界流域合作——以漳河为个案［J］. 南开学报，2014（2）.

［157］张振洋. 当代中国项目制的核心机制和逻辑困境——兼论整体性公共政策困境的消解［J］. 上海交通大学（哲学社会科学版），2017（1）.

［158］赵建军. 技术理性的现代展现及其未来命运［J］. 自然辩证法研究，2004（10）.

［159］折晓叶，陈婴婴. 项目制的分级运作机制和治理逻辑——对“项目进村”案例的社会学分析［J］. 中国社会科学，2011（4）.

［160］郑方辉，等. 财政绩效评价：理念、体系与实践［J］. 中国社会科学，2017（4）.

［161］郑方辉，廖逸儿. 论财政收入绩效评价［J］. 中国行政管理，2017（1）.

［162］郑万军. 农村人口空心化下民族地区精准扶贫：项目扶贫 VS 主体培

育[J]. 青海社会科学,2016(3).

[163] 郑志龙. 制度绩效评估标准及我国政府扶贫开发制度绩效分析[J]. 郑州大学学报(哲学社会科学版),2009(2).

[164] 周晨琛. 政策执行模式理论变迁梳理[J]. 人民论坛,2014(35).

[165] 周飞舟. 财政资金的专项化及其问题:兼论"项目治国"[J]. 社会,2012(1).

[166] 周飞舟. 分税制十年:制度及其影响[J]. 中国社会科学,2006(6).

[167] 周黎安. 中国地方官员的晋升锦标赛模式研究[J]. 经济研究,2007(7).

[168] 周雪光. 基层政府间的"共谋现象"——一个政府行为的制度逻辑[J]. 社会学研究,2008(6).

[169] 周雪光. 权威体制与有效治理:当代中国国家治理的制度逻辑[J]. 开放时代,2011(10).

[170] 周雪光. 通往集体债务之路:政府组织、社会制度和乡村中国的公共产品供给[J]. 公共行政评论,2012(1).

[171] 周雪光. 项目制:一个"控制权"理论视角[J]. 开放时代,2015(2).

[172] 朱方明,屈恩义,王弘. 我国山区贫困与反贫困状况的调查与思考——以四川通南巴地区为例[J]. 经济学家,2013(12).

[173] 朱仁显,刘建义. 民主与效率:西方公共行政发展的价值博弈[J]. 行政论坛,2014(1).

[174] 朱小玲,陈俊. 建国以来我国农村扶贫开发的历史回顾与现实启示[J]. 生产力研究,2012(5).

[175] 竺乾威. 从新公共管理到整体性治理[J]. 中国行政管理,2008(10).

[176] 竺乾威. 公共行政理论[M]. 上海:复旦大学出版社,2008.

[177] 祝灵君,聂进. 公共性与自利性:一种政府分析视角的再思考[J]. 社会科学研究,2002(2).

[178] 左停,杨雨鑫,钟玲. 精准扶贫:技术靶向、理论解析和现实挑战[J]. 贵州社会科学,2015(8).

[179] 詹姆斯·C. 斯科特,国家的视角:那些试图改善人类状况的项目是如何失败的[M]. 王晓毅,译. 北京:社会科学文献出版社,2011.

后　记

当前，中国已经进入决胜小康的关键时期，脱贫减贫工程已进入深水区，贫困问题作为中国即将全面实现小康社会的首要问题，面临诸多挑战。中国项目制贫困治理在理论与实践上经受着巨大考验。本研究基于经济新常态背景，以精准扶贫理论为指导，通过对中国项目制扶贫的运作逻辑、参与主体、政策执行碎片化、目标异化、治理困境及其实现路径等系列问题的分析，探讨如何更好地整合现有扶贫资源，创新项目制贫困治理方式以增强贫困地区发展活力这一学术命题，同时本研究也是作者主持的一项国家自然科学基金的阶段性成果。参与此书编写的还有团队合作成员时帅、宗雪艺、王晓宇、李琳、李垚和郭启朋。

在整个研究的推进过程中，我们得到了诸多领导、同行和朋友的大力支持。由于实践经验和理论水平有限，本研究肯定还存在一些不成熟和不完善之处，希望通过本书的出版，能够建立一个与学界同仁交流的平台，在相关的领域持续深入研究，取得更多更好的成绩。对存在的不足，恳请各位批评指正。

作者

2019 年 2 月 6 日